바로바로
할수있는

HTML5 인터랙션 디자인을 위한

엣지
애니메이트

초판 1쇄 2013년 8월 30일

글쓴이 임진우 **펴낸이** 서인석 **펴낸곳** (주)제우미디어 **출판등록** 제 3-429호 **등록일자** 1992년 8월 17일
주소 서울시 마포구 상수동 324-1 한주빌딩 5층 **전화** 02-3142-6845 **팩스** 02-3142-0075
홈페이지 www.jeumedia.com **페이스북** www.facebook.com/jeumedia

ISBN 978-89-5952-285-9

값은 뒤표지에 있습니다. 파본 및 잘못된 책은 바꾸어 드립니다.

만든 사람들 | 출판사업부총괄 손대현 **기획편집** 전태준 **교정교열** 안종근 **기획팀** 김용진, 홍지영, 김혜리 **영업** 김응현, 김영욱, 신한길, 박임혜
제작 김금남 **표지디자인** 이용희 **내지디자인** 디자인수 **표지일러스트** 서혜

바로바로 할수있는

HTML5
인터랙션 디자인을
위한

엣지
애니메이트

임진우 지음

제우미디어

이 책은 HTML5 인터랙션을 구현하기 위해 고민하는 디자이너와 코더들을 대상으로 기획되었습니다. 최근 웹 플랫폼은 많은 변화를 맞이하게 되었습니다. 어떻게 보면 이러한 상황은 우리들의 삶과 많은 관련이 있는 것 같습니다. 피처폰이 한순간에 사라지면서 스마트폰이 필수가 되고, 데스크톱에서뿐만 아니라 언제 어디서 든지 정보에 접근할 수 있는 지금의 변화는 엔드 유저(end user)들에게 정확한 정보를 제공하는 일을 업으로 삼아 살아가는 우리와 같은 기획자, 디자이너, 개발자들에게 많은 변화를 요구하고 있습니다.

서비스 디자인, CSS 스타일링, 자바스크립트를 이용한 인터랙션 구현 등과 같은 웹 콘텐츠만 고민하던 마인드와 생각으로는 앞으로의 시장 흐름에 적응할 수 없습니다. 이러한 시대 흐름을 반영하는 상황 중 하나가 어도비(Adobe) 사의 HTML5에 대한 전략과 방향성입니다. 이를 바탕으로 나온 툴이 여러분이 지금 손에 들고 있는 어도비 엣지 애니메이트(Adobe Edge Animate)입니다. 어도비 엣지 애니메이트는 HTML, CSS 및 JavaScript를 사용하여 구축됩니다. 그리고 그 방식을 통해 이전에 플래시가 만들던 다양한 인터랙티브를 만들 수 있습니다.

Adobe Edge Animate를 이용하여 다양한 콘텐츠를 제작해본 필자는 이 프로그램이 타임라인을 기반으로 한 인터랙티브 콘텐츠 제작 툴이라고 생각합니다. jQuery 플러그인을 사용할 수 있을 뿐만 아니라 자바스크립트도 사용할 수 있습니다.

이 책에서는 jQuery나 JavaScript에 대한 핵심 개념을 자세히 다루지 않았습니다. 하지만 초급자들이 다룰 만한 스크립트 방식에 대해서는 설명했습니다. 고급 스크립트를 적용하는 방식에 대해서는 필자가 기획 중인 '엣지 스크립트 파트'편에서 집중적으로 다룰 예정입니다.

이번 책은 필자에게 있어서 세 번째입니다. 하지만 기존의 두 권과는 의미가 다릅니다. 기존의 책은 플래시를 설명하는 책이었던 반면 이번에는 플래시와 전혀 무관한 새로운 툴과 기술을 다루었기 때문입니다. 우리나라에서는 엣지로는 처음으로 기획되고 집필된 책이라는 점에도 큰 의미가 있습니다.

언제나 그렇지만 책이 마무리되는 시점에 이르면 고마운 분들이 생각이 납니다. 많은 어려움 속에서도 좋은 책을 만들기 위해 애써주신 제우미디어 편집부 여러분께 감사드립니다. 제 가족이나 다름 없는 INEX 팀원 여러분에게도 깊은 감사를 드립니다.

마지막으로 세계의 대통령이 꿈이라고 말하는 첫째 아들 9살 지민이, 힘든 사람을 돕기 위해 우리나라 대통령이 되고 싶다는 6살 정민이, 나에게 딸 바보라는 명칭을 만들어준 1살 서현이 그리고 고등학교때부터 지금까지 20년 동안 변함없는 사랑으로 나와 우리 가족을 만들어준 선경에게 사랑한다는 말을 전하고 싶습니다.

저자 임진우

이번에 Adobe 사에서 엣지 애니메이트(Edge Animate)가 새로 나왔는데, 관련된 서적을 찾기 어려웠고 인터넷에서도 기초에 관련된 내용들을 쉽게 접하기가 어려웠습니다. 이 책에는 엣지 애니메이트를 이용한 애니메이션과 자바스크립트, 제이쿼리, CSS를 활용하는 방법이 기초부터 상세하게 정리되어 있기 때문에 엣지 애니메이트를 처음 접하는 사람들도 쉽게 이해할 수 있을 것이라 생각합니다. 엣지 애니메이트와 HTML5에 관련된 공부를 하시는 분들께 강력 추천합니다.

이강희/웹모션그래퍼 alddl555@naver.com

아직 어도비 엣지에 관련된 서적들이 시장에 거의 나와 있지 않아서 선뜻 시작하기 두려웠는데, 이 책을 통해 초보자인 제가 혼자서도 빠르게 이해하고 습득할 수 있었습니다. 필수 기능과 그것을 활용한 예제들이 쉽고 재밌게 표현되어 있어 따라하기만 해도 개념을 쉽게 이해하고 적용할 수 있었습니다. 앞으로 웹, 모바일 다양한 분야에서 많이 사용되기 때문에 알아두면 유용할 것 같고, 무엇보다 HTML, CSS, 자바스크립트의 전문 지식이 없는 디자이너들도 쉽게 웹모션에 접근할 수 있기 때문에 이 책을 강력 추천합니다.

이정민/웹디자이너 sileni@nate.com

웹에이전시에서 5년 넘게 플래시 모션을 해 오고 있는 저로써는 웹 시장의 흐름에 맞춰 플래시와는 다르게 다양한 디바이스에 적용되는 HTML5와 jQuery에 관심을 가지게 되었습니다. 그러던 중 엣지 애니메이트라는 툴이 기존에 플래시와 마찬가지로 타임라인을 이용하여 애니메이션을 구현하고 플래시를 통해 웹에 구현했던 대부분의 기능들이 엣지 애니메이트를 이용해서 HTML5로 구현된다는 사실을 알게 되었습니다.

이 책에는 HTML5 애니메이션 외에도 다양하게 활용될 수 있는 방법들이 담겨 있습니다. 직관적이고 쉽게 설명되어 있어서 차근차근 따라하다 보면 실력이 금방 향상될 것이라고 생각합니다. HTML5에 관심 있는 사람이라면 충분히 공부해볼 만한 가치가 있는 책이라 생각합니다.

이정현/ 플래셔 modens@nate.com

이 책은 독자 여러분들의 효율적인 학습을 위하여 다음과 같이 구성하였습니다.
〈바로바로 할수 있는 엣지 애니메이트〉의 세심하고 독특한 구성을 만나보세요.

- 학습 도입부에 설명을 추가하여 학습 내용을 한눈에 파악할 수 있도록 하였습니다.

- 도입부에 QR 코드를 삽입하여 학습이 좀 더 효율적으로 이루어질 수 있도록 배려하였습니다.

- 미리보기와 샘플 파일 경로를 제시하여 독자들의 직접 실습을 할 수 있도록 하였습니다.

- 천천히 따라하기만 하면 모든 내용을 자연스럽게 알 수 있도록 따라하기 방식으로 구성하였습니다.

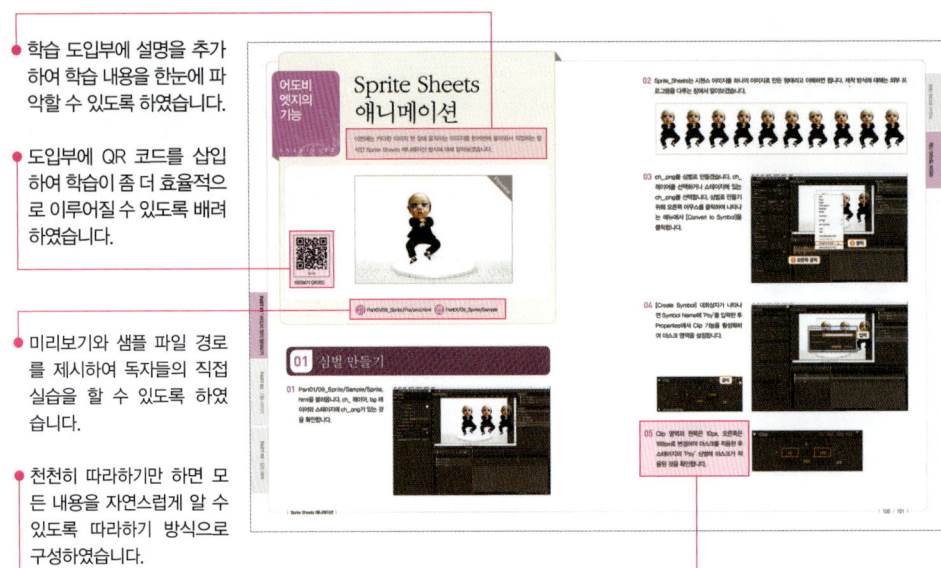

- 타임라인 부분에 돋보기 화면을 추가하여 독자의 학습 편의를 극대화하였습니다.

- 독자들이 엣지 애니메이트를 학습하는 데 있어서 궁금증이 생기지 않도록 필요한 곳에 적절한 팁을 수록하였습니다.

- 좀 더 자세한 설명이 필요한 부분에 "여기서 잠깐" 코너를 마련하여 독자들이 내용을 좀 더 쉽게 이해할 수 있도록 하였습니다.

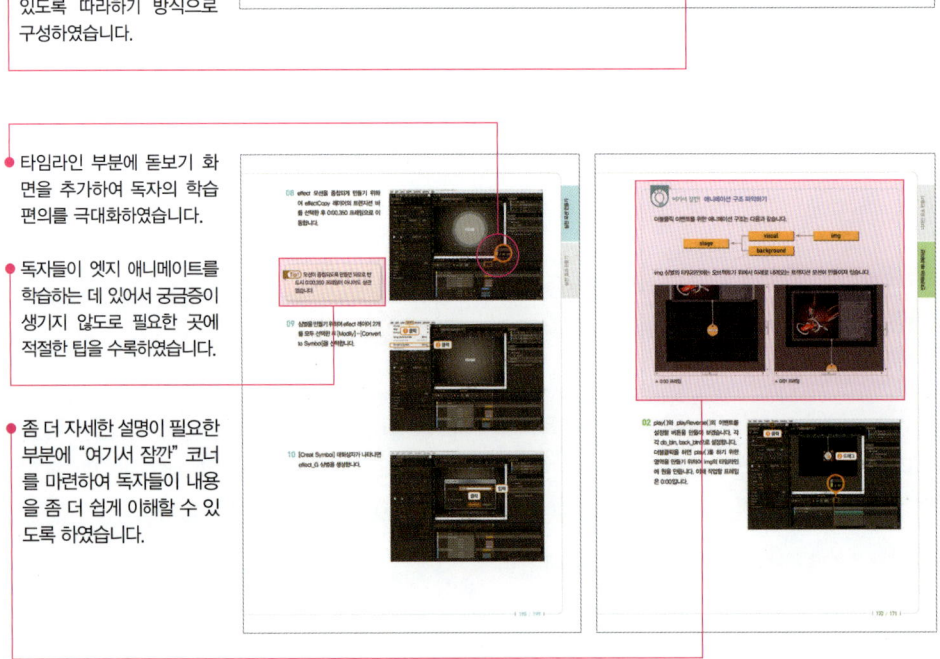

〈바로바로 할수 있는 엣지 애니메이트〉는 기초부터 실전 예제까지 아래와 같이 세 가지로 구성되어 있습니다.

PART 01 | 어도비 엣지 알아보기

HTML5 인터랙션을 제작하기 위한 어도비 엣지 군에 대해 알아보고 엣지 애니메이트의 인터페이스에 대해 다루었습니다. 엣지 애니메이트의 핵심 기능인 타임라인과 심벌의 개념을 따라 하며 익힐 수 있는 예제가 포함되어 있습니다.

PART 02 | 기본 다지기

다른 저작 도구(포토샵, 일러스트레이터, 플래시 등)에서 그래픽 요소를 가져와 진행하는 방법을 설명합니다. 또한, 엣지 API에서 제공하는 스크립트로 다양한 인터렉티브 콘텐츠를 만들 수 있는 예제가 포함되어 있습니다.

PART 03 | 실전 예제

다양한 콘텐츠 예제들을 포함하고 있습니다. 예제들을 따라 하기만 해도 실무에서 필요한 스크립트 지식과 구조 설계에 대해 익힐 수 있습니다.

예제 파일

본문에 있는 예제를 따라하는데 필요한 샘플 파일은 제우미디어 홈페이지(www.jeumedia.com)에서 다운받을 수 있습니다.

묻고 답하기

본문의 예제와 이 책에 대한 궁금증은 polraris@naver.com 으로 문의바랍니다.

※ QR코드는 스마트폰 애플리케이션 마켓에서 'QR코드'라고 검색하여 앱을 설치 · 실행한 후 책에 수록된 QR코드를 찍으면 앱이 QR코드를 인식하면서 애니메이션이 나타납니다.

차례

Part 03 | 실전 예제

chapter 01   **실전 모션 만들기**

Part01

어도비 엣지 알아보기

Html5 인터랙션을 제작하기 위한 어도비 엣지의 화면 구성에 대해 알아보겠습니다. 이번 파트에서는 어도비 엣지 애니메이트의 핵심 기능인 타임라인과 심벌의 개념을 설명했습니다. 타임라인이나 심벌은 애니메이션을 만드는 모션그래퍼에게는 쉬운 개념이지만 디자이너나 코더들에게는 생소하거나 다소 낯선 개념입니다. 하지만 Html5 인터랙션을 표현하기 위한 핵심 기능이기 때문에 이번 파트에 있는 예제를 하나하나 만들어 가면서 정복해보세요.

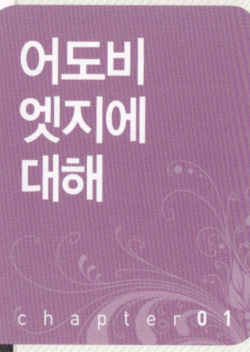

어도비 엣지 시작하기

어도비 엣지(Adobe Edge)를 이용하면 직접 코딩을 하지 않고도 애니메이션이 동작하는 HTML, CSS, 자바스크립트를 제작할 수 있습니다.

플래시가 지금과 같이 대중화될 수 있었던 가장 큰 이유 중 하나는 디자이너가 개발자의 도움 없이 손쉽게 인터랙션 콘텐츠를 제작할 수 있었기 때문입니다. HTML5는 개발자의 영역이고 마크업과 CSS 디자인을 위한 전문적인 지식이 필요하지만, 어도비 엣지는 디자이너가 HTML에 대한 지식 없이도 HTML5 기반의 애니메이션 결과물을 만들 수 있다는 것에 가장 큰 의미가 있습니다. 그 결과물이 다른 작업 없이 다양한 디바이스와 최신 브라우저에서 구동된다는 것은 분명 주목할 만한 점입니다. 플래시가 발전한 형태로 미루어보았을 때 어도비 엣지의 시작을 지켜보는 입장에서는 이후의 발전이 크게 기대가 됩니다.

01 어도비 엣지와 HTML5

어도비 엣지는 새로운 웹 모션 및 인터랙션 디자인 도구입니다. 간단한 플래시 모션 편집으로 웹 표준을 사용하는 HTML5, 자바스크립트, CSS로 이루어진 애니메이션 콘텐츠를 생성하여 웹 사이트에 사용할 수 있기 때문에 사용자가 HTML5를 알지 못하더라도 전혀 문제가 되지 않습니다.

플래시로 만들어진 콘텐츠는 swf 파일로 퍼블리싱되고, 그 파일을 HTML 페이지에 임베디드되는 형식으로 보이게 됩니다. swf 파일을 브라우저에서 확인하기 위해서는 브라우저에 플래시 플레이어가 설치되어 있어야 합니다. 반면 어도비 엣지를 통해 만들어진 콘텐츠는 HTML5와 CSS3로 이루어진 결과물을 만들어 내기 때문에 플래시를 지원하지 않는 일부 모바일 브라우저에서도 인터랙션 콘텐츠를 제공할 수 있습니다.

어도비 엣지는 자바스크립트 라이브러리인 jQuery를 바탕으로 만들어집니다. jQuery는 매우 뛰어난 표현력을 제공해주는 강력한 라이브러리로, 웹 애플리케이션 개발자 사이에서 가장 많이 사용되고 있습니다. HTML5의 인터랙션은 자바스크립트를 바탕으로 동작하기 때문에, 그 한정된 틀 안에서 표현력을 높인다는 것은 쉽지 않습니다. 하지만 엣지에서는 타임라인을 통한 키프레임 방식으로 다이내믹한 모션을 표현할 수 있습니다.

엣지 애니메이트 CC(Edge Animate CC)

사용자들이 HTML 자바스크립트 및 CSS를 이용해 웹상에 콘텐츠를 애니메이션으로 나타낼 수 있도록 하는 동작 및 인터랙션 디자인 툴입니다.

엣지 리플로 CC(Edge Reflow CC)

사용자가 HTML 콘텐츠 스타일링을 위한 표준인 CSS를 이용해 레이아웃과 시각적 디자인을 작성할 수 있도록 돕는 응답 속도가 빠른 웹 설계 툴입니다.

엣지 코드 CC(Edge Code CC)

브래킷(Brackets) 오픈 소스 프로젝트를 통해 개발된 코드 에디터, HTML, CSS 및 자바스크립트를 이용해 작업하는 웹 디자이너와 개발자를 위해 최적화된 툴입니다.

엣지 인스펙트 CC(Edge Inspect CC)

프론트엔드 웹 개발자와 디자이너가 모바일 기기에서 효과적으로 HTML 콘텐츠를 미리보고 디버깅할 수 있도록 하는 미리보기 툴입니다.

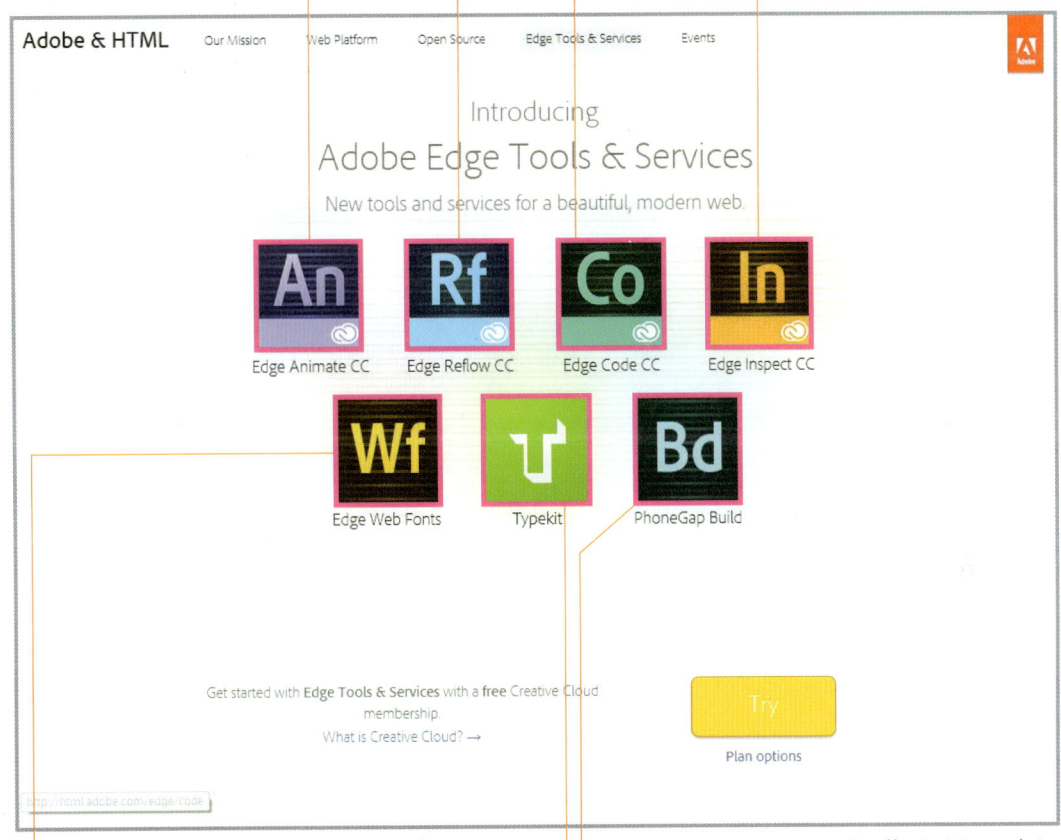

▲ http://html.adobe.com/edge

엣지 웹 폰트(Edge Web Fonts)

웹 사이트와 앱에서 지속적으로 증가하고 있는 오픈 소스 폰트 라이브러리를 사용하기 위한 무료 웹 폰트 서비스입니다.

타입킷(Typekit)

전통적인 서체부터 웹 사이트에 사용하는 최신 폰트에 이르기까지 최상의 폰트 라이브러리를 제공합니다.

폰갭 빌드(PhoneGap Build)

널리 사용되는 모바일 플랫폼을 위해 HTML, CSS 및 JavaScript로 개발된 모바일 앱을 패키징하는 서비스입니다.

02 Creative Cloud 가입하기

01 엣지 애니메이트를 설치하기 위해서는 Adobe Creative Cloud에 회원 가입을 해야 합니다. html.adobe.com/edge/creativecloud에 접속한 후 화면 중앙에 있는 [Get Started] 버튼을 클릭합니다.

02 Creative Cloud 가입 페이지가 나타납니다. 가입 양식을 작성한 후 [만들기] 버튼을 클릭합니다.

> **Tip!** 만약 Adobe ID가 있다면 "Adobe ID가 이미 있습니까?" 문구를 클릭하여 로그인 창으로 이동한 후 ID를 입력합니다.

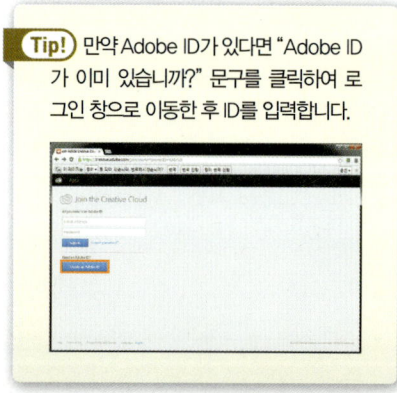

03 Adobe Creative Cloud에 접속되면 탭 메뉴 중에서 Apps를 클릭합니다.

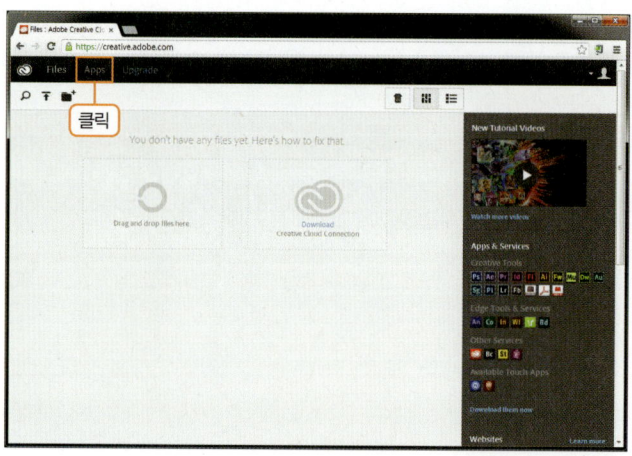

04 다음과 같이 설치가 가능한 어도비 제품군들이 나타납니다. 엣지 애니메이트(Edge animate)의 [Download]를 클릭합니다.

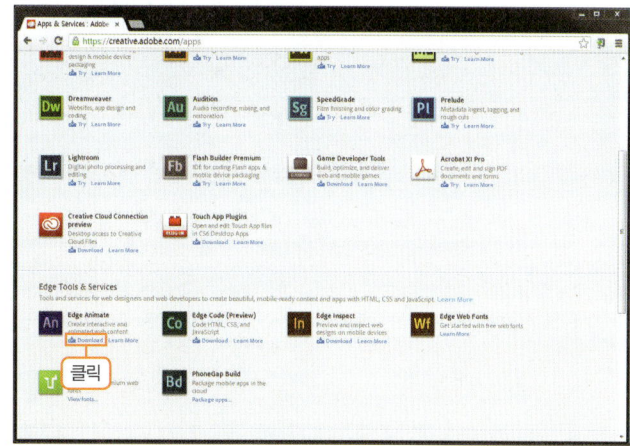

05 Adobe Application Manager가 설치되면 ID 로그인 창이 나타납니다. ID와 비밀번호를 입력한 후 [로그인] 버튼을 클릭합니다.

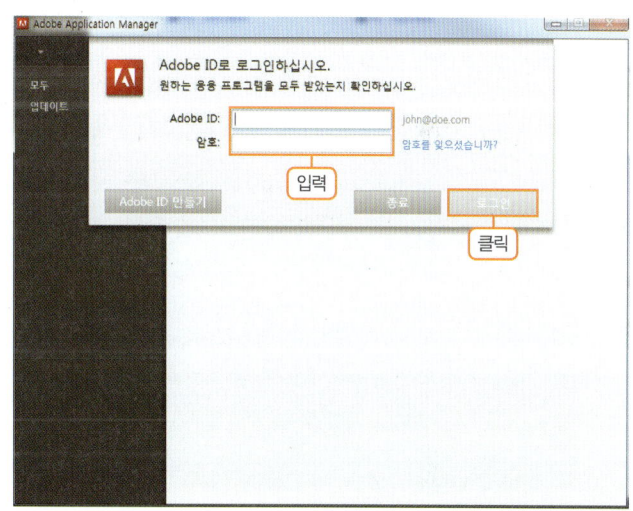

06 로그인이 되면 Adobe Application Manager에서 Edge animate가 설치되는 것을 확인할 수 있습니다.

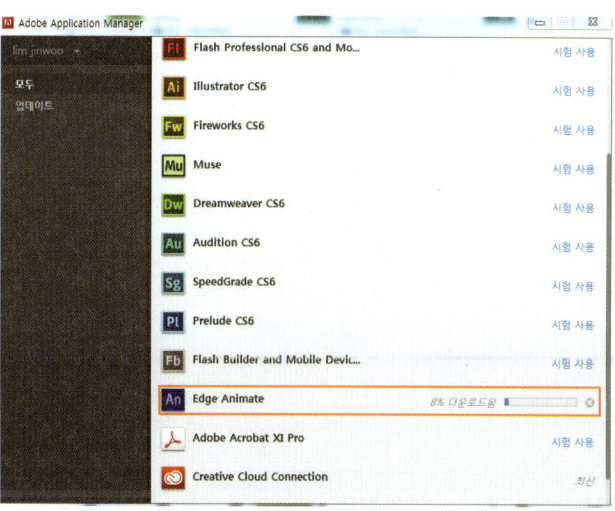

여기서 잠깐! **엣지 코드 설치하기**

엣지 코드는 어도비에서 제공하는 무료 코드 편집기입니다. 특히 어도비 HTML CC 제품 군인 엣지 인스펙터, 폰갭 빌드 및 엣지 웹 폰트를 사용하여 편집을 확장할 수 있습니다.

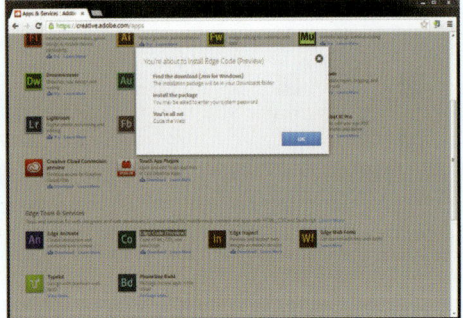

▲ 접속 권한을 요청하는 메시지 창

▲ Adobe Edge Code Preview 2.msi 파일을 실행하기 위한 [Setup] 창

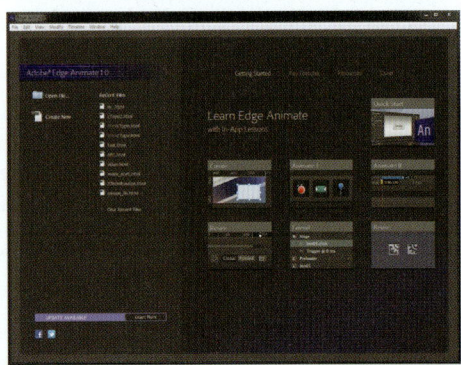

▲ 엣지 애니메이트와 엣지 코드가 제대로 설치되었을 때 나타나는 화면

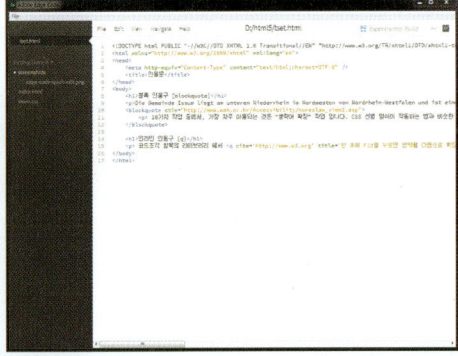

▲ Edge Code 화면

Tip! CC(Creative Cloud)

CC는 'Creative Cloud'의 약자로, 어도비의 회원제 서비스를 말합니다. '크리에이티브 클라우드(CC)'는 기존의 '크리에이션 수트(CS)'로 대표되는 패키지 형태에서 온라인상의 월/연 정액제로 사용하는 클라우드 앱으로 변경된 것입니다. 항상 온라인 상태여야 하고, 결제 기간이 끝나면 사용할 수 없다는 단점이 있지만, 필요할 때만 요금을 내고 사용할 수 있다는 장점도 있습니다.

03 어도비 엣지 애니메이트의 특징

엣지 애니메이트는 HTML5 웹 표준 기반의 애니메이션 & 인터랙션 제작 소프트웨어입니다. 이 프로 그램은 타임라인 기반의 애니메이션 도구이며, DOM 구조를 바탕으로 CSS, 자바스크립트 & jQuery 인터랙션을 부여할 수 있습니다.

1 타임라인을 통한 정확한 애니메이션 구현

CSS3 애니메이션으로 모션을 만들기 위해 코드 작성을 고민할 필요가 없습니다. 직관적인 오브젝트 선택과 더 불어 타임라인을 통한 HTML 요소에 움직임을 줄 수 있습니다. Easing 기능을 통한 풍부한 애니메이션 제작과 핀 도구를 이용하여 좀 더 쉬운 모션 제작이 가능합니다.

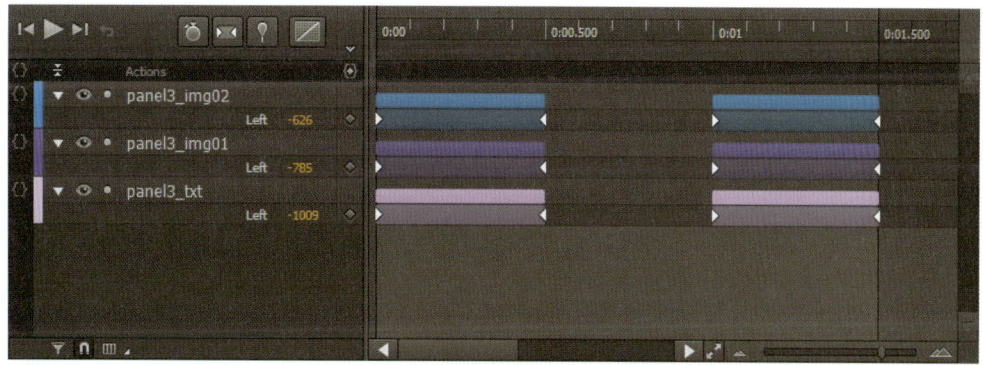

2 직관적인 인터페이스

그래픽 디자인 작업을 위한 웹킷 기 반의 패널로 4개의 패널을 명확하게 구분하여 HTML 콘텐츠를 좀 더 쉽 게 제작할 수 있는 인터페이스 구조 를 가지고 있습니다. 다른 제작 도구 툴과는 달리 숨겨진 패널에 대한 기 능이 없기 때문에 툴에 대한 학습 또 한 매우 빠르게 진행할 수 있습니다.

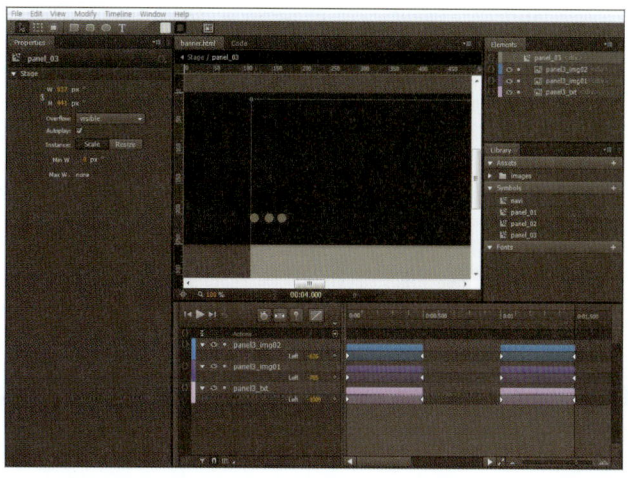

3 심벌 기능을 이용한 작업물의 재활용

독립적인 타임라인을 가진 구조의 심벌 기능을 통해 애니메이션을 제작할 수 있습니다. 또한 같은 구조를 가진 심벌을 재사용함으로써 엣지 API와의 연결을 통한 심벌의 복제 및 코드 접근이 가능합니다.

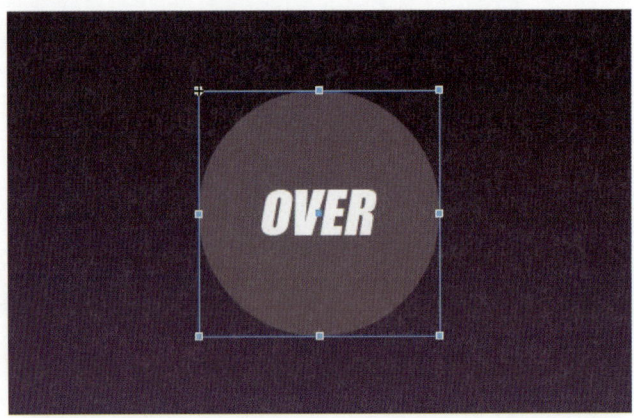

4 엣지 API를 통한 자바스크립트 코드 생성

다양한 API를 제공하고, 외부 자바스크립트를 불러와서 사용할 수 있으며, 다양한 인터랙션 콘텐츠를 제작할 수 있습니다. 엣지에서 제공하는 API는 타임라인 컨트롤, 페이지 링크 등의 필요한 부분을 진행할 수 있는 정의 함수를 포함하고 있습니다.

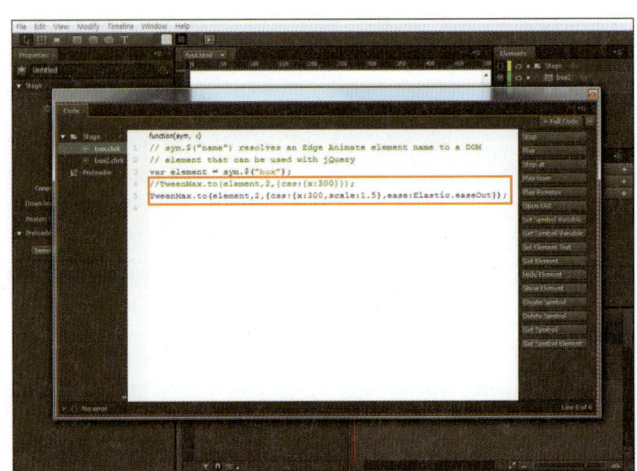

▲ 엣지에서 Code를 입력하는 창

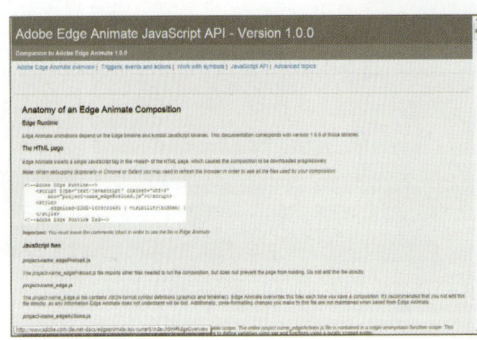

▲ 엣지 API

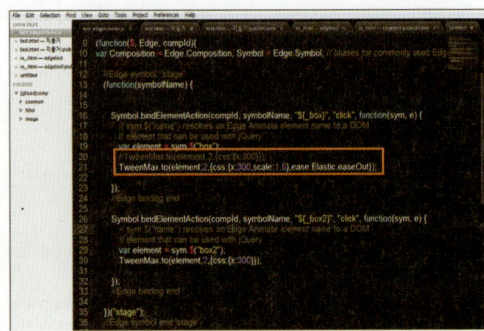

▲ js 파일 생성 코드

5 HTML 페이지 지원

그래픽 요소를 임포트하여 작업할 수도 있지만, 기본적인 HTML 페이지를 불러와서 애니메이션 작업을 할 수도 있습니다. 특히 HTML 파일을 불러오면 Elements 패널에 페이지 태그 요소들이 포함되어 있음을 확인할 수 있습니다. 엣지에서는 그 태그 요소에 애니메이션을 만들 수 있습니다.

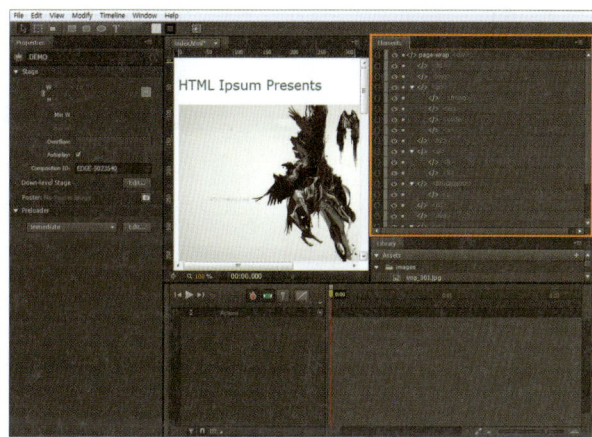

6 Edge 자체 드로잉 기능

도형 도구 툴을 이용하여 그래픽적인 요소를 제작할 수 있습니다. 그래픽적인 요소는 Properties 패널에 있는 속성으로, 디테일한 변화를 줄 수 있고 그 속성은 CSS 기반으로 구성되어 있습니다. 이후 CSS 요소가 확장되면 Properties 패널에 있는 속성도 확장될 것으로 기대합니다.

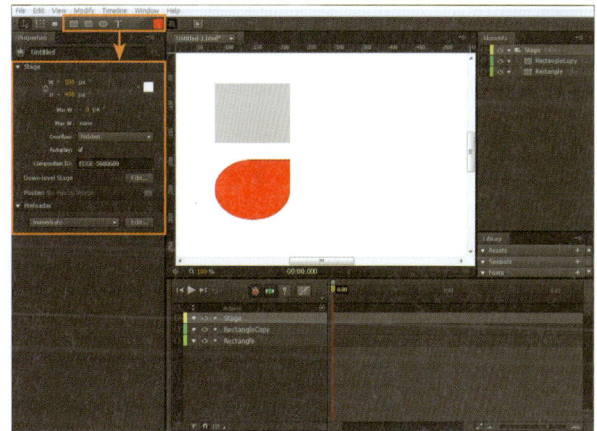

7 SVG, JPEG, PNG, GIF 등의 웹 그래픽 옵션 지원

플래시와 마찬가지로 외부 웹 제작 도구 툴에서 만들어진 이미지 요소들을 엣지로 불러와서 작업할 수 있습니다. 이를 통해 디자이너의 풍부한 감성을 감각적으로 처리할 수 있습니다. 임포트된 객체를 HTML로 변환할 때 각각의 고유 아이디로 처리하여 HTML 코드 자체에도 접근할 수 있습니다.

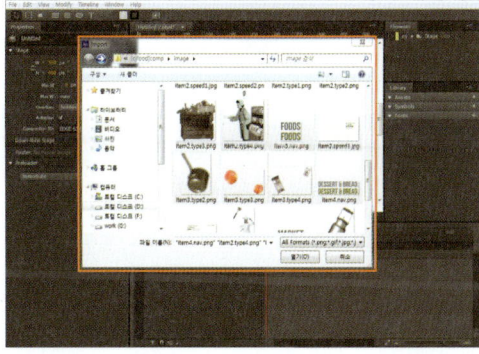 

8 Resizable Layouts 기능 지원

손쉬운 설정을 통해 브라우저 크기에 따른 오브젝트의 위치를 조정할 수 있습니다. 이는 직관적으로 작업할 수 있는 부분으로, 이 책에서도 해당 내용을 다루고 있습니다.

9 웹 폰트 지원

구글이나 모빌리스에서 제공하는 웹 폰트를 클릭 몇 번으로 엣지에서 사용할 수 있습니다. 이는 모던 웹에서 텍스트를 이미지로 만드는 대신 진짜 폰트를 이용하여 페이지를 구성하고, 웹 표준에 좀 더 접근할 수 있는 형태를 제공하고 있습니다.

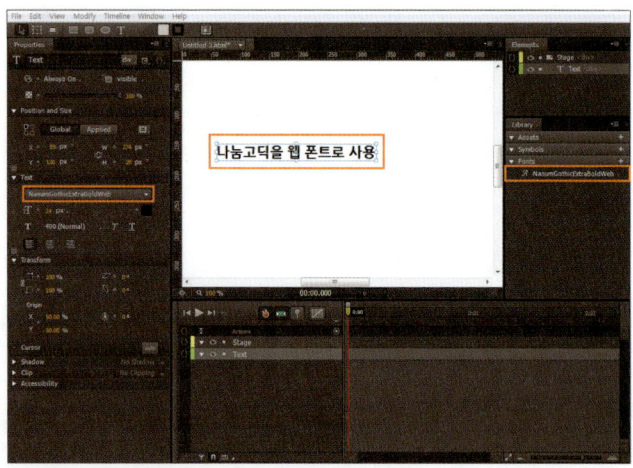

▲ 엣지에서 웹 폰트를 적용한 화면

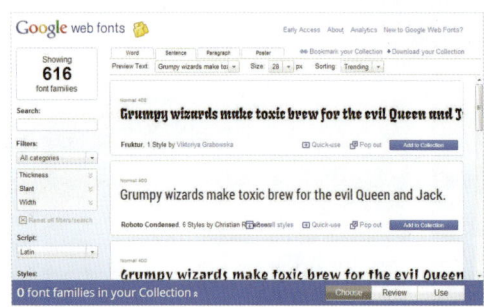

▲ 구글 웹 폰트

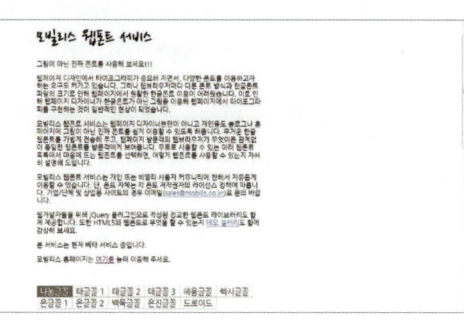

▲ 모빌리스 웹 폰트

여기서 잠깐! HTML5 참고 사이트

jQuery.com
(http://jQuery.com)

제이쿼리와 관련된 API를 학습할 수 있는
사이트입니다. 인터랙션을 위한 필수 사이
트입니다.

HTML DRIVE
(http://www.HTMLdrive.net)

jQuery나 HTML의 애니메이션 효과 및 방
법에 대해 알 수 있는 사이트입니다.

w3school.com
(http://www.w3schools.com)

HTML/CSS, 자바스크립트, XML 등 개발
자와 관련된 API 및 레퍼런스 등이 잘 정리
된 사이트로, 웹을 만들고자 하는 분은 반
드시 즐겨 찾기를 해야 하는 사이트입니다.

어도비 엣지에 대해

chapter 01

엣지 애니메이트의 인터페이스 및 메뉴

엣지 애니메이트의 인터페이스는 매우 직관적인 형태를 가지고 있습니다. 또한 다른 툴처럼 다양한 패널에 숨어 있는 형태가 아니기 때문에 툴에 대한 기능을 익히는 부분은 크게 어려움이 없습니다. 엣지 애니메이트는 HTML, CSS, jQuery 등의 기술을 기반으로 만들어진 프로그램이므로 이 부분에 대한 관련 지식이 있다면 엣지를 사용하는 데 큰 도움이 될 것입니다.

01 엣지 애니메이트의 인터페이스

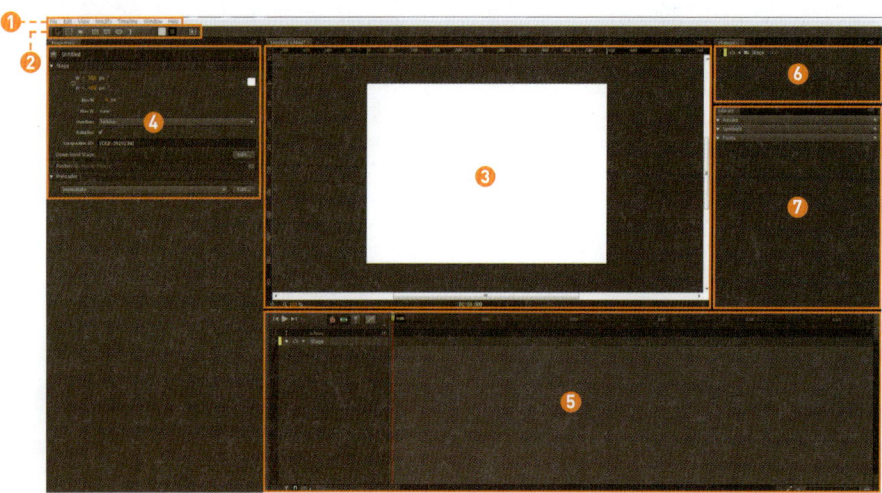

❶ **메뉴 툴바:** Edge 작업에 필요한 명령어들이 정리되어 있습니다.

❷ **툴 패널:** 작업 시 스테이지에서 사용되는 도구들을 모아 놓은 패널입니다.

❸ **스테이지 및 작업 영역:** 흰색 부분은 본격적인 작업 공간으로, Object나 Element를 배치하여 작업하는 공간입니다. 흰색 이외의 부분이 작업 영역입니다.

❹ **속성(Properties) 패널:** 스테이지에 놓인 Element 속성을 설정하거나 변경할 수 있는 패널입니다.

❺ **레이어와 타임라인 패널:** 레이어 패널은 각각의 Element를 레이어에 배치하여 생성할 수 있는 패널이고, 타임라인은 밀리세컨드 기반으로 속성 창에 있는 키프레임을 생성하여 애니메이션을 만들 수 있는 패널입니다.

❻ **Element 패널:** 스테이지에 놓이는 Elements나 이미지 객체들이 모두 나타나는 패널입니다.

❼ **Library 패널:** 작업에 필요한 이미지, 심벌, 폰트 등을 정리하여 모아 두는 패널입니다.

02 엣지 애니메이트의 메뉴

1 File 메뉴

저장, 창 열기, 퍼블리싱, 가져오기(Import)로 구성된 메뉴입니다.

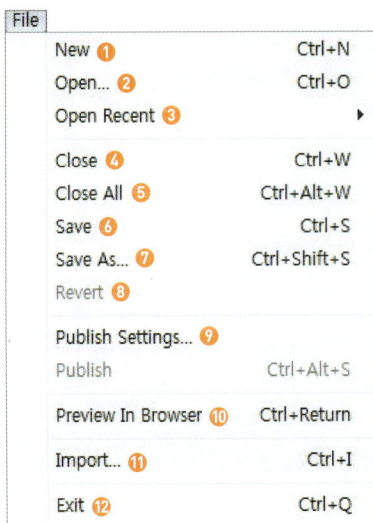

❶ **New:** 새로운 창을 엽니다.
❷ **Open:** 내 컴퓨터에서 Edge 또는 HTML 파일을 엽니다.
❸ **Open Recent:** 최근에 사용한 파일을 불러옵니다.
❹ **Close:** 현재 작업 중인 파일을 닫습니다.
❺ **Close All:** 열려 있는 모든 파일을 닫습니다.
❻ **Save:** 현재 편집 중인 작업 파일을 저장합니다.
❼ **Save All:** 열려 있는 모든 파일을 저장합니다.
❽ **Revert:** 가장 최근에 저장 문서로 되돌립니다.
❾ **Publish Settings:** Edge의 변환을 설정합니다.
❿ **Preview In Browser:** 작업 내용이 브라우저에 나타납니다.
⓫ **Import:** 엣지로 SVG, JPG, PNG, GIF 파일을 불러옵니다.
⓬ **Exit:** 엣지를 종료합니다.

2 Edit 메뉴

오브젝트의 크기와 복제를 진행하는 메뉴 툴바입니다.

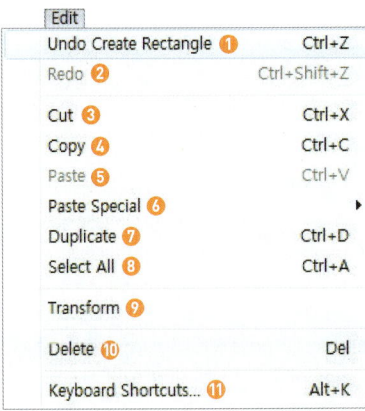

❶ **Undo Create Rectangle:** 실행 명령 순서대로 취소합니다.
❷ **Redo:** 최근에 실행한 명령을 되돌립니다.
❸ **Cut:** 선택한 오브젝트를 잘라냅니다.
❹ **Copy:** 선택한 오브젝트를 복사합니다.
❺ **Paste:** 복사한 오브젝트를 붙여 넣기합니다.
❻ **Paste Special:** 오브젝트의 트랜지션 효과를 붙입니다.
❼ **Duplicate:** 선택한 오브젝트를 복사합니다.
❽ **Select All:** 모든 오브젝트를 선택합니다.
❾ **Transform:** 선택한 오브젝트의 크기 또는 방향을 변경합니다.
❿ **Delete:** 선택한 오브젝트를 삭제합니다.
⓫ **Keyboard Shortcuts:** 단축키를 설정합니다.

여기서 잠깐! **Publish Settings 자세히 알아보기**

● **Web:** 웹 브라우저에서 보이는 콘텐츠로 만들 수 있습니다. 확장자가 .html로 만들어집니다.

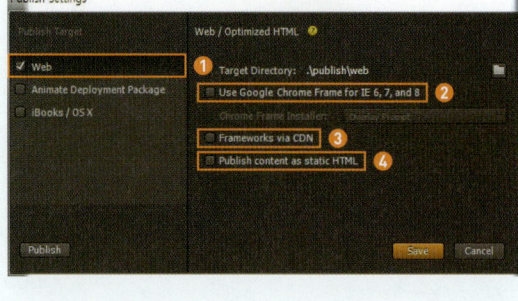

　❶ **Use Google chrome Frame for IE6, 7 and 8:** 구글 크롬 프레임 사용 설정
　❷ **Frameworks via CDN:** CDN 사용 설정
　❸ **Publish content as static HTML:** 정적인 HTML 코드 사용

● **Animate Deployment Package:** 확장자는 .oam으로, Adobe DSP에 사용하기 위한 포맷으로 변환합니다.

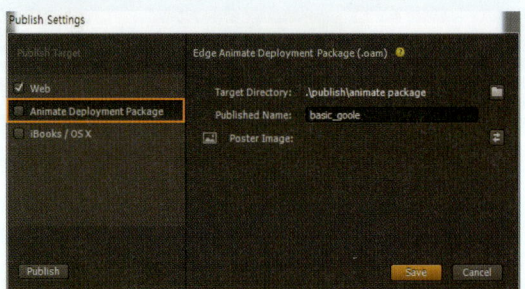

● **IBooks OS X:** 확장자는 .wdgt이며, IBook이나 OS X의 위젯을 만드는 포맷으로 변환합니다.

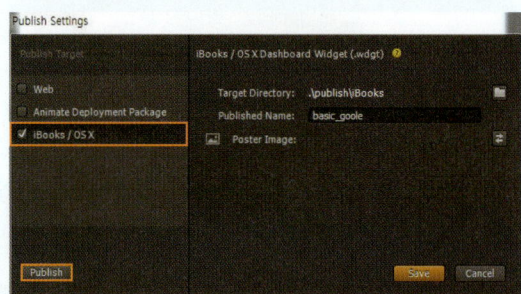

● **publish:** publish 폴더가 생성되고, web 폴더에 파일이 만들어집니다.

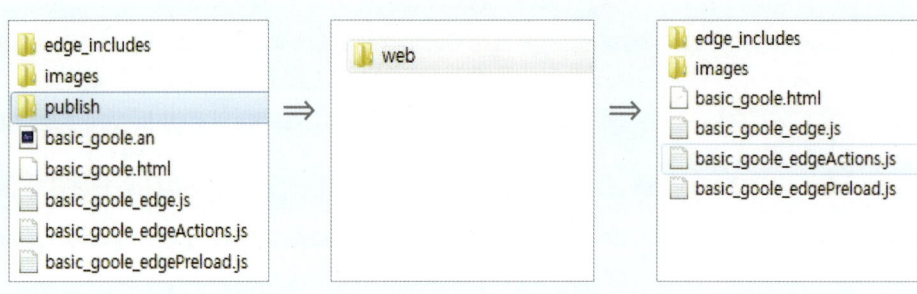

3 View 메뉴

작업 창의 크기 변화와 가이드 설정을 할 수 있는 메뉴입니다.

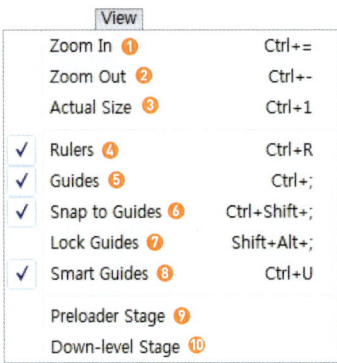

1 **Zoom In**: 문서의 작업 영역을 확대합니다.

2 **Zoom Out**: 문서의 작업 영역을 축소합니다.

3 **Actual Size**: 문서의 크기에 맞게 작업 창이 조절됩니다.

4 **Rulers**: 작업을 할 때 눈금자를 볼 수 있습니다.

5 **Guides**: 작업 창에 안내선을 나타냅니다.

6 **Snap to Guides**: 가이드에 오브젝트에 대한 스냅을 설정합니다.

7 **Lock Guides**: 가이드가 변경되지 않도록 합니다.

8 **Smart Guides**: 오브젝트 간의 가이드에 프리뷰를 보여줍니다.

9 **Preloader Stage**: 메인과 별도 공간에 프리로더를 설정합니다.

10 **Down－level Stage**: 하위 브라우저에 보일 이미지를 설정합니다.

4 Modify 메뉴

오브젝트들을 정렬하거나 심벌을 만들 수 있습니다.

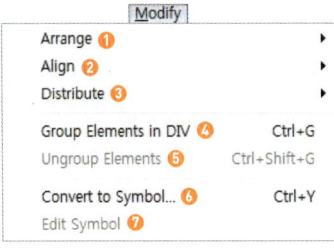

1 **Arrange**: 여러 개의 오브젝트 순서를 결정합니다.

2 **Align**: 선택한 오브젝트를 스테이지 기준으로 정렬합니다.

ⓐ **Bring to Front**: 선택한 오브젝트를 맨 앞으로 이동합니다.

ⓑ **Bring Forward**: 선택한 오브젝트를 한 칸 앞으로 이동합니다.

ⓒ **Send Backward**: 선택한 오브젝트를 한 칸 뒤로 이동합니다.

ⓓ **Send to Back**: 선택한 오브젝트를 맨 뒤로 이동합니다.

3 **Distribute**: 오브젝트를 기준으로 정렬됩니다.

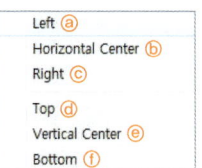

ⓐ **Left**: 가장 왼쪽에 있는 오브젝트 기준으로 정렬됩니다.

ⓑ **Horizontal Center**: 오브젝트 간에 수평을 기준으로 정렬됩니다.

ⓒ **Right**: 가장 오른쪽에 있는 오브젝트를 기준으로 정렬됩니다.

ⓓ **Top**: 가장 상단에 있는 오브젝트를 기준으로 정렬됩니다.

ⓔ **Vertical Center**: 오브젝트 간에 수직을 기준으로 정렬됩니다.

ⓕ **Bottom**: 가장 하단에 있는 오브젝트를 기준으로 정렬됩니다.

4 **Group Element in DIV**: 요소들을 DIV 그룹으로 그룹핑합니다.

⑤ Ungroup Elements: 그룹을 해제합니다.

⑥ Convert to Symbol: 요소를 심벌로 변환합니다.

⑦ Edit Symbol: 변환된 심벌의 독립적인 타임라인으로 이동합니다.

5 Timeline 메뉴

오브젝트들을 정렬하거나 심벌을 만들 수 있습니다.

① Play/Stop: 타임라인에서 Play head를 움직입니다.

② Return: 한 단계 전의 타임라인 Play head로 이동합니다.

③ Go to Start: 타임라인의 맨 처음으로 이동합니다.

④ Go to End: 타임라인의 맨 마지막으로 이동합니다.

⑤ Go to Previous Keyframe: 한 프레임씩 뒤로 이동합니다.

⑥ Go to Next Keyframe: 한 프레임씩 앞으로 이동합니다.

⑦ Auto-Keyframe Mode: 오브젝트의 속성 변화가 있을 때 자동으로 키프레임을 만듭니다.

⑧ Auto-Transition Mode: 키프레임의 변화가 있는 경우, 자동으로 트랜지션이 만들어집니다.

⑨ Add Keyframe: 설정한 속성에 따라 키프레임을 생성합니다.

⑩ Insert Label: 키프레임에 라벨을 표시합니다.

⑪ Insert Trigger: 키프레임에 스크립트를 넣습니다.

⑫ Create Transitious: 트랜지션을 연결합니다.

⑬ Remove Transitions: 트랜지션을 삭제합니다.

⑭ Invert Transitions: 트랜지션을 반대로 돌립니다.

⑮ Insert Time: 설정한 시간만큼 타임라인을 늘립니다.

⑯ Toggle pin: Pin을 활성화합니다.

⑰ Flip Playhead and Pin: Pin의 위치를 반대로 만듭니다.

⑱ Snapping: 타임라인에서 타임 간의 스냅을 설정합니다.

⑲ Snap To: 스냅 적용의 기준을 설정합니다.

⑳ Show Grid: 스냅 시 가이드라인을 보여줍니다.

㉑ Grid: 설정된 초 단위로 그리드를 만듭니다.

㉒ Zoom In: 타임라인을 확대합니다.

㉓ Zoom Out: 타임라인을 축소합니다.

㉔ Zoom to Fit: 작업 길이에 맞춰 영역을 확대하거나 축소합니다.

㉕ Expand/Collapse Selected: 선택된 오브젝트의 키프레임을 보이거나 안 보이게 합니다.

㉖ Expand/Collapse All: 모든 오브젝트의 키프레임을 보이거나 안 보이게 합니다.

6 Window 메뉴

해당 패널의 활성화 여부를 결정하는 메뉴입니다.

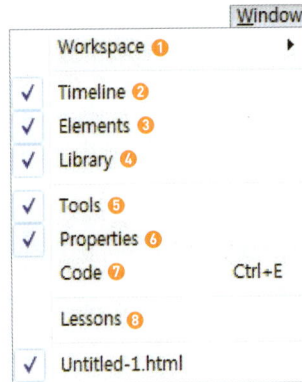

① **Workspace:** 작업 창 레이아웃을 변경하거나 저장합니다.
② **Timeline:** 타임라인 패널의 활성화를 결정합니다.
③ **Elements:** Elements 패널의 활성화를 결정합니다.
④ **Library:** Library 패널의 활성화를 결정합니다.
⑤ **Tools:** Tools 패널의 활성화를 결정합니다.
⑥ **Properties:** Properties 패널의 활성화를 결정합니다.
⑦ **Code:** Code 패널의 활성화를 결정합니다.
⑧ **Lessons:** Lessons 패널의 활성화를 결정합니다.

7 Help 메뉴

엣지 애니메이트 사용 시에 도움을 주는 가이드가 있는 메뉴입니다.

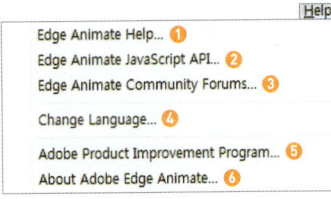

① **Edge Animate Help:** Adobe Help 사이트로 이동합니다.
② **Edge Animate JavaScript API:** 엣지에 사용되는 API 사이트로 이동합니다.
③ **Edge Animate Community Forums:** 엣지 애니메이트 포럼으로 이동합니다.
④ **Change Language:** 엣지 애니메이트에서 사용하는 언어의 설정을 변경합니다.
⑤ **About Product Improvement Program:** 어도비 제품에 대한 개선 프로그램에 참여합니다.
⑥ **About Adobe Edge Animate:** 현재 엣지에 대한 정보를 보여줍니다.

03 엣지 애니메이트의 툴바

1 선택 툴(Selection Tool)

선택 툴은 스테이지에 있는 오브젝트를 선택할 때 사용하는 툴입니다(단축키 Ⓥ). 오브젝트를 선택하면 오브젝트에 파란색 선택 박스가 활성화됩니다.

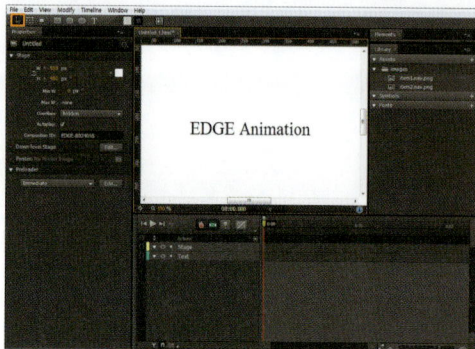

▲ 오브젝트 선택 전 화면

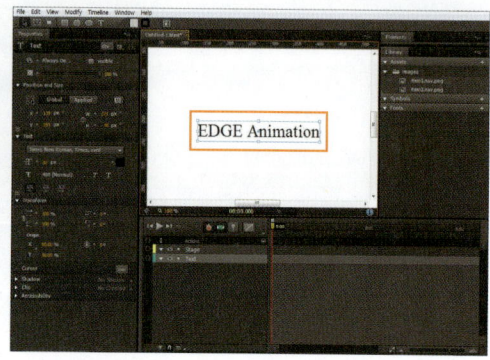

▲ 오브젝트 선택 후 화면

선택되는 대상의 속성 설정이 Properties에서 변화됩니다. 자세한 것은 Properties 패널을 다룰 때 알아보겠습니다. 지금은 선택된 오브젝트의 속성들이 변한다는 정도만 이해하면 됩니다.

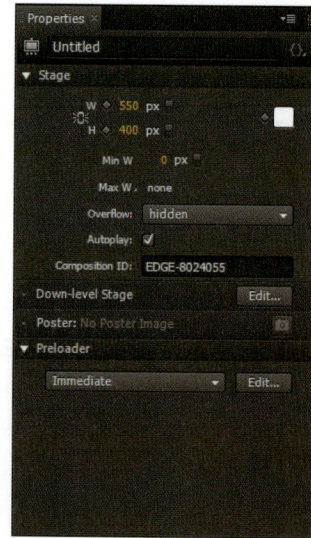

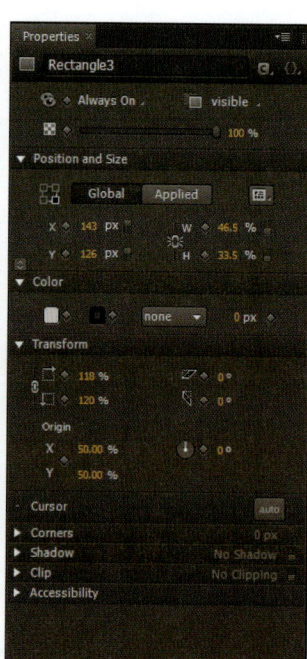

2 변형 툴(Transform Tool)

스테이지에 있는 오브젝트의 모양을 자유롭게 변형할 수 있는 도구로, 크기, 비틀기, 회전, 둘러싸기 등을 조절할 수 있습니다.

① Origin: 변형의 중심이 되는 축입니다. 마우스를 드래그하면 축을 이동할 수 있습니다.

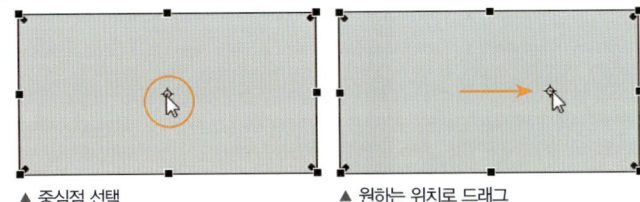

▲ 중심점 선택　　　　　　　　▲ 원하는 위치로 드래그

Origin의 위치를 변경하면 Origin의 위치를 기준으로 변경되는 것을 확인할 수 있습니다.

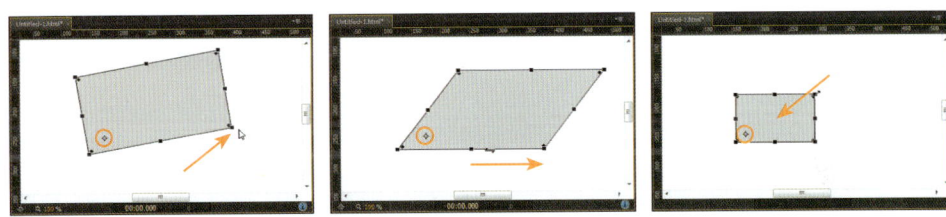

② 크기 변화/비틀기/회전: 선택한 오브젝트의 크기를 변경하거나, 비틀거나, 회전합니다.

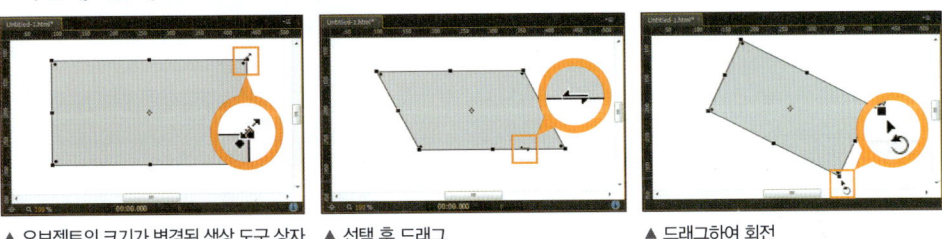

▲ 오브젝트의 크기가 변경된 색상 도구 상자　　▲ 선택 후 드래그　　　　▲ 드래그하여 회전

3 클리핑 툴(Clipping Tool)

CSS의 원하는 부분만 보이게 하는 Clip 기능을 이지워크로 만드는 도구입니다. 스테이지의 오브젝트를 선택하면 나타나는 Properties의 Clip 속성과 동일합니다. 툴바의 클리핑 툴(Clipping Tool)을 선택하면 활성화됩니다.

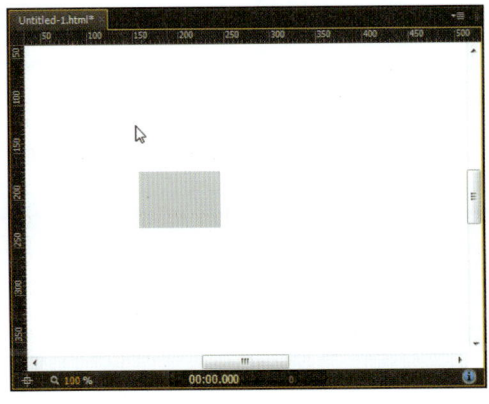

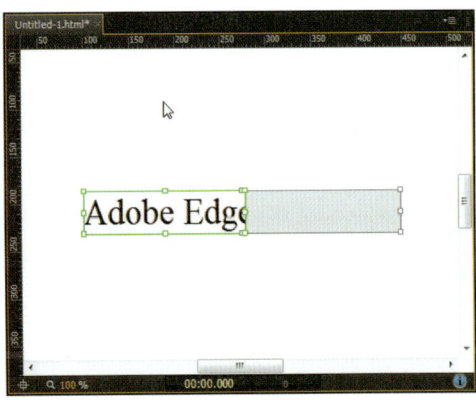

4 사각형 툴(Rectangle Tool)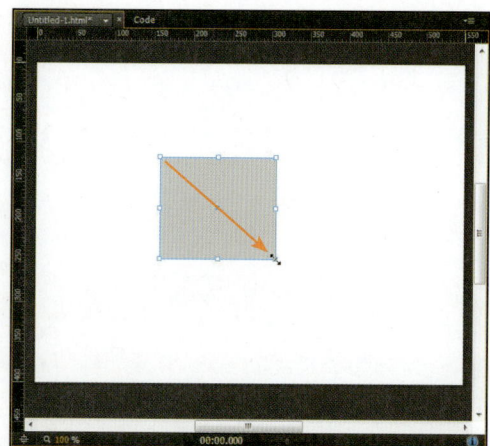

사각형을 그리는 도구입니다.

5 라운드 사각형 툴(Rounded Rectangle Tool)

라운드 사각형을 그리는 도구입니다. 라운드 사각형
툴의 Corner를 이용하면 코너 개수를 설정하여 라운
드를 정밀하게 조정할 수 있습니다.

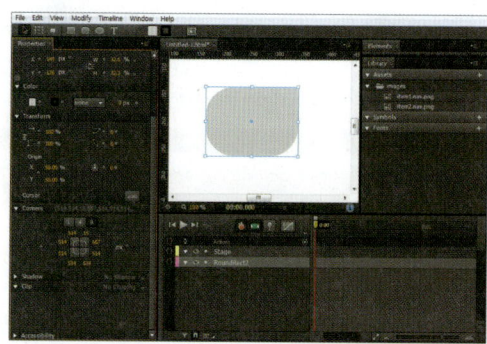

▲ Corner를 이용한 라운드 설정

6 원형 툴(Ellipes Tool)

원을 그리는 도구입니다.

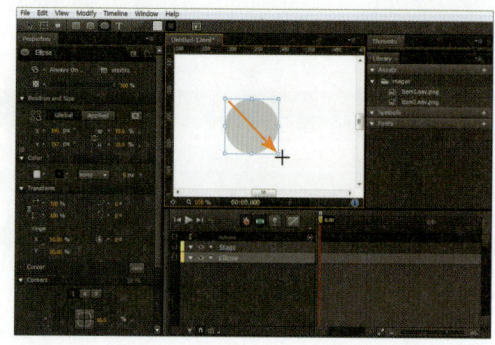

7 텍스트 툴(Text Tool)

텍스트를 입력할 수 있는 도구입니다.

▲ 입력 박스에 텍스트 입력

8 배경 색상(Background Color)

스테이지에 있는 도형의 색상을 변경합니다.

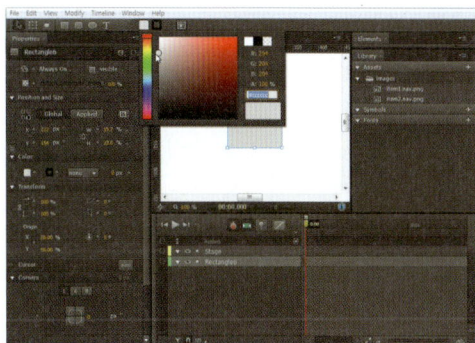 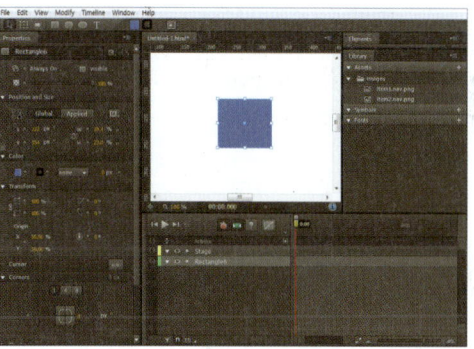

▲ 활성화된 색상 도구 상자

9 테두리 색상(Border Color)

스테이지에 있는 도형의 테두리 색상을 변경합니다.

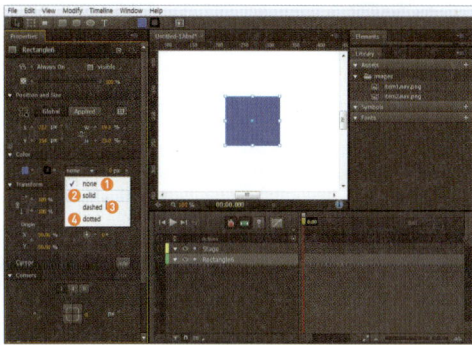

> **Tip!** Border Color를 이용하여 도형의 선 모 양 변경하기
>
> 도형을 선택한 후 Properties 패널에서 Border의 none, solid, dashed, dotted 중 하나를 선택합 니다.

❶ **none:** 도형의 테두리가 없는 상태
❷ **solid:** 도형의 테두리가 선 형태로 변경
❸ **dashed:** 도형의 테두리가 점선 형태로 변경
❹ **dotted:** 도형의 테두리가 점 형태로 변경

속성의 제어 창, Properties 알아보기

스테이지, 도구 상자, 오브젝트처럼 스테이지에 있는 어떤 요소를 선택하든 각각의 대상에 대한 정보를 보여주고 변경할 수 있습니다. 이번에는 애니메이션을 시작하는 Properties에 대해 알아보겠습니다.

1 Stage 속성

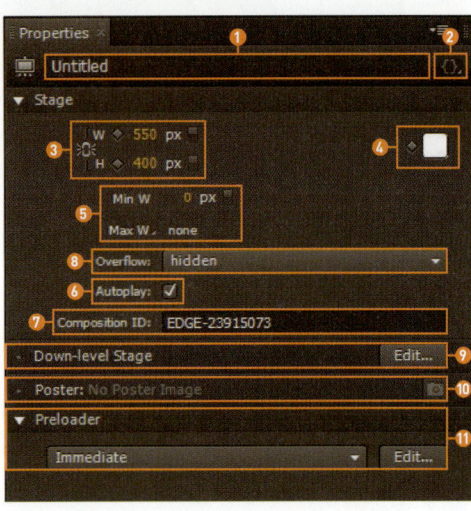

❶ **Title 입력 창**: 프로젝트의 제목을 지정할 수 있는 곳으로, 입력한 데이터가 브라우저 제목으로 보입니다.

❷ **Open Action 버튼**: 액션 창을 엽니다.

❸ **width & height**: 스테이지의 넓이와 높이를 결정합니다.

❹ **background color**: 스테이지의 배경 색상을 결정합니다.

❺ **Min W, Max W**: Resizable layout을 지원하기 위한 기능입니다.

❻ **Autoplay**: 스테이지의 타임라인이 자동으로 플레이되도록 설정합니다.

❼ **Composition ID**: 오브젝트의 ID 값을 설정합니다.

❽ **Overflow**: 스테이지의 넓이나 높이 값을 넘는 경우, 보이는 부분에 대한 설정을 해주는 곳입니다.

  ⓐ **visible**: 스테이지가 감싸고 있는 내용이 스테이지보다 넘치더라도 보여줍니다.

  ⓑ **hidden**: 스테이지가 감싸고 있는 내용이 스테이지보다 넘치면 그 부분은 안 보여줍니다.

  ⓒ **scroll**: 스테이지가 감싸고 있는 내용이 스테이지보다 넘치면 그 부분은 안 보여주지만, 스크롤바로 좌우상하를 스크롤하여 확인할 수 있습니다. 단, 내용이 스테이지 크기보다 작은 경우에도 스크롤이 생성됩니다.

  ⓓ **auto**: 스테이지가 감싸고 있는 내용이 스테이지보다 넘치면 그 부분은 안 보여주지만, 스크롤바로 좌우상하 스크롤하여 확인할 수 있습니다. 어느 쪽이든 넘치는 부분만 스크롤바가 생깁니다.

❾ **Down-level Stage**: HTML5 기능이 적용되지 않는 브라우저에 대처할 수 있는 방법으로 하위 브라우저에서 해당 콘텐츠를 접근하는 경우, 보여주는 페이지를 설정할 수 있습니다.

❿ **Poster**: Down-level Stage에서 사용할 이미지를 만듭니다.

⓫ **Preloader**: 프리로딩에 관련된 기능을 만드는 창입니다.

2 💬 Text 속성

스테이지에 있는 Text 속성을 선택하는 경우에 나타나는 패널입니다. Opacity, visible, Position ,Text, Transform, Cursor, Shadow, Clip, Accessibility 등의 기능을 설정하거나 변경하여 애니메이션 작업을 할 수 있습니다.

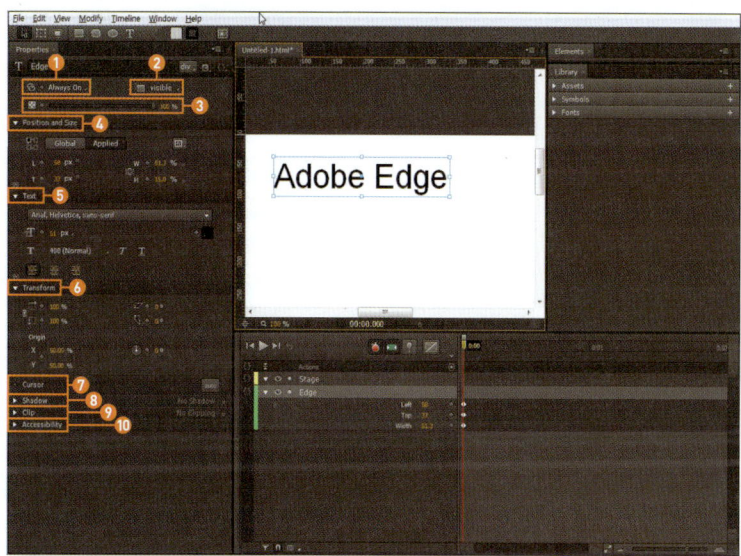

❶ **view**

  ⓐ **Always On:** 대상을 항상 보여줍니다.

  ⓑ **Off:** 대상을 안 보이게 합니다.

  ⓒ **On:** 대상을 보이게 하며, 주로 애니메이션 작업에 사용합니다.

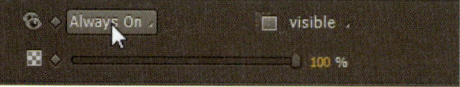

❷ **visible**

  ⓐ **visible:** 텍스트 박스를 감싸고 있는 내용이 텍스트 박스보다 넘치더라도 보여줍니다.

  ⓑ **hidden:** 텍스트 박스가 감싸고 있는 내용이 텍스트 박스보다 넘치면 그 부분은 안 보여줍니다.

  ⓒ **scroll:** 내용이 텍스트 박스보다 넘치면 그 부분은 안 보여주지만, 스크롤바를 스크롤하면 확인할 수 있습니다. 단, 텍스트 박스 크기보다 내용이 작은 경우에도 스크롤이 생성됩니다.

  ⓓ **auto:** 내용이 텍스트 박스보다 넘치면 그 부분은 안 보여주지만, 넘치는 부분만 스크롤바가 생깁니다.

❸ **Opacity 조절 창:** 선택된 오브젝트의 Opacity 값을 조절하여 애니메이션을 만들 수 있습니다.

❹ **Position and Size**

  ⓐ **Relative Position:** 오브젝트의 Position과 Size의 기준점을 설정합니다.

  ⓑ **Layout Preset:** 속성에 맞는 레이아웃을 제공합니다.

  ⓒ **Position:** X 좌표, Y 좌표, Width, height 등의 속성을 이용하여 애니메이션을 만듭니다. Global과 Applied 설정이 있는데, X 좌표, Y 좌표를 Left와 Top으로 설정할 수 있습니다.

  ⓓ **창 확장 탭:** 클릭하여 속성 내용을 확장합니다.

  ⓔ **Min W, Max W:** Resizable layouts과 관련된 속성입니다.

❺ Text

ⓐ 텍스트의 종류를 설정합니다.

ⓑ 텍스트의 색상, 크기 형태 등을 결정합니다.

ⓒ 텍스트 문단의 정렬을 설정합니다.

ⓓ 텍스트의 자간과 행간 등을 설정합니다.

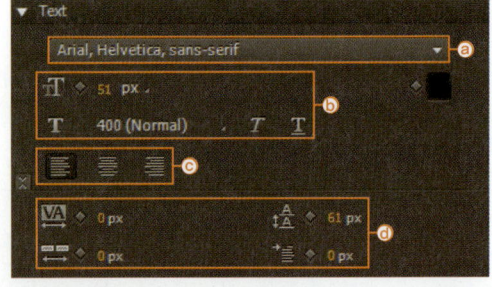

❻ Transform

ⓐ **Scale:** 크기를 변경할 수 있습니다.

ⓑ **Skew:** 기울기를 변경할 수 있습니다.

ⓒ **Origin:** 모션 중심점의 설정을 변경할 수 있습니다.

ⓓ **Rotation:** 회전을 줄 수 있습니다.

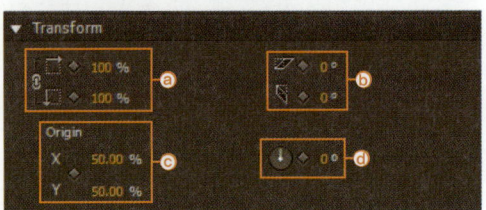

❼ Cursor: 커서의 형태를 결정할 수 있습니다.

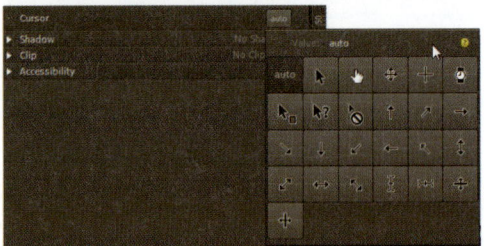

❽ Shadow: 그림자를 설정할 수 있는 속성입니다.

❾ Clip: 마스크 기능에 관련된 속성 창입니다. 이 책에서는 이를 이용한 애니메이션 작업을 많이 할 예정입니다.

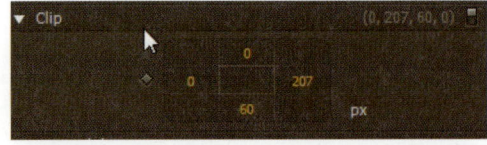

❿ Accessibility: 장애인의 접근성을 높이기 위한 기능을 설정하는 곳입니다.

3 오브젝트

Text 속성과 대부분 동일합니다. 그 밖의 요소인 Color와 Corners에 대해 살펴보겠습니다.

❶ **Color 속성:** 면 색상, 선 색상, 선의 종류, 두께 등을 설정하는 속성 창입니다.

❷ **Corners 속성:** 코너의 형태를 설정하는 속성 창입니다. 1, 4, 8 탭이 있으며, 각각의 설정 값에 따라 라운드 형태를 만들 수 있습니다.

❸ **Filters:** 다양한 형태의 필터 기능을 제공합니다. 다만, 브라우저 특성에 따라 적용이 안 되는 경우도 있습니다.

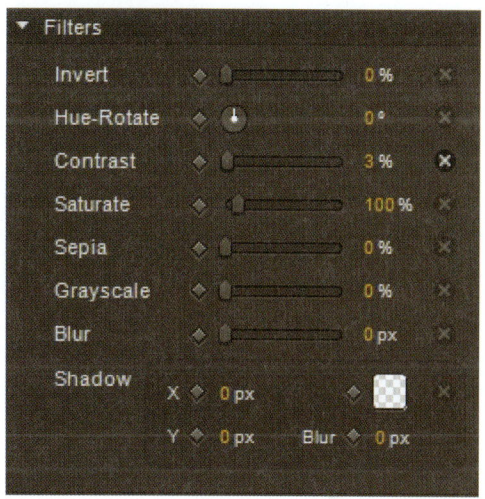

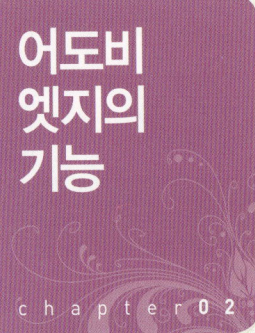

어도비
엣지의
기능

chapter 02

타임라인
이해하기

이번에는 엣지 애니메이트의 핵심 기능인 타임라인에 대해서 알아보겠습니다. 타임라인은 프레임과 레이어로 구성되어 있습니다. 레이어에 키프레임을 구성하여 움직임을 만들고 그 움직임에 시간을 부여하여 감동을 만드는 매력적인 기능입니다.

미리보기 QR코드

 미리보기 Part01/01_Timeline/Pre/end.html 샘플파일 Part01/01_Timeline/Sample

01 Alpha 값 속성을 이용한 애니메이션 만들기

01 img001~img004를 모두 선택하여 애니메이션을 적용하겠습니다. Shift 를 누른 상태로 각각의 레이어에서 마우스 왼쪽 버튼을 클릭하여 레이어를 한꺼번에 선택합니다.

02 Opacity 속성의 키프레임을 만들겠습니다. Properties 패널에서 [Add Key frame for Opacity]를 클릭합니다. 이때 img001~img004의 레이어가 모두 선택되어 있어야 합니다.

03 Opacity 키프레임이 생성된 것을 확인할 수 있습니다.

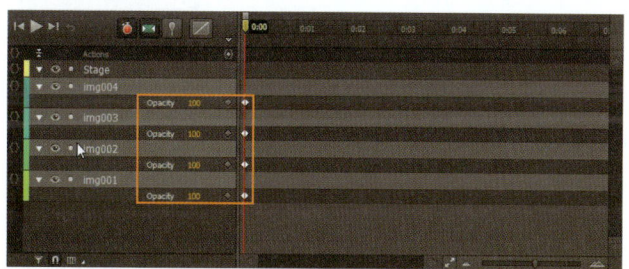

💡 여기서 잠깐! **키프레임 속성 살펴보기**

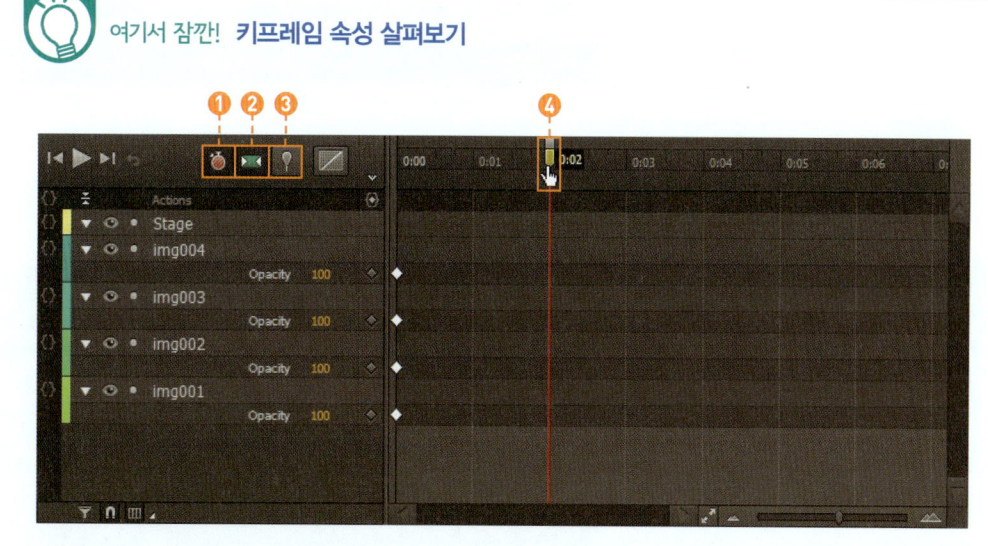

❶ **Auto-Keyframe**: 활성화되어 있으면 키프레임의 수치가 변하면서 자동으로 키가 생성됩니다.

❷ **Auto-Transitions**: 활성화되어 있을 경우, 애니메이션이 자동으로 생성됩니다.

❸ **Toggle pin**: 키프레임에 애니메이션을 위한 시작과 끝의 기준을 설정하여 키 생성에 도움을 줍니다.

❹ **Play head**: 드래그하면 키를 생성하고자 하는 프레임으로 이동할 수 있습니다.

04 Toggle pin을 이용하여 Opacity 애니메이션을 완성하겠습니다. Opacity를 '100'으로 설정하겠습니다. 타임라인의 Toggle pin을 클릭하여 활성화합니다. Toggle pin을 클릭하면 Play head (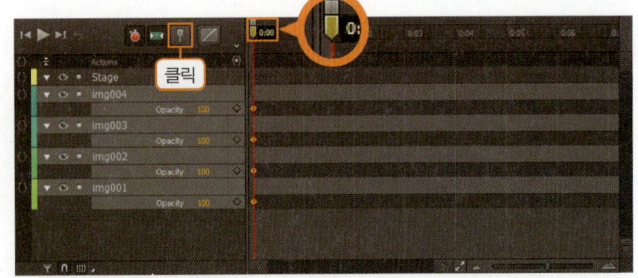) 쪽에 토글 기능이 생성됩니다.

▲ Toggle pin 클릭 전

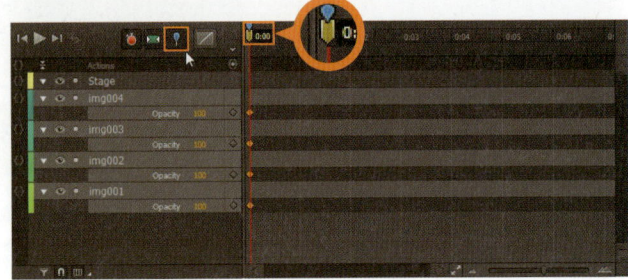

▲ Toggle pin 클릭 후

05 타임라인의 Toggle pin을 드래그하여 0.01(1/second) 프레임으로 이동합니다. 이때 Play head는 0:00 프레임에 있는 것을 확인합니다.

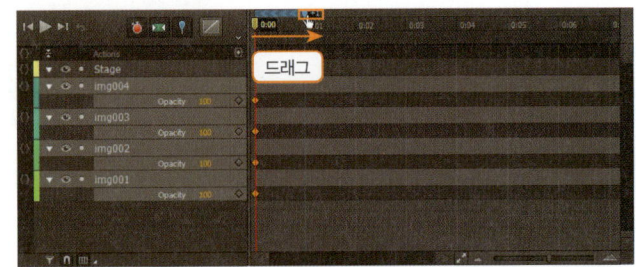

06 Properties에서 Opacity를 '0'으로 설정합니다. 타임라인의 0:01 프레임에서 각각의 레이어에 키가 생성된 것을 확인합니다. Toggle pin을 이용했기 때문에 0:00 키프레임의 Opacity 값이 0%, 0:01 키프레임의 Opacity 값이 100%로 설정된 것을 확인할 수 있습니다.

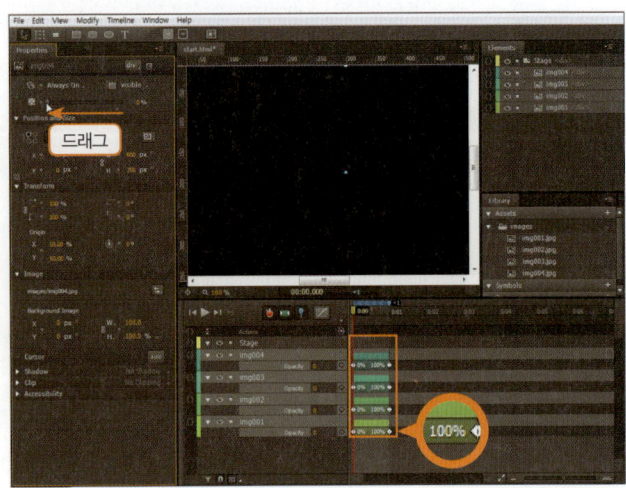

07 Toggle pin을 클릭하여 비활성화로 만듭니다.

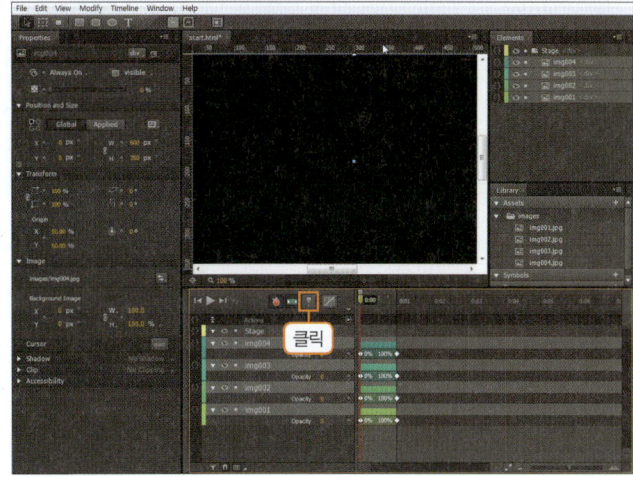

08 이미지들이 사라지는 애니메이션을 만들겠습니다. Play head를 드래그하여 0:04 프레임으로 이동합니다.

09 Opacity 키프레임을 만들어 이미지가 사라지는 애니메이션을 만들겠습니다. 이미지 레이어가 모두 선택된 것을 확인한 후 Properties의 Opacity를 클릭하여 키프레임을 만듭니다.

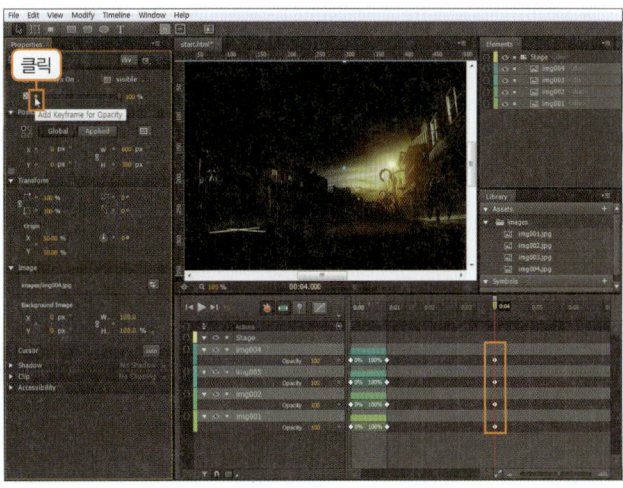

10 Play head를 드래그하여 0:05 프레임으로 이동합니다.

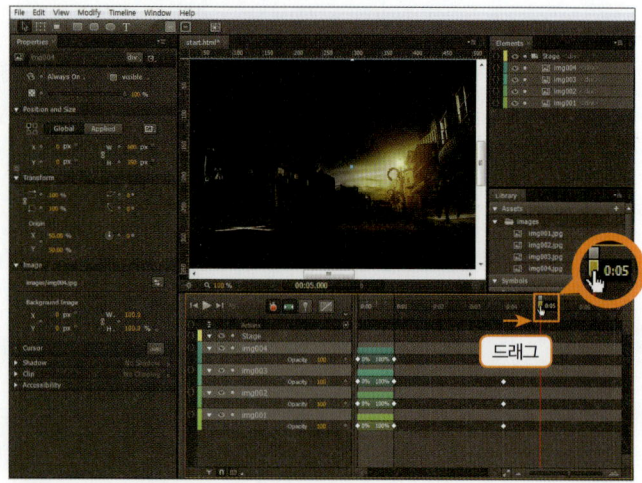

11 Properties 패널의 Opacity를 0%로 설정합니다.

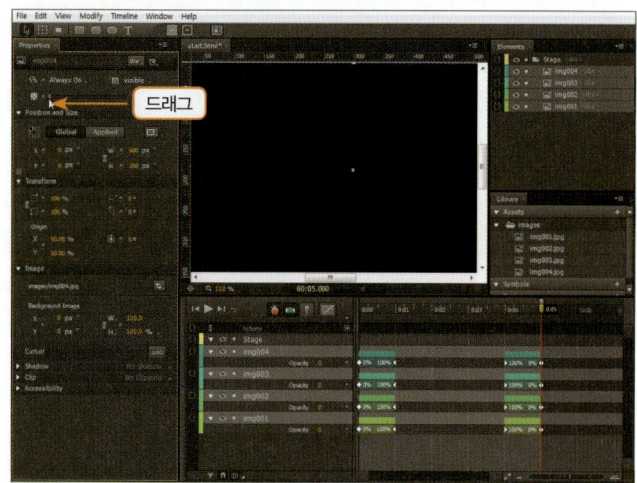

12 타임라인에서 이미지들의 애니메이션 시간차를 설정하기 위해 각각의 레이어에 있는 이미지를 이동하겠습니다. Img001 레이어를 제외한 나머지 레이어를 선택합니다.

> **Tip!** 현재 상태에서 Ctrl 을 누르고 클릭하면 img001 레이어만 선택을 해제할 수 있습니다. 만약 선택이 해제되었거나 문제가 발생한 경우, Ctrl 을 누르고 클릭하여 Img002, img003, img004를 선택합니다.

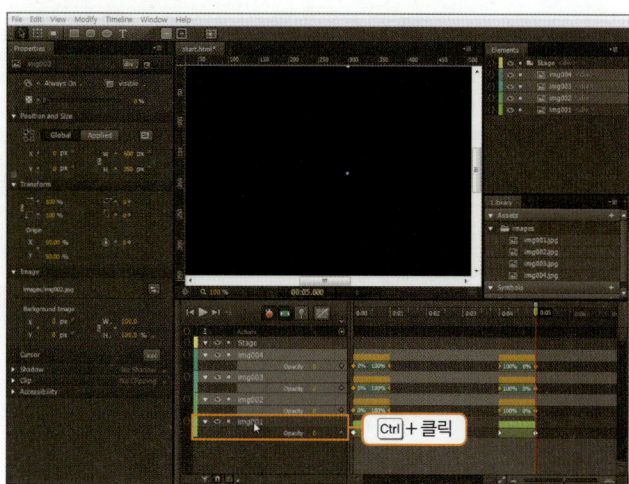

13 구간의 전체 이동을 위해 타임라인의 트랜지션을 클릭, 드래그하여 0:04 프레임으로 이동합니다.

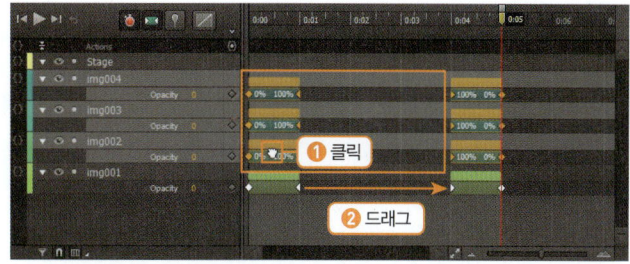

14 타임라인의 스크롤이나 크기 조절 바를 이용하면 애니메이션 구간을 확인할 수 있습니다.

15 12~14와 같은 방식으로 img003, img 004의 구간을 순차적으로 이동합니다. 이때 아래 이미지가 사라지고 위의 이미지가 등장하는 애니메이션이 겹치도록 구간을 이동합니다.

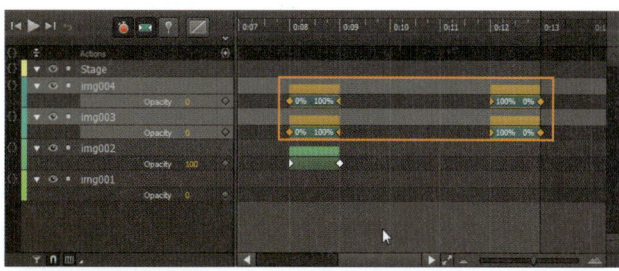

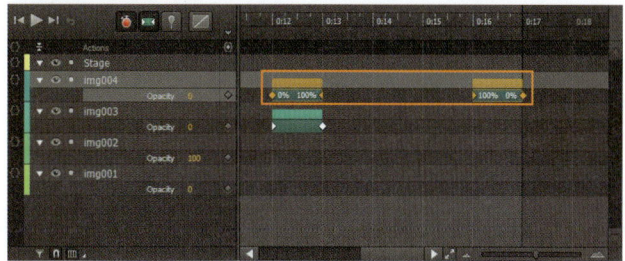

16 Zoom Timeline To Fit를 이용하면 전체 애니메이션을 확인할 수 있습니다. [Zoom Timeline To Fit]를 클릭하면 타임라인의 크기가 축소되면서 전체 애니메이션의 형태가 나타납니다.

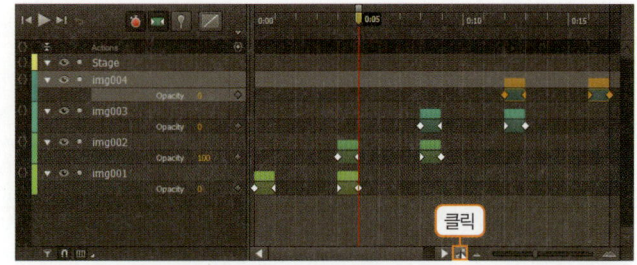

17 현재까지 작업한 것을 Ctrl+S를 눌러 저장한 후 Ctrl+Enter를 눌러 브라우저에서 확인합니다.

02 반복 애니메이션 만들기

01 반복되는 애니메이션을 만들기 위해 img001 레이어에서 오른쪽 마우스를 클릭한 후 [Copy]를 클릭합니다.

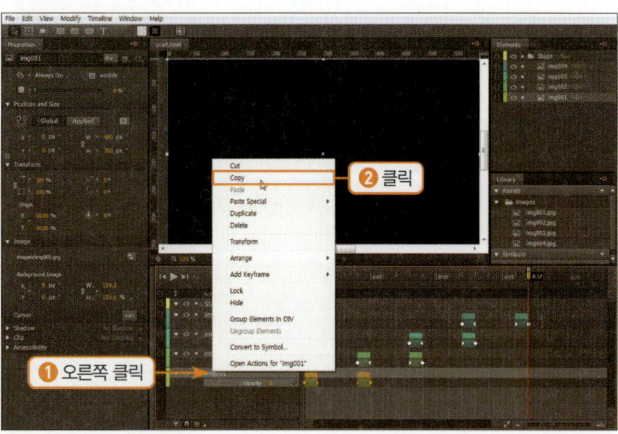

02 Play head를 0:15 프레임으로 이동합니다.

03 복제된 img001이 레이어 순서상 img004 레이어 위에 놓이게 하기 위해 img004 레이어에서 오른쪽 마우스를 클릭한 후 [Paste]를 클릭합니다.

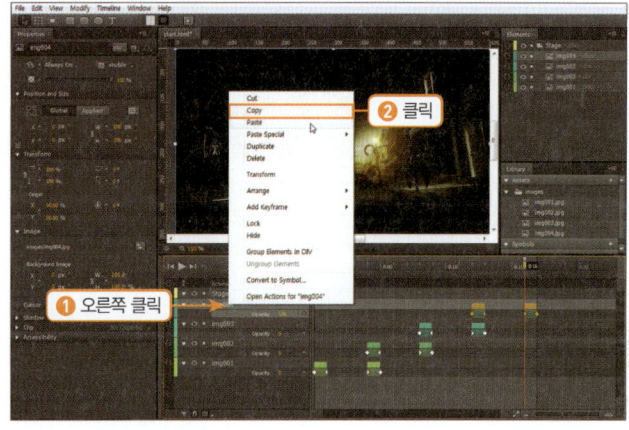

04 img001 Copy1 레이어가 생성된 것을 확인할 수 있습니다.

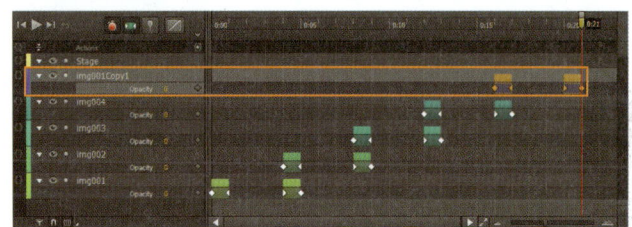

05 img001 Copy1 레이어의 마지막 트랜지션을 선택한 후 Delete 를 눌러 삭제합니다.

06 라벨(Label)을 만들어주기 위해 Play head를 0:04 프레임으로 이동합니다.

> **Tip!** 라벨(Label)은 프레임에 레이블링(이름)을 주어 해당 프레임을 표시할 수 있는 기능을 말합니다.

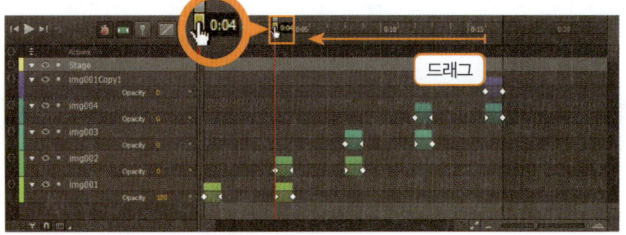

07 화살표를 클릭한 후 라벨(Label)명에 'go'를 입력합니다.

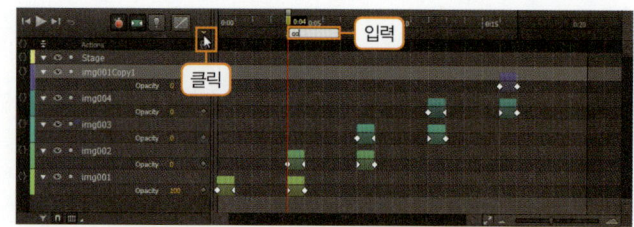

08 0.17 프레임에서 go로 이동하는 액션 (Actions)을 만들어 보겠습니다. Play head를 0.17 프레임으로 이동합니다.

09 Actions의 [Insert Trigger]를 클릭합니다.

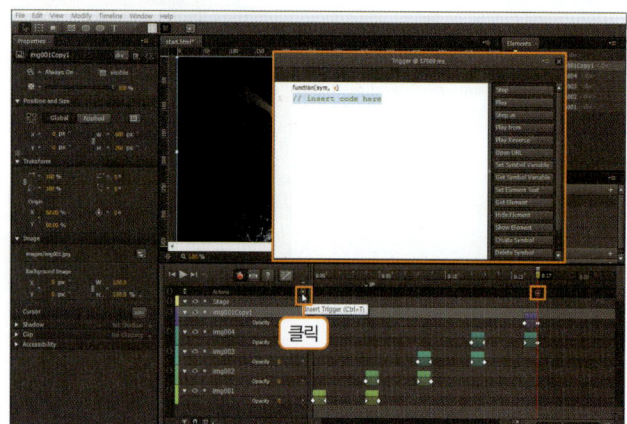

10 이번에는 go로 이동하는 메서드를 만들어 보겠습니다. Trigger 패널에서 [Play from]을 클릭한 후 다음과 같이 입력합니다. Ctrl+Enter 를 눌러 애니메이션을 확인합니다.

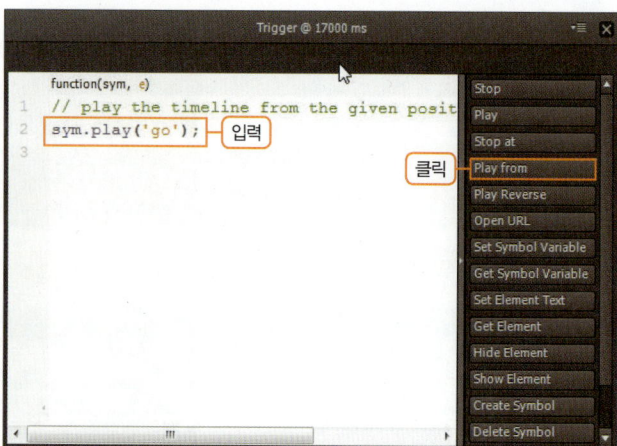

Tip! **텍스트 입력 방식**

❶ 텍스트 툴을 선택한 후 화면을 한 번만 클릭하고 텍스트를 입력하면 라인이 한 줄로 생성되면서 텍스트가 입력됩니다.

ⓐ 텍스트 메뉴 클릭

ⓑ 화면 클릭

ⓒ 텍스트 입력

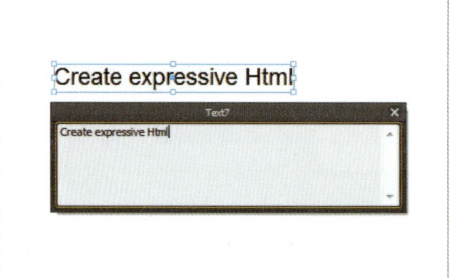

❷ 텍스트 툴을 선택한 후 화면을 클릭, 드래그하여 텍스트 영역을 만들고 텍스트를 입력하면 멀티 라인으로 텍스트가 입력됩니다.

ⓐ 클릭한 채로 드래그

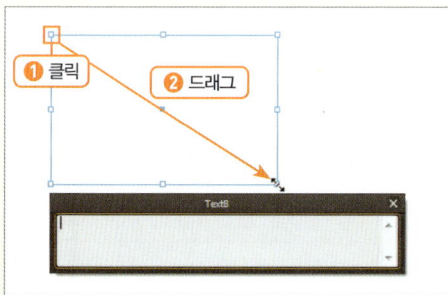

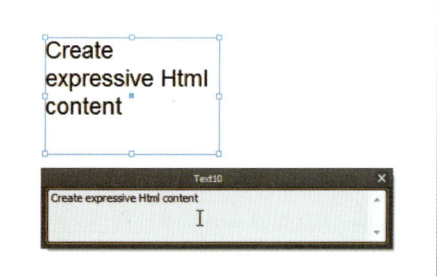

키프레임 개념 이해하기

이번에는 엣지 애니메이트의 타임라인 요소 중 오브젝트 속성의 제어를 표시하는 키프레임과 시간의 길이를 결정하는 프레임에 대해 알아보겠습니다.

Preview

Keyframe

미리보기 QR코드

 Part01/02_Keyframe/Pre/end.html  Part01/02_Keyframe/Sample

01 이미지 배치하기

01 애니메이션 작업을 위해서 엣지에 이미지를 임포트하겠습니다. [File]-[New]를 클릭하여 작업 창을 불러옵니다.

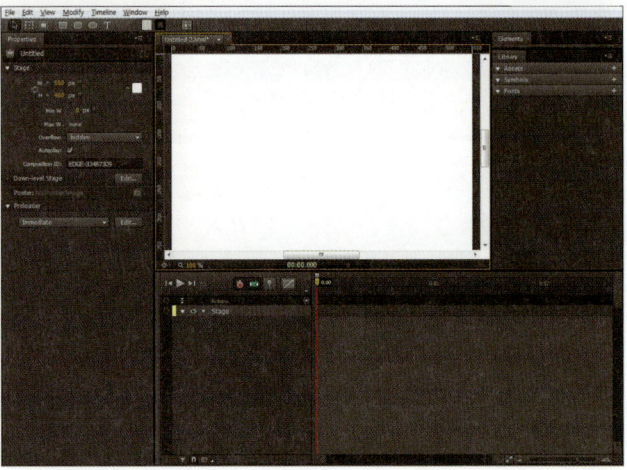

02 [File]-[Import]를 클릭합니다.

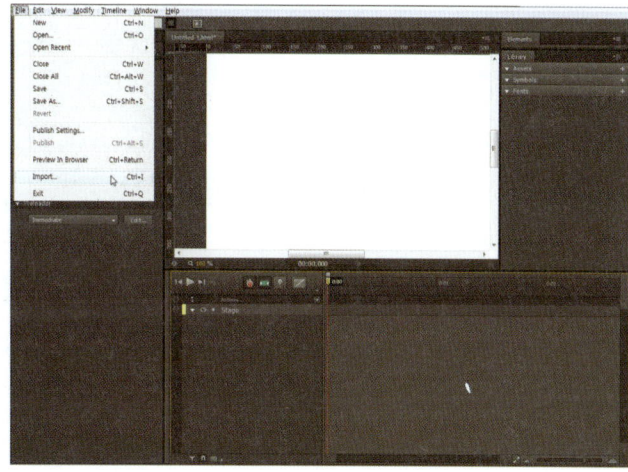

03 Part01/02_Keyframe/img 폴더에 있
는 이미지를 모두 선택하고 [열기] 버튼
을 클릭합니다.

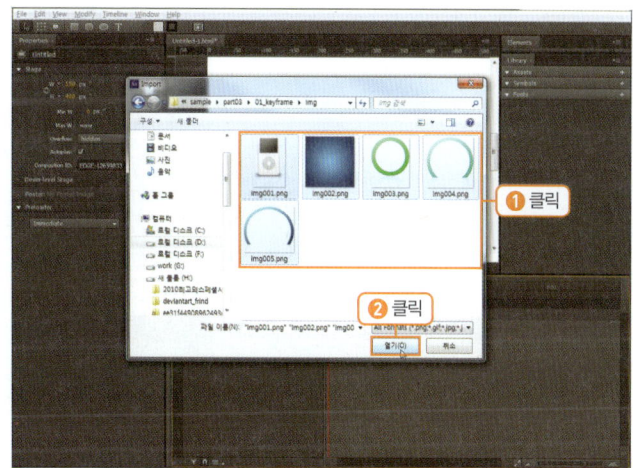

04 화면에 이미지들이 불러진 것을 확인할
수 있습니다.

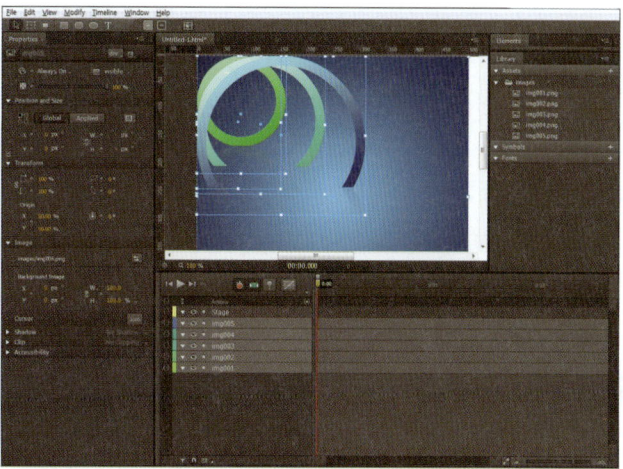

05 화면 크기를 변경하겠습니다. 작업해야
할 크기는 가로 500px, 세로 500px입
니다. 스테이지의 작업 영역 바깥쪽을
클릭합니다.

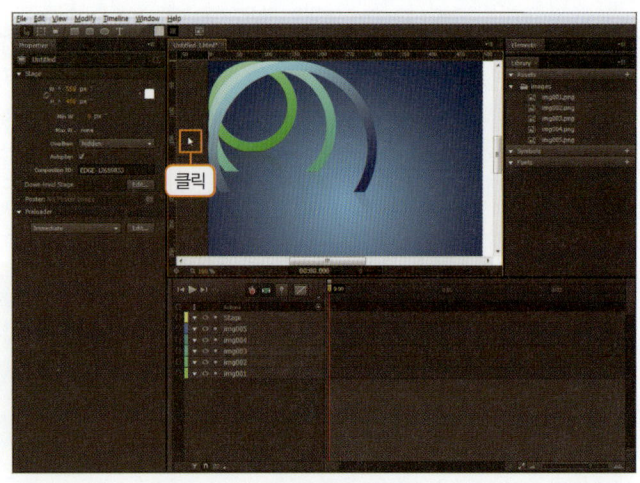

> **Tip!** 스테이지 작업 영역 바깥쪽 클
> 릭이란?
>
> 엣지에서 오브젝트를 선택하면 해당 오
> 브젝트의 프로퍼티가 변경됩니다. 그림
> 처럼 스테이지 영역의 바깥쪽에 있는 회
> 색 바탕 부분을 클릭하면 Properties 창
> 의 속성들을 스테이지 속성으로 변경할
> 수 있습니다.

06 Properties가 스테이지 속성으로 변한
것을 확인한 후 width와 height를 각각
'500px'로 설정합니다.

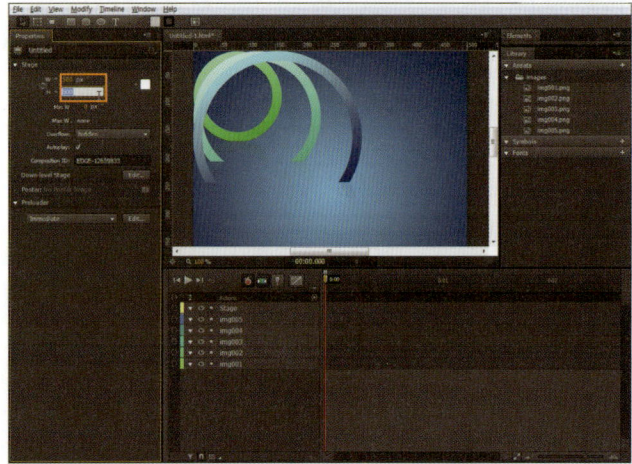

07 img002 레이어를 오른쪽 마우스로 클
릭합니다.

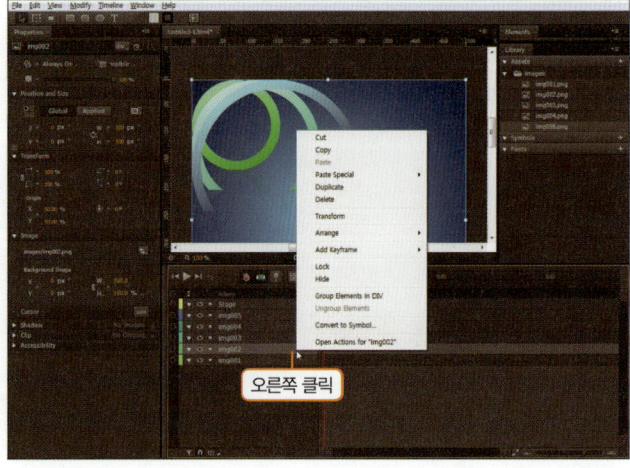

08 [Arrange]-[Send to back]을 클릭 하여 img002 이미지를 하단 레이어로 이동합니다.

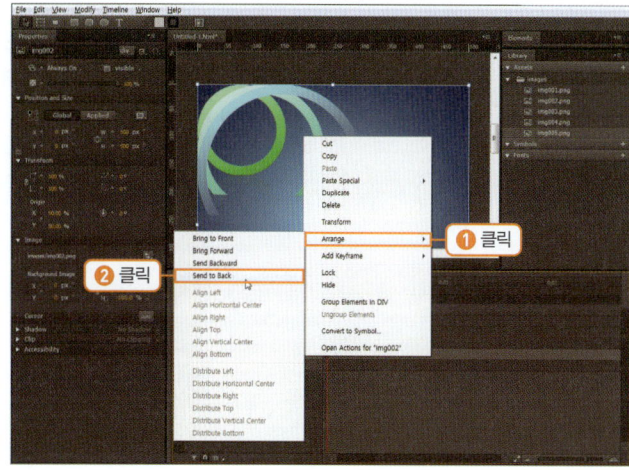

09 하단으로 적용한 화면입니다.

10 img002 레이어를 제외한 나머지 이미 지를 Shift 를 누른 채 선택합니다.

Tip! Shift 를 누른 채 클릭은 스테이지 에 있는 여러 개의 오브젝트를 선택하 는 방법 중 하나입니다. 타임라인의 레 이어나 스테이지에 있는 오브젝트를 직 접 클릭하여 선택해도 됩니다.

11 이미지를 가운데 정렬하기 위해 오른쪽 마우스를 클릭한 후 [Arrange] – [Align Horizontal Center]를 클릭합니다.

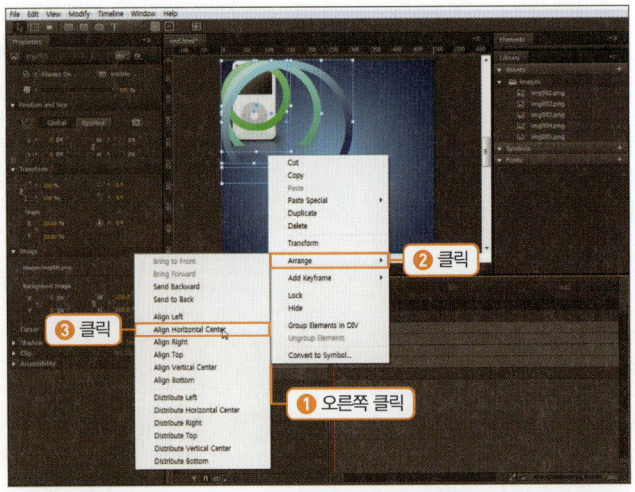

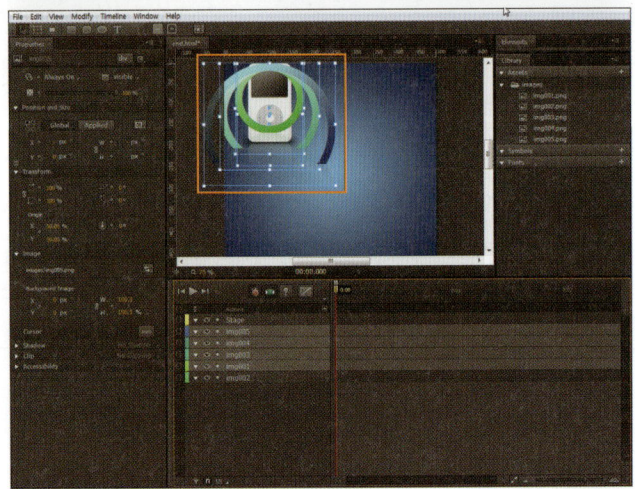

12 선택된 이미지를 드래그하여 화면 중앙으로 이동합니다. 화면의 가이드 선으로 중앙 위치를 확인할 수 있습니다.

Tip! 가이드 선은 드래그하면 자동으로 생성됩니다.

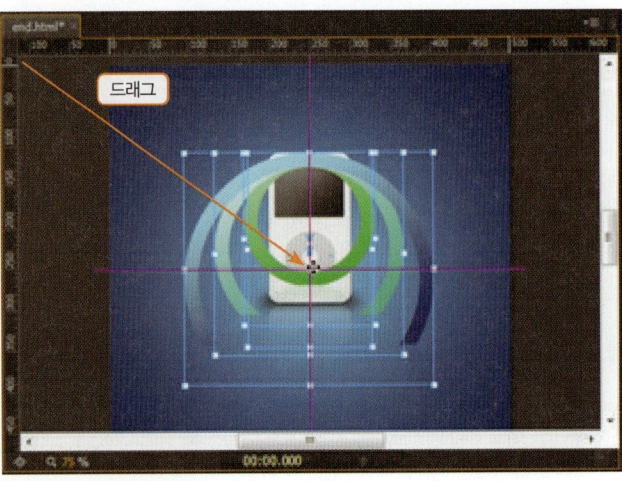

13 각 이미지를 다음 그림처럼 이동해보
겠습니다.

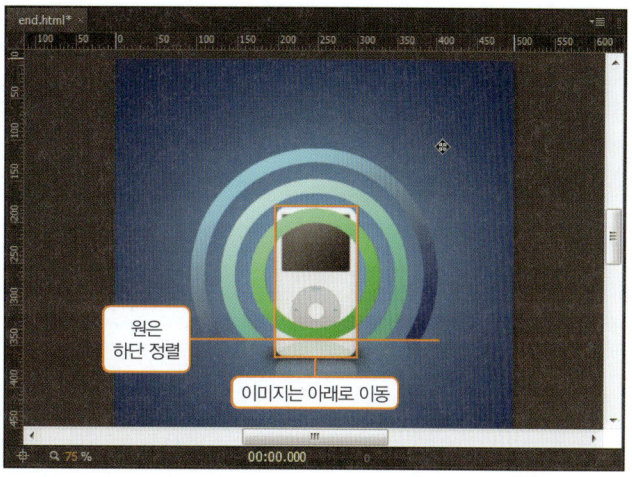

원은
하단 정렬

이미지는 아래로 이동

14 img001 이미지를 맨 위로 이동하겠습
니다. Img001 레이어에서 오른쪽 마우
스를 클릭한 후 [Arrange]-[Bring to
Front]를 선택하여 img001 이미지를
레이어 상단으로 이동합니다.

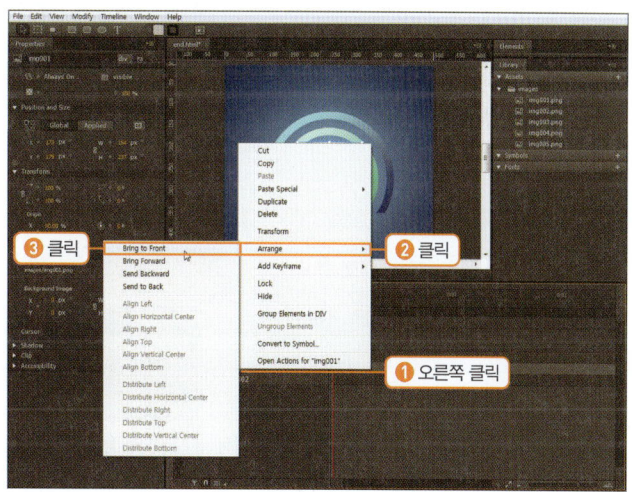

❸ 클릭

❷ 클릭

❶ 오른쪽 클릭

15 img001 레이어가 맨 앞으로 이동한 것
을 확인할 수 있습니다.

02 키프레임을 이용한 원 애니메이션 만들기

01 원의 스케일이 변화하면서 등장할 예정입니다. 이미지의 하단을 기준으로 모션에 변화를 주기 위해 Origin을 이미지 하단으로 이동합니다.

그런 다음, 이동을 하기 위해 Free Transform Tool을 선택하고 img001 레이어를 선택합니다. 이때 작업상의 편의를 위해 타임라인에서 img001의 눈은 비활성화합니다.

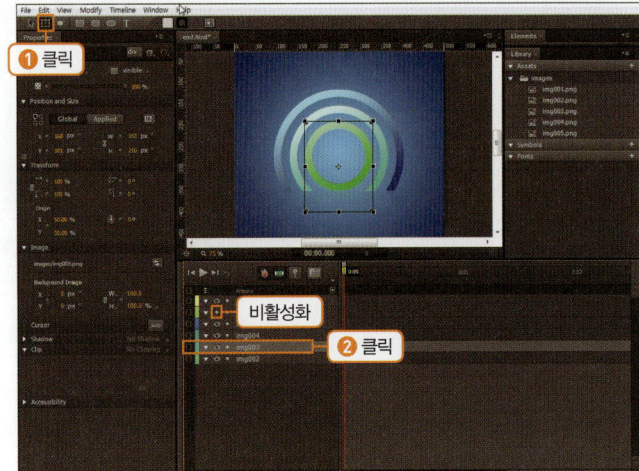

Tip! 레이어에 눈 아이콘을 클릭하면 해당 레이어가 작업 창에 나타나는 것을 설정할 수 있습니다.

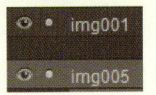

02 Origin을 이미지의 하단으로 이동합니다.

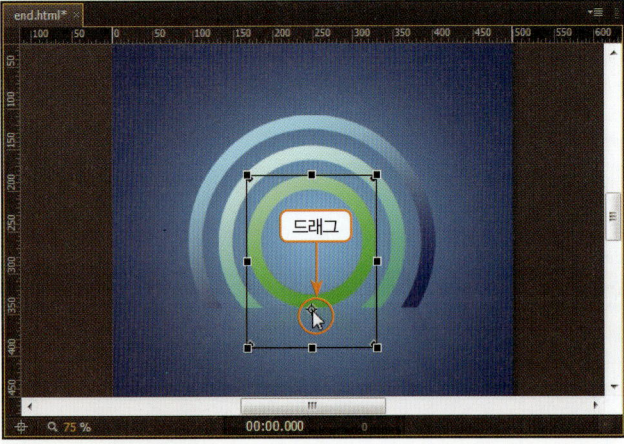

Tip! Origin은 모션을 위해 중심점 설정을 한다고 생각하면 됩니다. 예를 들어 로테이션 속성을 이용한 애니메이션인 경우, Origin의 설정에 따라 애니메이션 결과가 달라집니다.

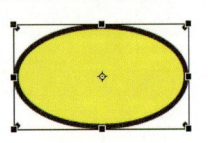 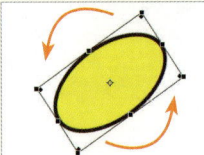 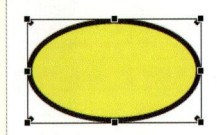 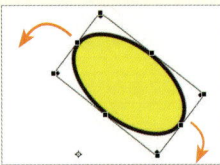

▲ Origin이 가운데 있는 경우   ▲ Origin이 다른 곳에 있는 경우

03 01~02와 같은 방식으로 img004, img 005의 Origin을 하단 이미지로 이동합니다.

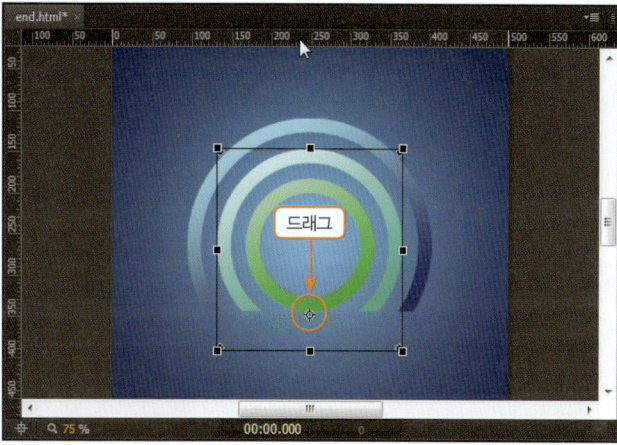

▲ image004

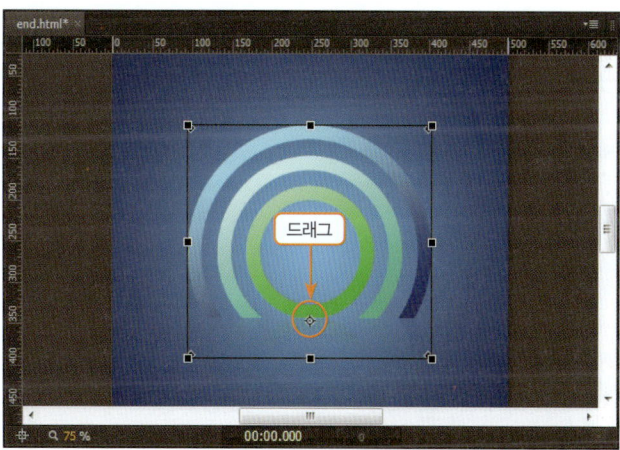

▲ image005

04 오브젝트의 크기가 변화되는 모션을 만들기 위해 키프레임을 만들겠습니다. 애니메이션을 만들기 위해 img003, img004, img005 레이어를 선택합니다.

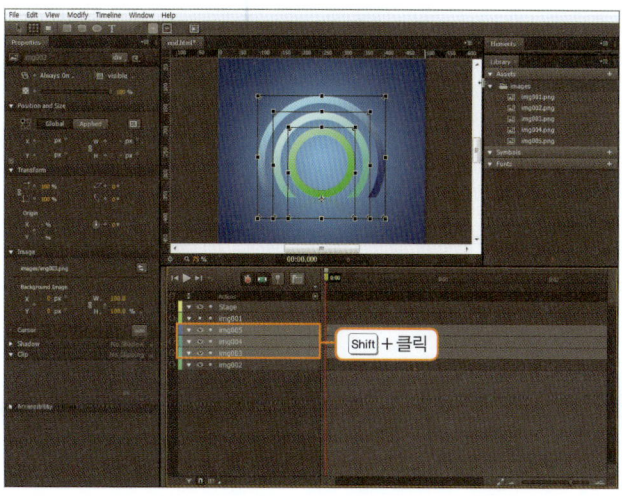

05 속성 창에서 Transform에서 X Scale, Y Scale 부분에 있는 [Add Keyframe]을 클릭하여 타임라인에 키프레임이 생성되는 것을 확인합니다.

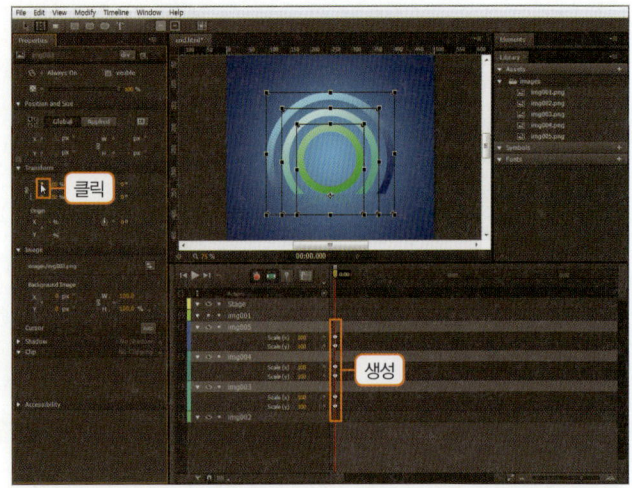

Tip! Add Keyframe은 오브젝트를 선택했을 때 프로퍼티 창에서 선택한 오브젝트의 속성들이 나타납니다. 이때 속성들 앞에 있는 마름모를 클릭하면 프레임에 키가 생성됩니다. 이 작업을 'Add Keyframe'이라고 합니다.

▲ 키프레임 생성을 위해 마름모를 클릭합니다.

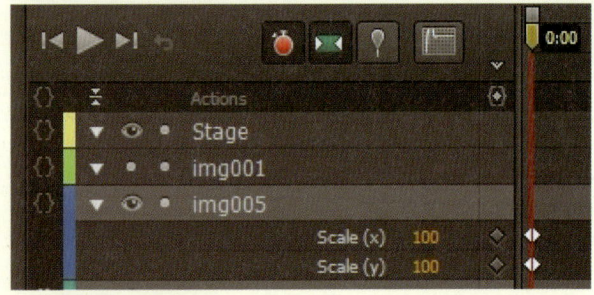

▲ 프레임에 키가 생성됩니다.

06 Toggle pin을 클릭하여 활성화한 후 0:01 프레임으로 드래그하여 이동합니다. 이때 Play head는 0:00, Toggle pin은 0:01에 위치해야 합니다.

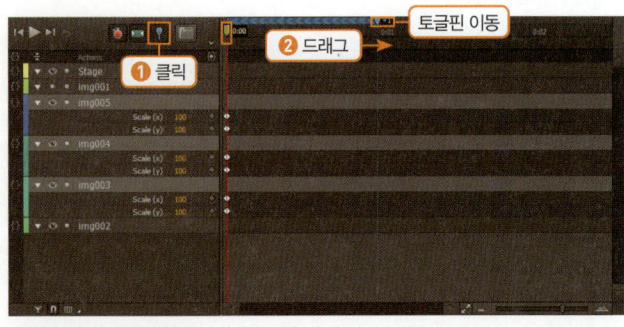

07 Properties 패널에서 X Scale은 0%, Y Scale은 0%로 설정하고 프레임에 키 프레임이 생성된 것을 확인합니다.

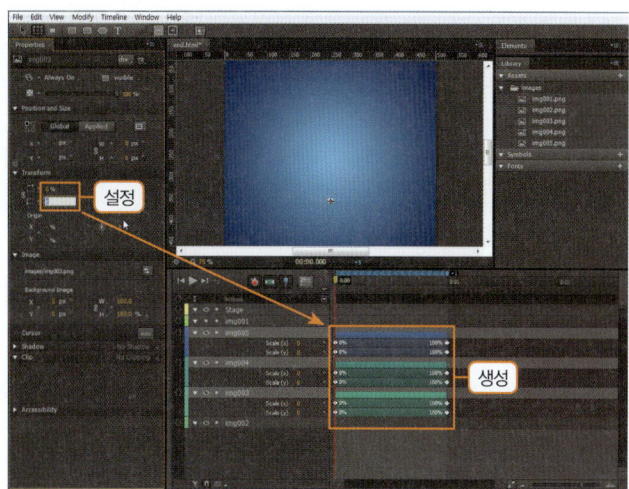

08 Toggle pin을 클릭하여 활성화를 해제합니다.

> **Tip!** Toggle pin을 클릭하여 활성화를 해제하는 이유는 애니메이션 작업을 원활히 하기 위해서입니다. 하나의 애니메이션 작업이 완성되면 다음 애니메이션 작업을 진행하기 전에 반드시 설정을 해지해주어야 애니메이션 작업이 작업자의 생각대로 만들어집니다.

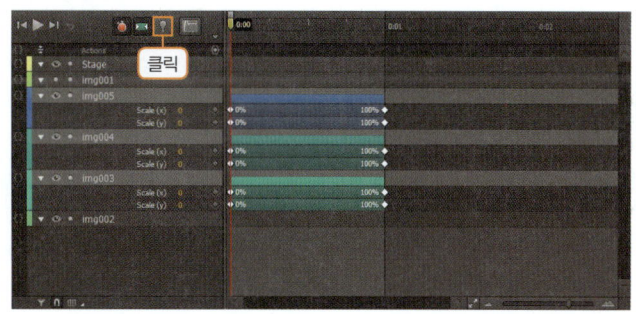

09 애니메이션이 순차적으로 등장하기 위해 Transition frame을 그림처럼 이동합니다. 그리고 Space Bar 를 눌러 타임라인의 모션을 확인합니다.

> **Tip!** Transition frame
> 프레임에서 키프레임이 생성되면 레이어 네이밍 부분에 키프레임만큼의 바가 생성됩니다. 이 바를 선택하고 드래그하면 애니메이션의 시작 위치를 변경할 수 있습니다.

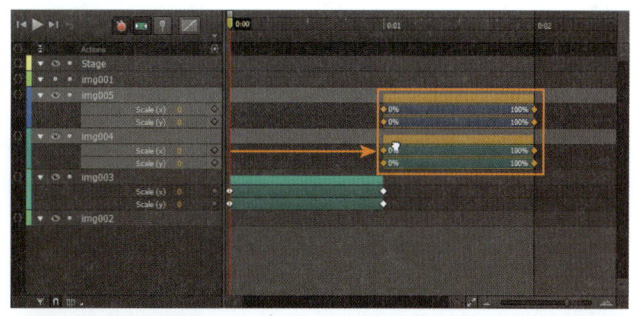

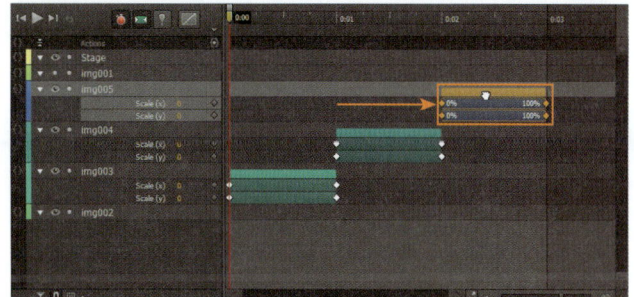

10 비활성화 상태였던 img001 레이어의
눈 아이콘을 활성화합니다.

11 수평 이동을 하는 모션을 만들기 위해
Y 값 속성을 이용하여 애니메이션 작업
을 해보겠습니다. img001 레이어를 선
택합니다.

12 Properties 패널에 Position and Size
의 Y 좌표의 [Add Keyframe]을 클릭
합니다.

13 Play head를 0:02 프레임으로 이동하
고 Y 좌표를 '−300'으로 변경합니다.

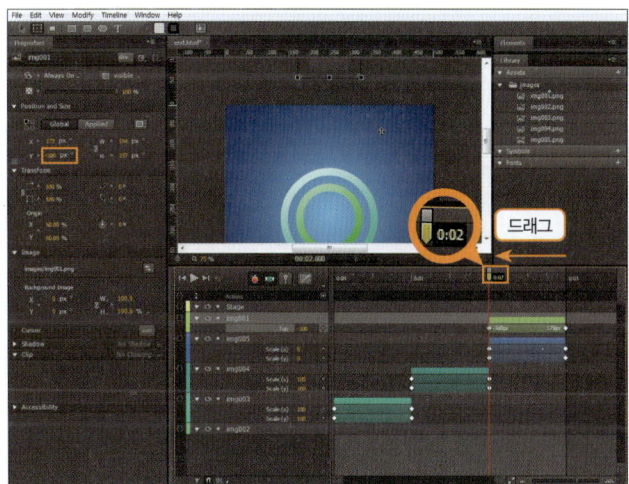

14 Ctrl + Enter 를 눌러 브라우저에서 애니
메이션을 확인합니다.

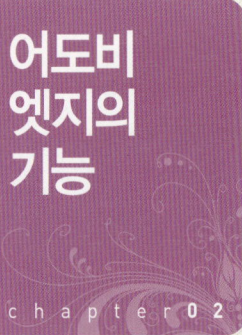

어도비
엣지의
기능

c h a p t e r 0 2

Easing 기능을 이용한 모션

이번에는 엣지에서 속도감을 표현할 수 있는 방법을 프리셋으로 제공하고 있는 방식인 'Easing'에 대해 알아보고, 속도감을 이해하기 위해 간단한 박스 오브젝트를 만든 후 가속과 감속 정도를 비교해보겠습니다.

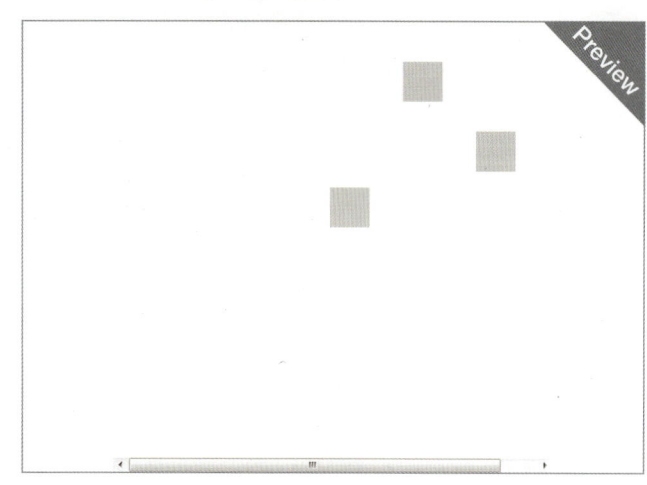

미리보기 QR코드

미리보기 Part01/03_Easing/Pre/end.html 샘플파일 없음

01 오브젝트 준비하기

01 Easing 값을 비교하기 위해 오브젝트를 그리겠습니다. [Rectangle Tool]을 선택하여 사각형을 그립니다. 이때 다른 도형을 더 그려야 하기 때문에 적당한 크기로 그립니다.

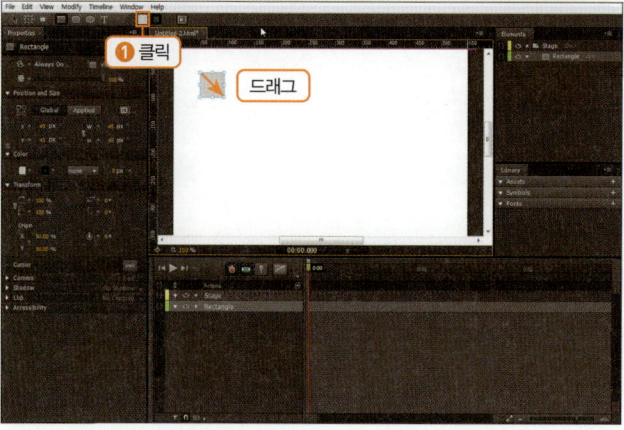

여기서 잠깐! **Easing 기능 알아보기**

어도비 엣지의 타임라인에는 Easing이라는 기능을 제공하고 있습니다. Easing 기능은 타임라인에서 키프레임으로 만들어진 애니메이션을 몇 번 정도 클릭하여 감각적으로 만들어줍니다. 해당 모션을 살펴본 후 이를 통해 응용 예제를 만들어봅시다.

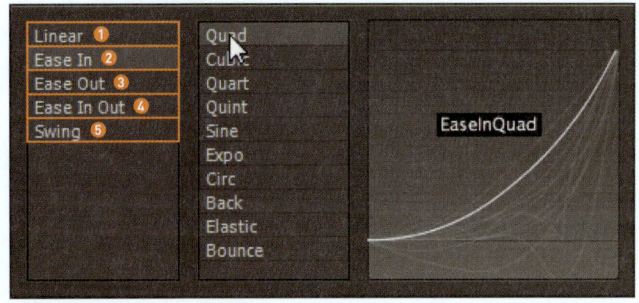

모션에서 Easing은 부드러운 움직임이나 탄력적인 움직임 등의 기본 속성을 프리셋으로 제공하여 좀 더 감각적인 움직임을 만드는 데 도움을 줍니다.

① **Linear:** 시작 키프레임과 마지막 키프레임이 동일한 속도로 움직입니다.

② **Ease In:** 시작 키프레임은 느리게 시작하고 마지막 키프레임으로 갈수록 빨라집니다.

③ **Ease Out:** 시작 키프레임은 빠르게 시작하고 마지막 키프레임으로 갈수록 느려집니다.

④ **Ease In Out:** Ease In과 Ease Out을 함께 적용합니다.

⑤ **Swing:** 부드러운 움직임을 가지고 있습니다.

Easing에서 Linear부터 Swing까지 각각의 설정에 좀 더 다양한 설정 값을 줄 수 있습니다. 이 설정 값들을 직접 선택해서 움직임을 확인해보기 바랍니다.

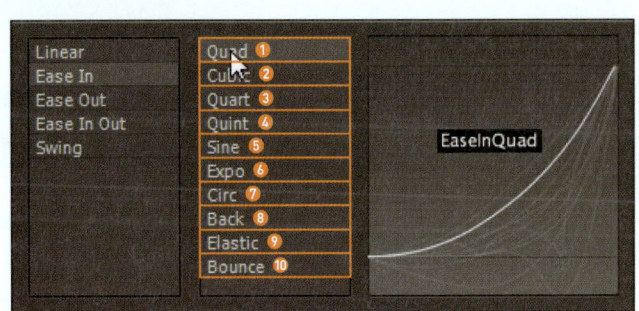

① **Quad:** 완만한 곡선의 움직임입니다.

② **Cubt:** Quad보다 큰 움직임입니다.

③ **Quart:** Cubt보다 큰 움직임입니다.

④ **Quint:** Quart보다 큰 움직임입니다.

⑤ **Sine:** 등속 움직임을 가지고 있다가 해당 속성에 따른 변화를 줍니다.

⑥ **Expo:** 큰 변화를 줍니다.

⑦ **Circ:** 아주 큰 변화를 줍니다.

⑧ **Back:** 뒤로 이동했다가 다시 플레이됩니다.

⑨ **Elastic:** 반동 움직임을 줍니다.

⑩ **Bounce:** 튀는 움직임을 줍니다.

02 같은 방식으로 2개 더 만듭니다. 이때 X
좌표는 동일하게 유지해야 합니다.

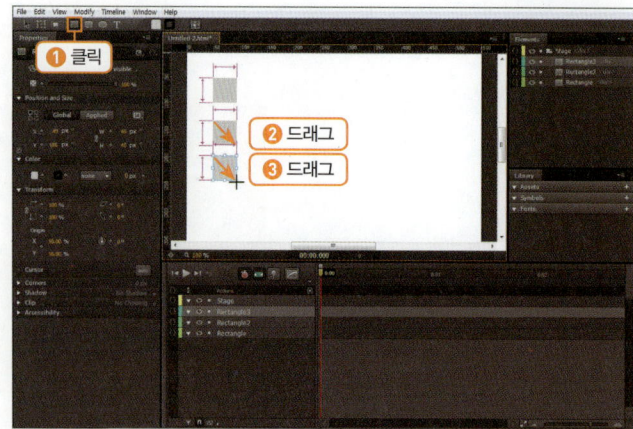

03 Properties에서 Position의 X 좌표 키
를 클릭하여 타임라인에 키프레임을 만
듭니다.

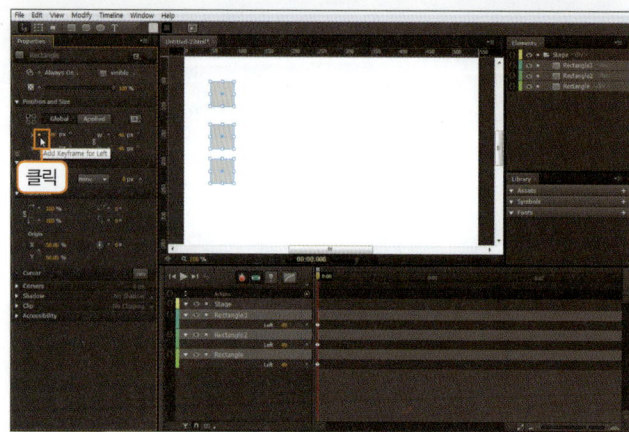

04 Toggle pin을 클릭한 후 Pin의 위치를
0:01 프레임으로 이동합니다.

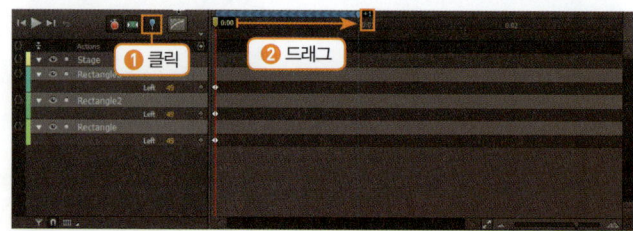

05 스테이지에 있는 오브젝트의 위치를 우
측으로 이동합니다.

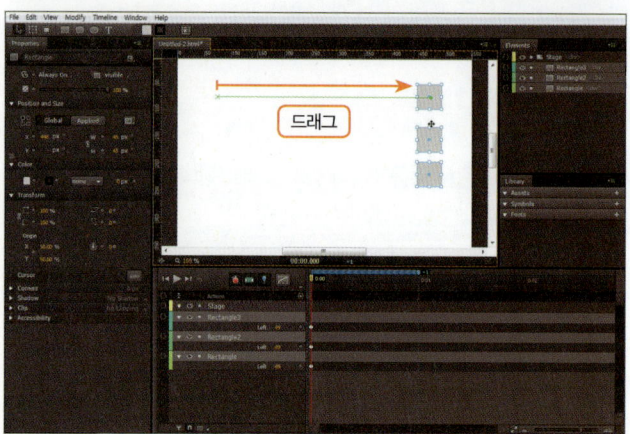

Easing 기능을 이용한 모션

06 키프레임이 생성되면서 트랜지션 바가
생성됩니다. Toggle pin을 클릭하여 해
제합니다.

02 Easing으로 속도 적용하기

01 각각의 트랜지션 바에 Easing 값을 설
정하여 어떤 형태로 모션이 만들어지는
지 살펴보겠습니다. Rectangle 레이어
만 선택합니다.

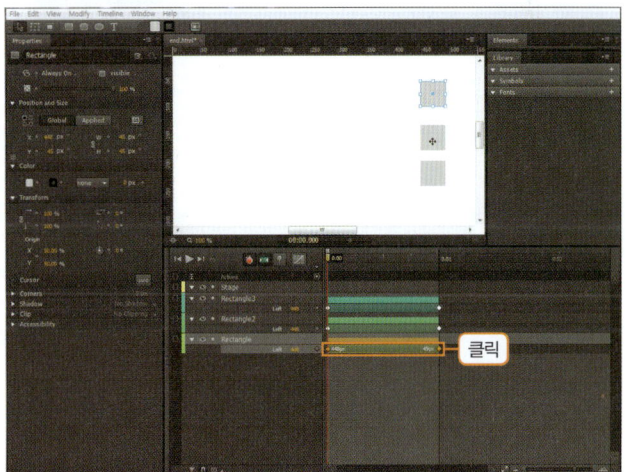

02 Easing 버튼을 클릭한 후 Linear를 선
택합니다.

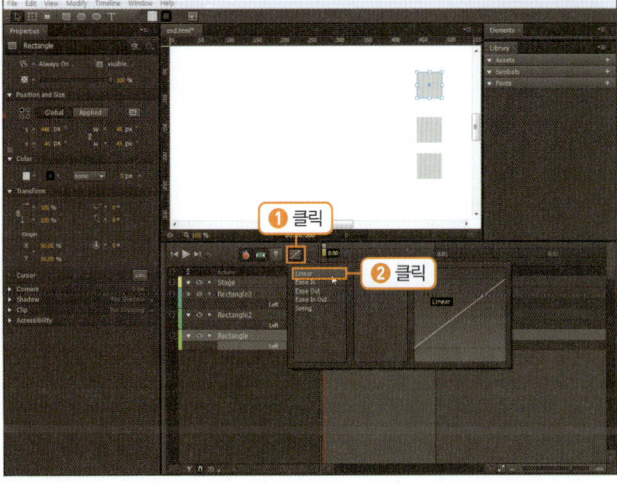

03 Rectangle2 레이어만 선택합니다.

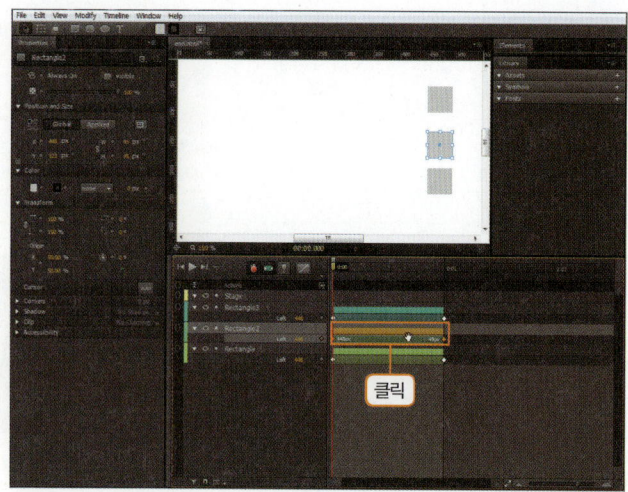

04 Easing 버튼을 클릭한 후 [Ease In] – [Quad]를 선택합니다.

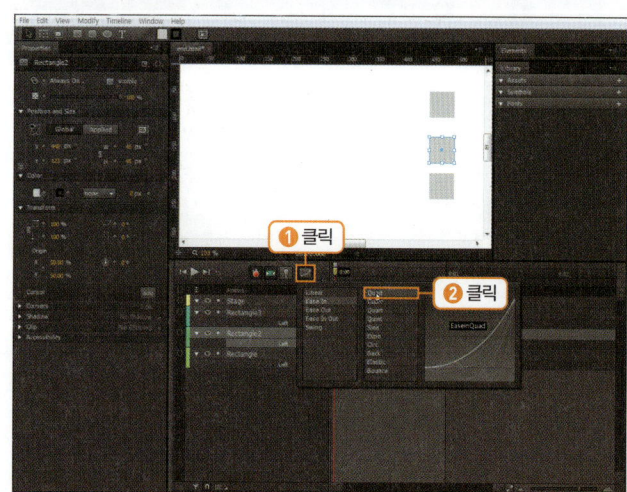

05 Rectangle3 레이어만 선택합니다.

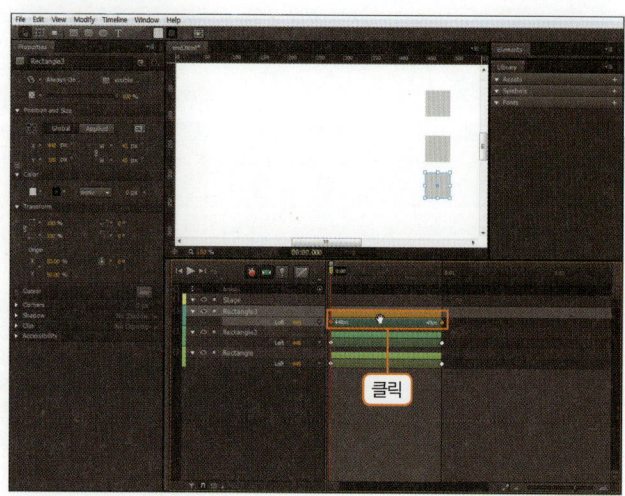

06 Easing 버튼을 클릭한 후 [Ease Out] – [Quad]를 선택합니다.

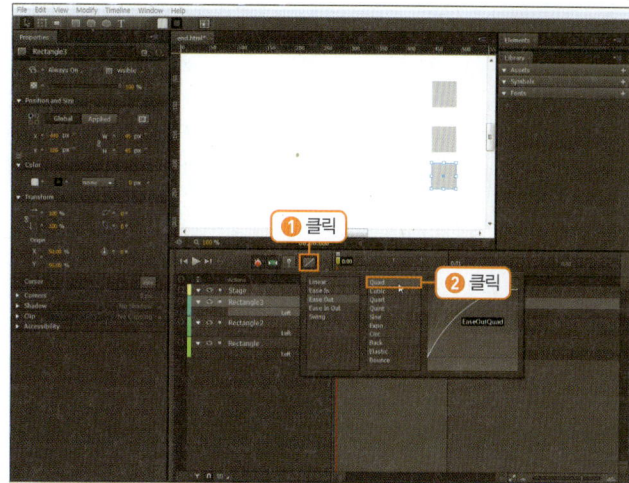

07 각각의 레이어에 다른 Easing을 적용했습니다. Ctrl + Enter 를 눌러 애니메이션을 확인합니다. 1초의 시간은 동일하지만 Easing에 따라 중간에 표현되는 움직임이 다른 것을 확인할 수 있습니다.

Tip! **Timeline 확대/축소**

타임라인에서 애니메이션 작업을 하다 보면 타임라인을 확대 또는 축소하여 작업해야 할 경우가 있습니다. 이 경우에는 타임라인 바의 하단 부분에 있는 타임라인 스케일 조절 바를 이용하면 됩니다.

공 애니메이션으로 Easing 이해하기

이번에는 엣지의 Easing 기능을 이용하여 공이 위에서 떨어지는 느낌과 튀어서 올라가는 느낌을 만들어 보고, Easing 값에 대해서도 알아보겠습니다.

미리보기 QR코드

미리보기 Part01/04_Ball/Pre/end.html　샘플파일 Part01/04_Ball/Sample

01 떨어지는 모션

01 화면의 ball 이미지를 선택한 후 공이 위에서 떨어지는 모션을 만들기 위해 공의 위치를 화면 상단 부분으로 이동합니다.

드래그

02 땅을 향해 내려가거나 튀어 올라오는 애니메이션을 만들어 보겠습니다. Properties의 Position 중 Y 좌표 값에 키프레임을 만들기 위해 Y 값의 Key를 생성합니다.

03 애니메이션을 만들기 위해 다른 키프레임을 생성해보겠습니다. Play head를 드래그하여 0:02 프레임으로 이동합니다.

04 0:02 프레임에 키프레임을 만듭니다.

05 Play head를 0:01 프레임으로 이동합니다.

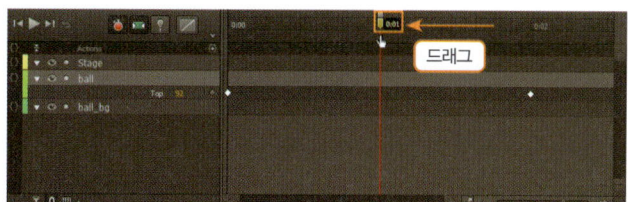

06 공의 위치를 하단으로 이동한 후 키프레임이 생성된 것을 확인합니다.
Ctrl + Enter 를 눌러 현재 애니메이션을 확인합니다. 현재 애니메이션은 Linear 형태로 동일한 움직임을 가지고 있습니다.

02 | Easing으로 효과 적용하기

01 공의 움직임을 생각하여 Easing 값을 적용하겠습니다. 0:00 프레임~0:01 프레임 구간을 선택합니다.

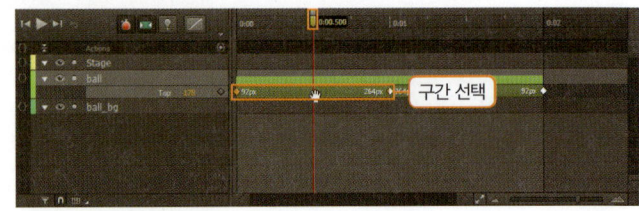

02 위에서 아래로 이동하는 구간으로 점점 속도가 빨라져야 하기 때문에 Easing 값을 Easing In으로 설정합니다.

03 0:01 프레임~0:02 프레임 구간을 선택합니다.

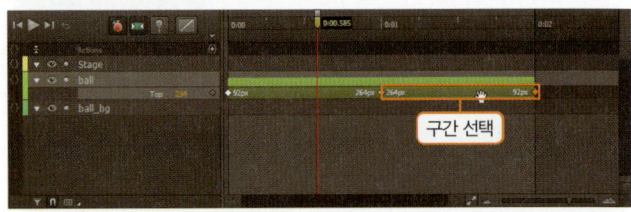

04 공이 아래에서 위로 이동하는 구간으로 점점 속도가 느려져야 하기 때문에 Easing 값을 'Easing Out'으로 설정합니다. Ctrl + Enter 를 눌러 움직임을 확인합니다.

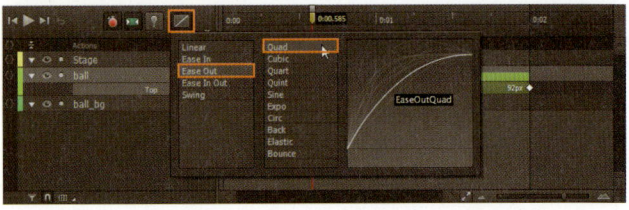

05 반복 애니메이션을 만들기 위해서 0:02
프레임에 스크립트를 만들어 보겠습니
다. Play head를 0:02 프레임으로 이
동합니다.

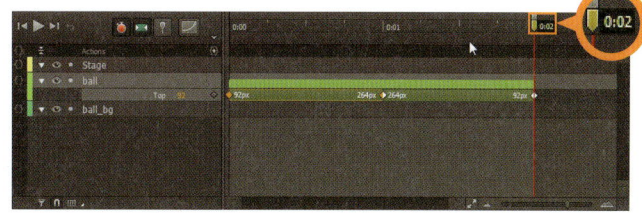

06 Insert Trigger를 클릭하여 스크립트 창
을 활성화합니다.

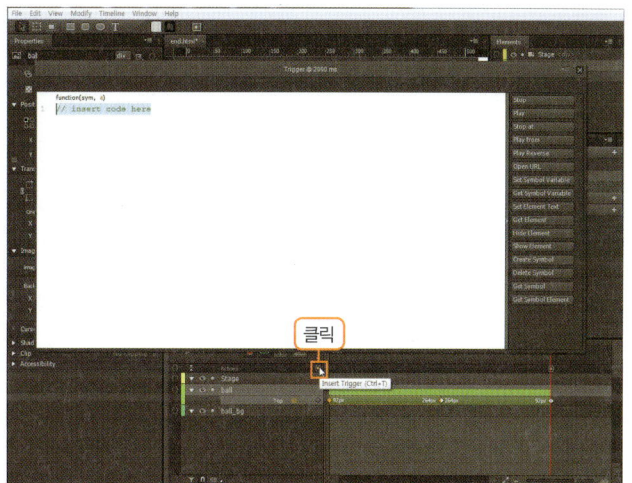

07 [Play from]을 클릭하면 sym.play
(1000)이 입력됩니다. '1000'을 '0'으로
수정하고 스크립트를 sym.play(0);로
변경합니다.

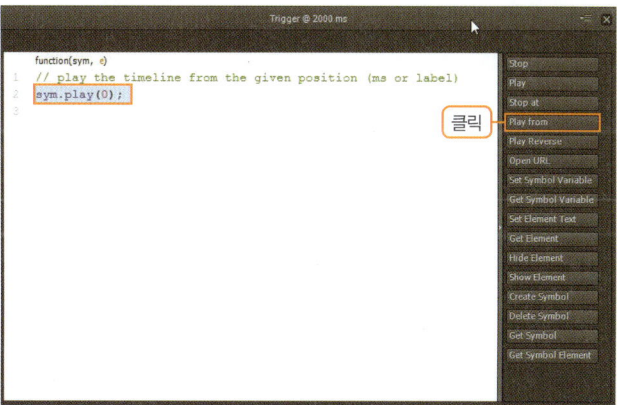

08 Ctrl + Enter 를 눌러 애니메이션을 확인
합니다.

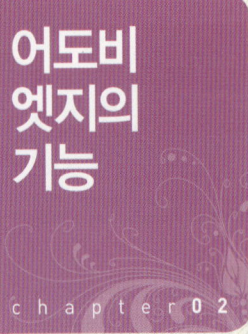
Clipping 기능

이번에는 엣지의 클리핑(Clipping) 기능을 이용하여 마스크를 적용하는 방식에 대해 알아보겠습니다. 단, 현재 제공하고 있는 기능이 원 또는 기존에 포토샵이나 플래시에서 사용하는 마스크와 적용 방식이 다르기 때문에 이 부분에 대해 이해해야만 감각적인 인터랙션 디자인을 할 수 있습니다. 요즘 많이 유행하는 parallax scrolling 사이트에 부분적인 요소로서도 많이 사용되고 있습니다. 예제를 통해 적용 방식을 알아보겠습니다.

Clipping

미리보기 QR코드

▲ http://www.cresyn.com

 미리 보기 Part01/05_Clipping/Pre/end.html   샘플 파일 Part01/05_Clipping/Sample

01 Clipping을 위한 레이어 구성하기

01 Part01/05_Clipping/Sample/
Clipping.html을 불러옵니다.

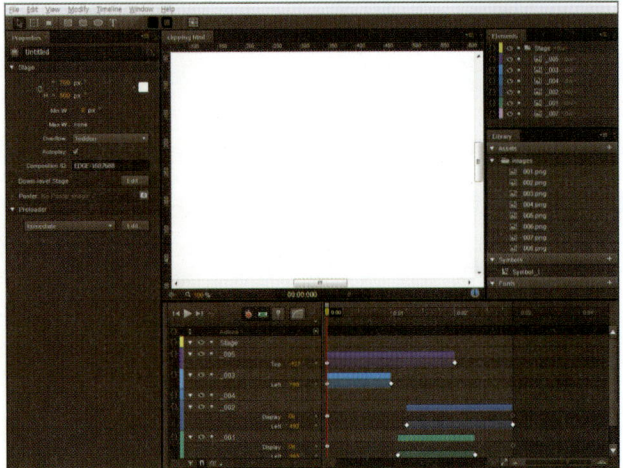

02 Ctrl + Enter 를 눌러 애니메이션을 확인합니다. 배경과 이어폰이 자연스럽게 등장하는 모션을 확인할 수 있습니다.

03 Clipping할 이미지를 불러오기 위해 Ctrl + I 를 누르거나 [File]-[Import]를 클릭합니다.

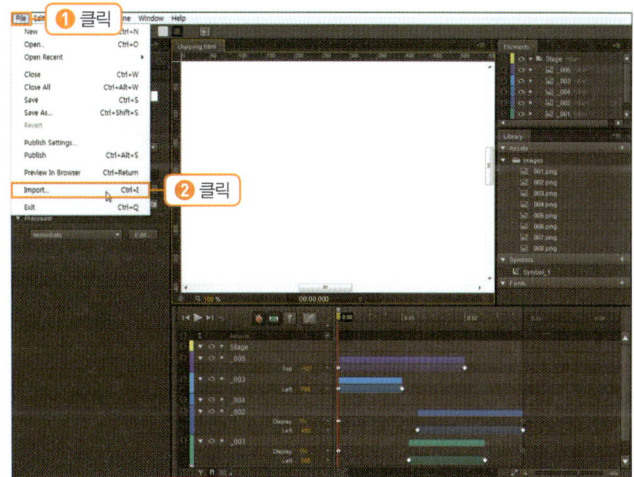

04 006.png, 008.png 파일을 선택한 후 [열기] 버튼을 클릭합니다.

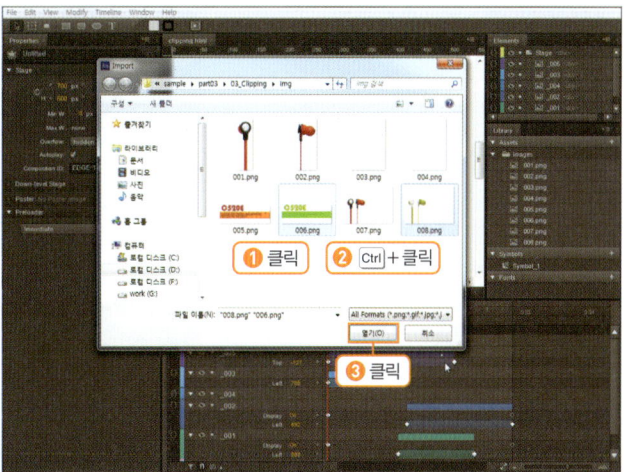

05 임포트된 이미지를 레이어 및 타임라인에서 확인합니다. _008 레이어가 상위에 있기 때문에 _006 레이어에 있는 이미지를 가리고 있습니다.

06 각 레이어를 Clipping하기 위한 위치로 이동하겠습니다. Elements 패널에서 _008을 드래그하여 _007 레이어 위로 이동합니다.

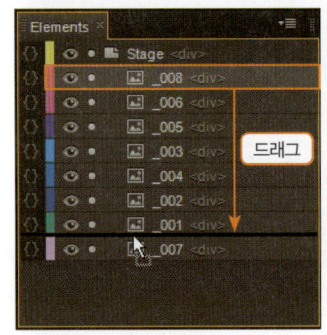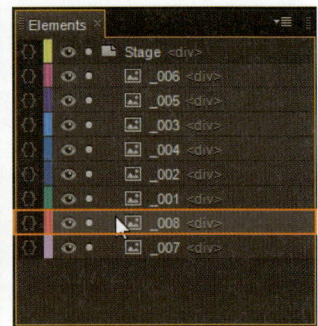

07 _006 레이어의 오브젝트의 위치를 _005 레이어의 위치와 같게 만들기 위해 Play head를 마지막 프레임으로 이동합니다. [end]를 누르거나 Play head를 드래그해도 됩니다.

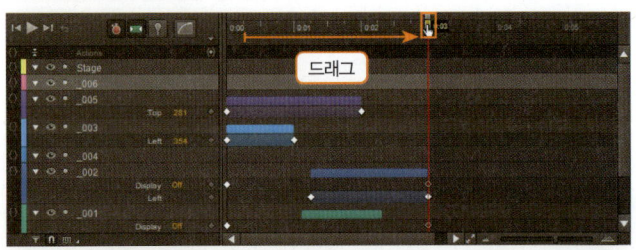

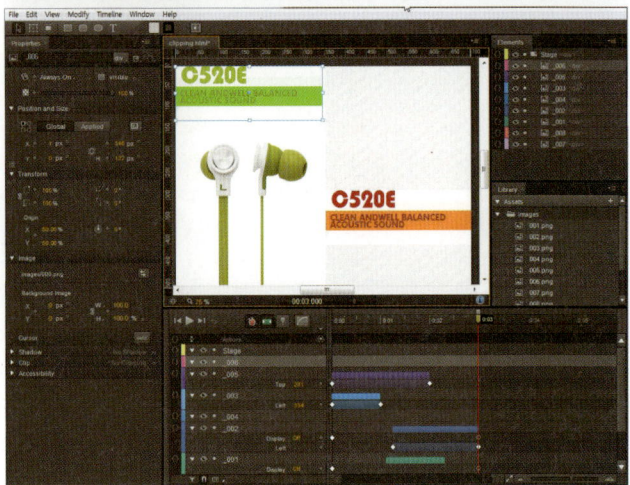

08 _006 레이어의 이미지를 _005 레이어의 이미지 위치로 이동합니다.

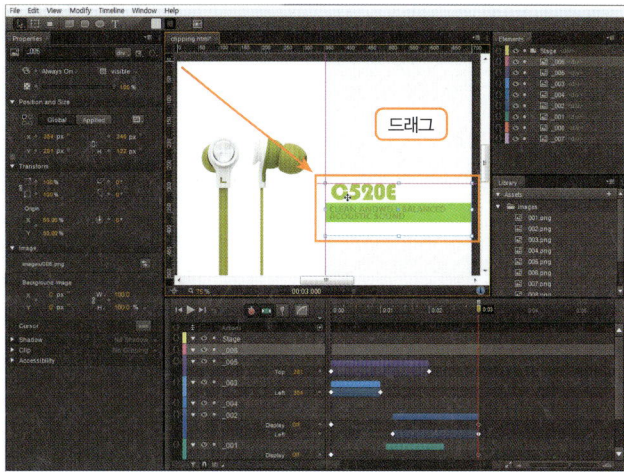

09 _006 이미지와 _008 이미지는 0.00 프레임에서는 안 보이고, 0:03 프레임부터 보이도록 해야 합니다. 현재 프레임은 0.030이기 때문에 두 개의 레이어를 선택한 후 Properties의 Always 속성을 'On'으로 설정합니다.

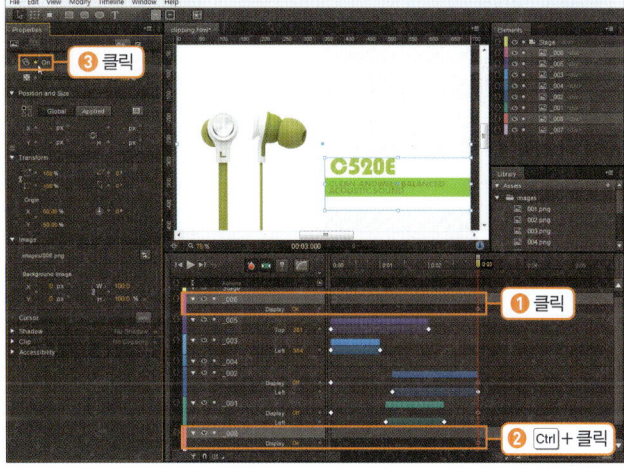

> **Tip!** Properties의 Always 속성
> - **Always On:** 항상 보임.
> - **Off:** Display 속성을 none으로 설정
> - **On:** Display 속성을 block으로 설정

10 Play head를 0:00 프레임으로 이동합니다.

11 0:00 프레임의 Properties에서 Always 의 속성을 'Off'로 설정하여 처음 등장할 때에는 _006 이미지와 _008 이미지가 안 보이도록 합니다.

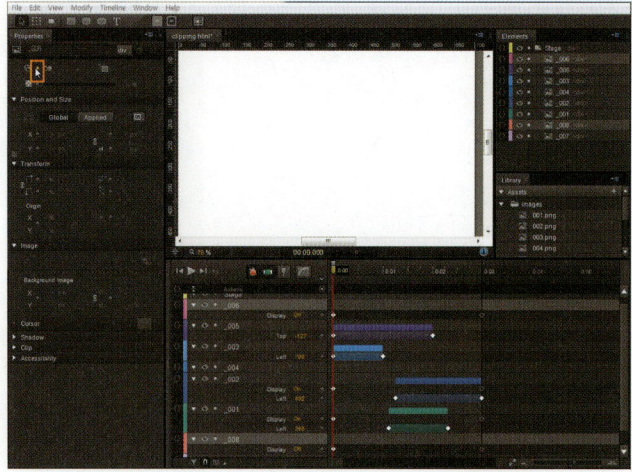

12 Play head를 0:03 프레임으로 이동 합니다.

02 Clipping을 적용하여 애니메이션 만들기

01 _006 이미지에 Clipping을 적용한 애 니메이션을 만들어 보겠습니다. _006 레이어나 이미지를 선택하여 Properties 패널을 활성화합니다.

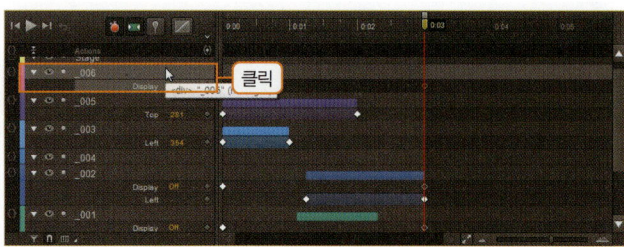

02 Clip을 클릭하여 활성화한 후 [Add Keyframe]을 클릭합니다.

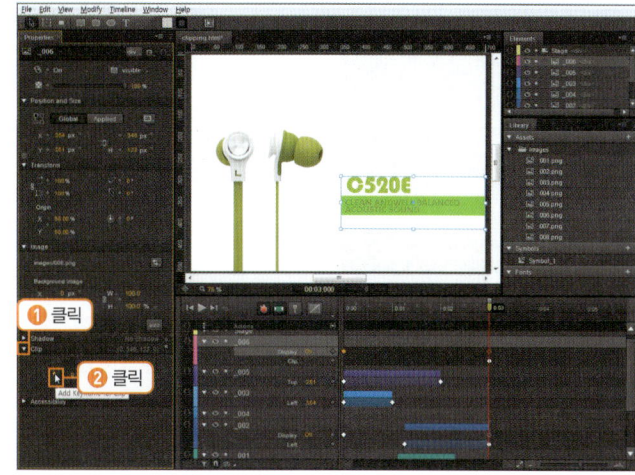

03 Toggle pin을 클릭한 후 0:04 프레임으로 이동합니다.

04 Clip의 왼쪽 값을 '0'에서 '346'으로 변경합니다.

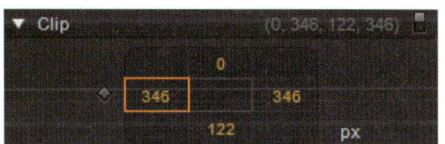

05 Toggle pin을 해제한 후 _006 이미지가 안 보이는 것을 확인합니다.

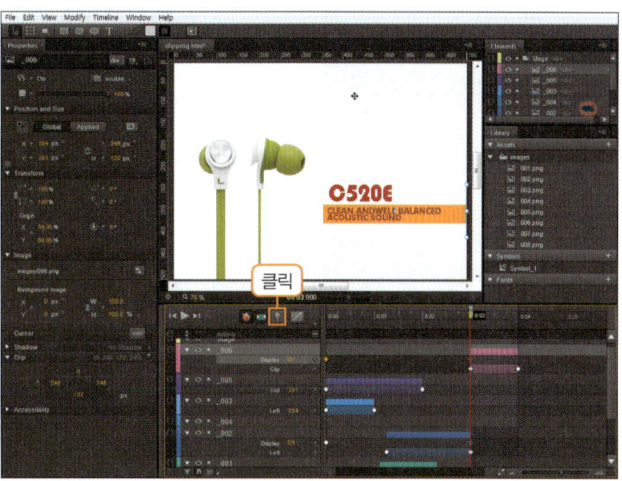

06 _008 레이어를 선택합니다.

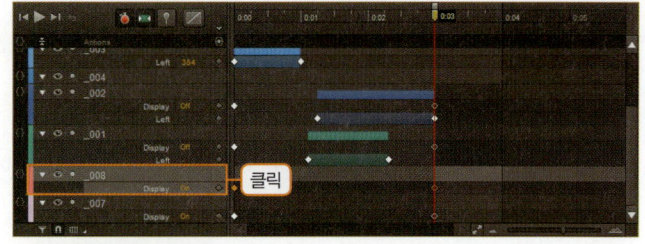

07 Clipping을 활성화합니다.

08 [Add Keyframe Clip]을 클릭합니다.

09 Toggle pin을 클릭한 후 0:04 프레임
으로 이동합니다.

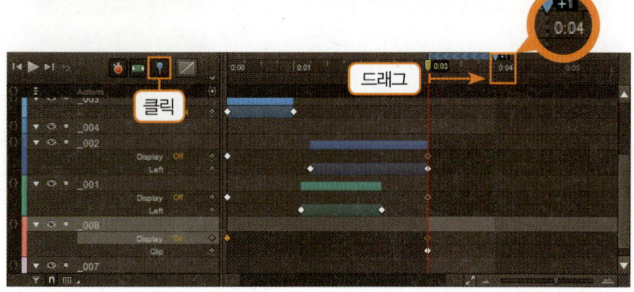

10 Top clip 부분을 '0'에서 '500'으로 설정합니다.

11 Toggle pin을 해제합니다.

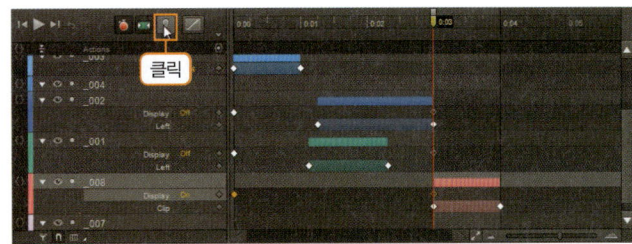

클릭

12 Ctrl + Enter 를 눌러 완성된 애니메이션을 확인합니다.

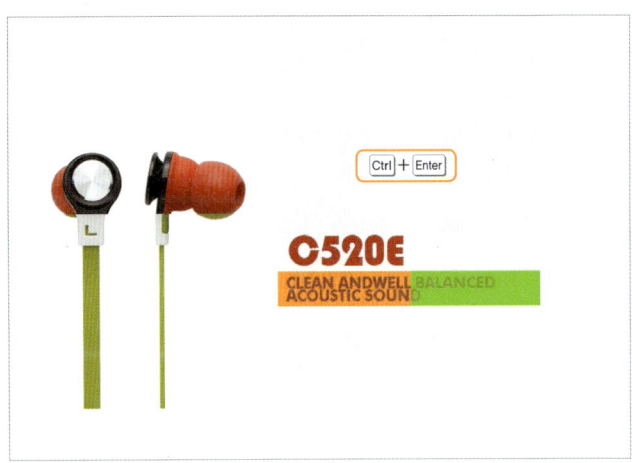

Tip! Clipping에 마스크 효과를 적절히 사용하면 좀 더 감각적인 애니메이션을 만들 수 있습니다. 앞으로 심벌과 텍스트의 개념에 대해서 알아보고 난 후 응용 예제에서 좀 더 다양한 Clipping 애니메이션을 만들어 보겠습니다.

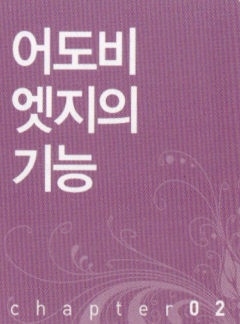
Nesting Element

이번에는 Element 창에서 Element 요소의 종속 관계를 결정하여 부모가 되는 Element의 애니메이션이 종속된 자식 Element에 적용되도록 하는 방법에 대해 알아보겠습니다.

미리보기 QR코드

Nesting

미리 보기 Part01/06_Nesting/Pre/end.html 샘플 파일 Part01/06_Nesting/Sample

01 Nesting Element 적용하기

01 [File]-[Import]를 선택한 후 Part01/06_Nesting/Sample/img 폴더로 이동합니다. 그런 다음, 모든 이미지를 선택하고 [열기]를 클릭합니다.

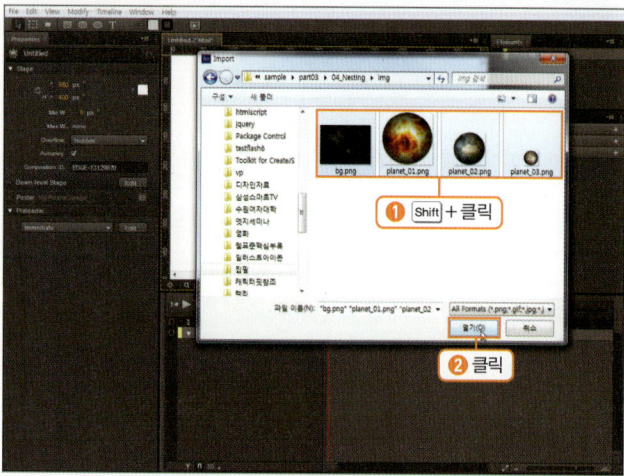

02 다음 그림과 같이 이미지를 스테이지에 불러온 것을 확인할 수 있습니다. 애니메이션 작업을 위해 화면에 이미지 요소들을 배치하겠습니다. 스테이지의 크기를 배경과 맞추기 위해 스테이지의 width와 height를 800px, 600px로 각각 설정합니다.

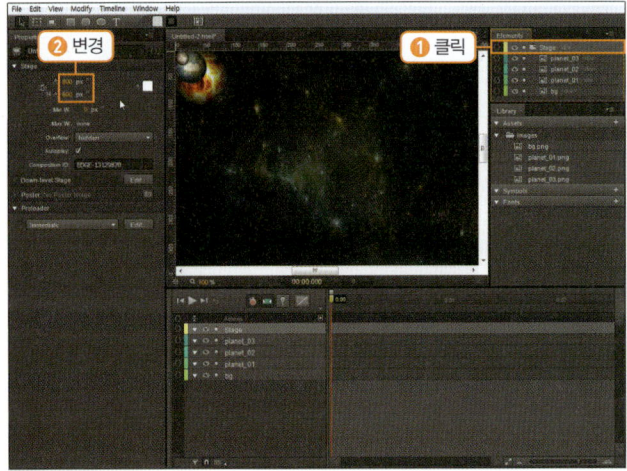

03 planet_01, planet_02, planet_03의 위치를 화면 중앙으로 이동합니다. 원활한 작업을 위해 스테이지 크기를 50%로 설정합니다.

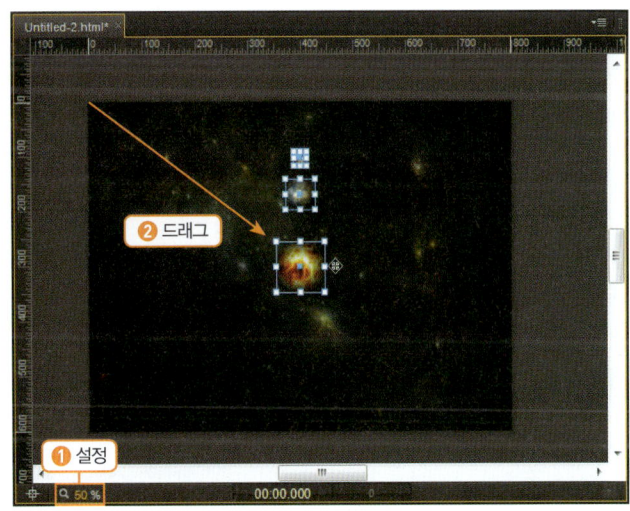

04 달은 지구를 기준으로 회전하고 그 움직임을 포함해서 지구는 태양을 기준으로 회전해야 합니다. 즉, planet_03은 planet_02에, planet_02는 planet_01에 종속되어야 합니다. 단, 이미지를 적용하기 위해서는 그룹(Group)으로 만들어야 합니다.

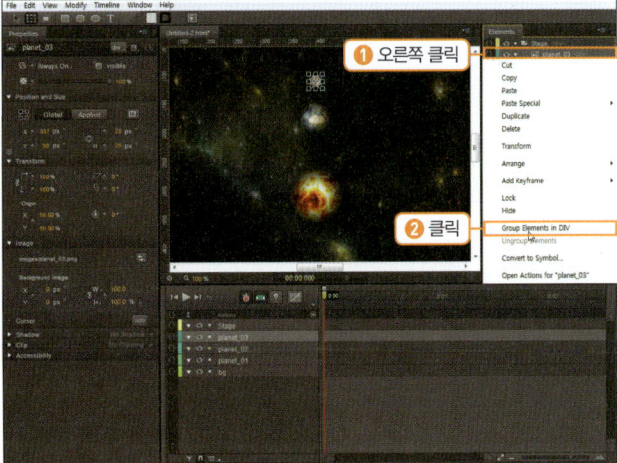

05 planet_02에도 동일하게 적용합니다. 그룹 네이밍은 중요하지 않습니다.

> **Tip!** 그룹(Group)은 프로그램에서 같은 개념으로 작업할 대상끼리 묶어두는 역할을 합니다.

▲ 적용 후 화면

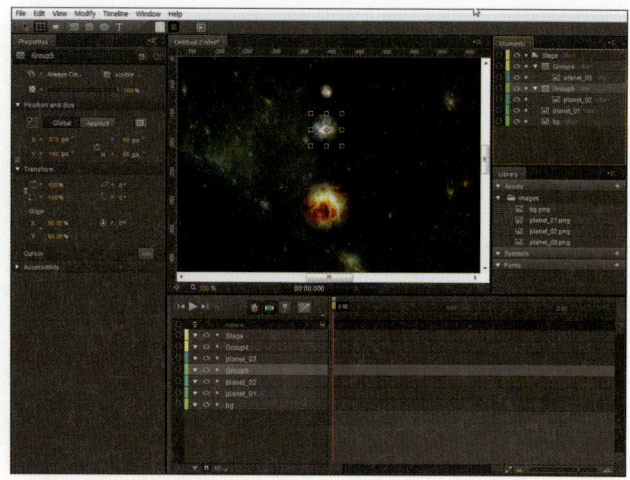

06 Group5의 중심점을 태양의 가운데로 이동합니다.

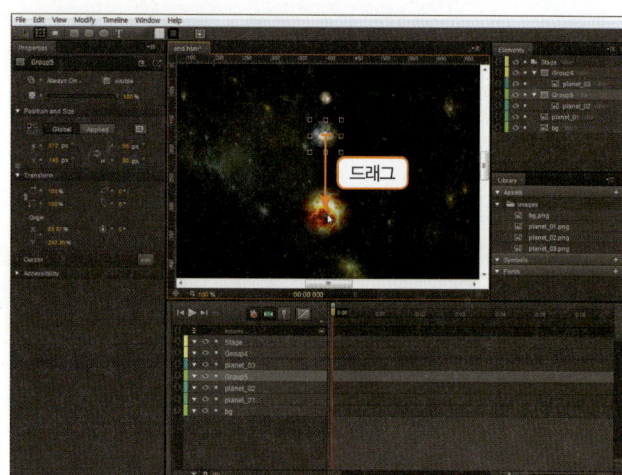

> **Tip!** 단축키 Q를 누르면 나타나는 가운데 십자가 모양을 이동하면 됩니다.

07 Element 패널에서 Group4를 Group5로 드래그하여 Nesting(종속)시킵니다.

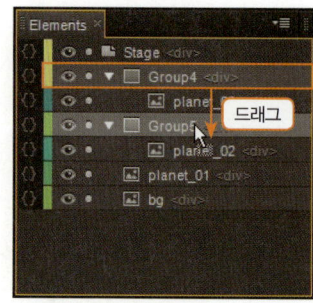

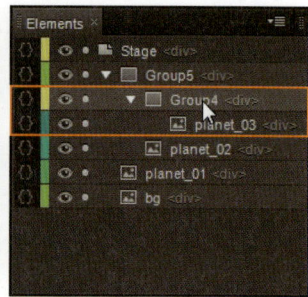

02 Nesting Element 애니메이션 만들기

01 달이 지구를 기준으로 회전하는 애니메
이션을 만들어 보겠습니다. planet_
03 이미지를 선택한 후 Origin을 지구
에 맞춥니다.

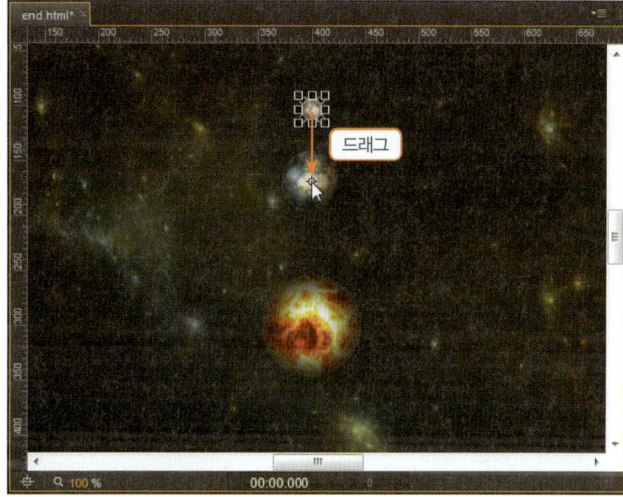

02 Transform에서 rotation의 프레임을
만들기 위해 [Add Keyframe]을 클
릭한 후 Play head를 0:05 프레임
으로 이동합니다.

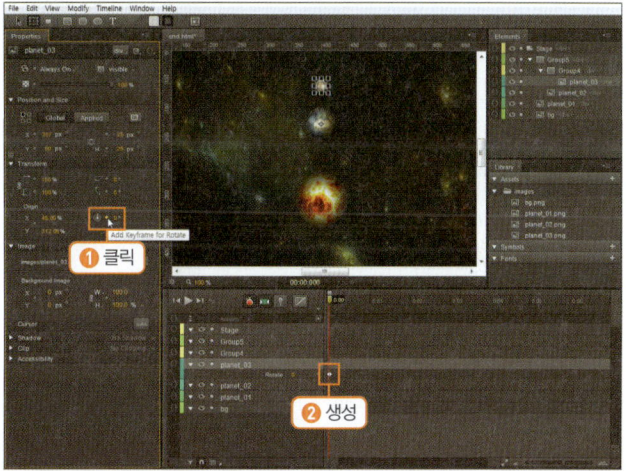

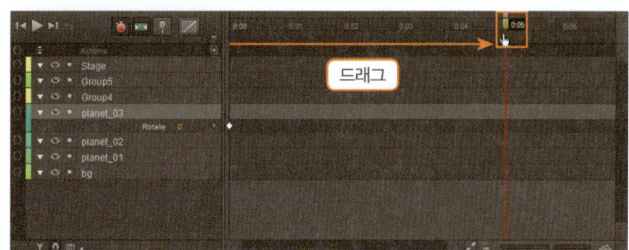

03 rotation 값을 '1800'으로 설정합니다.

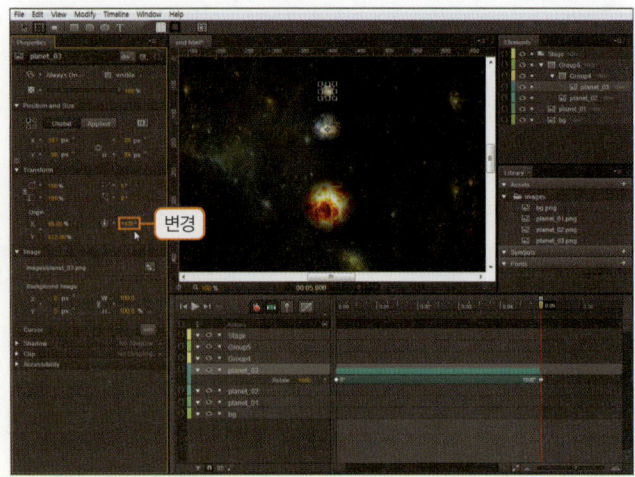

04 Ctrl + Enter 를 눌러 애니메이션을 확인합니다.

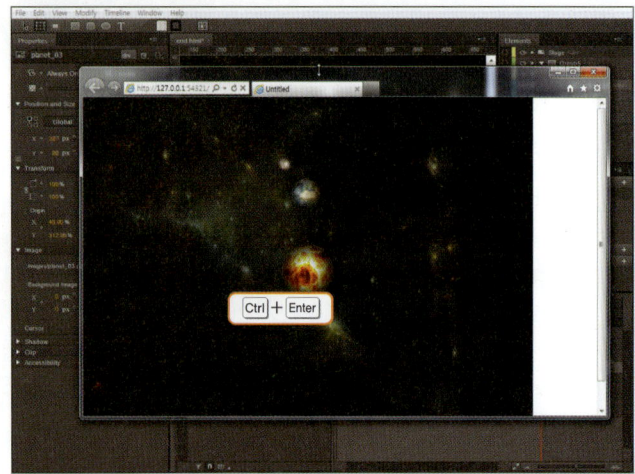

05 지구가 태양을 기준으로 회전하는 애니메이션을 만들어 보겠습니다. Group5 레이어를 클릭합니다.

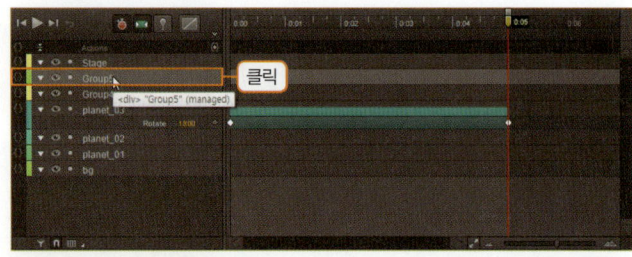

06 Play head를 0:00 프레임으로 이동합니다.

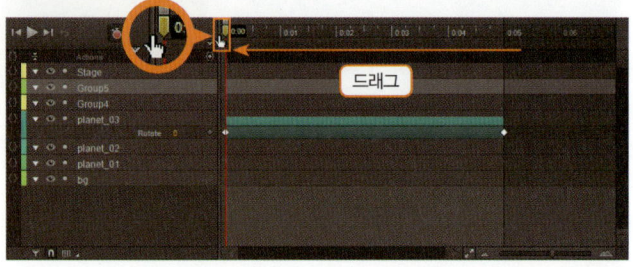

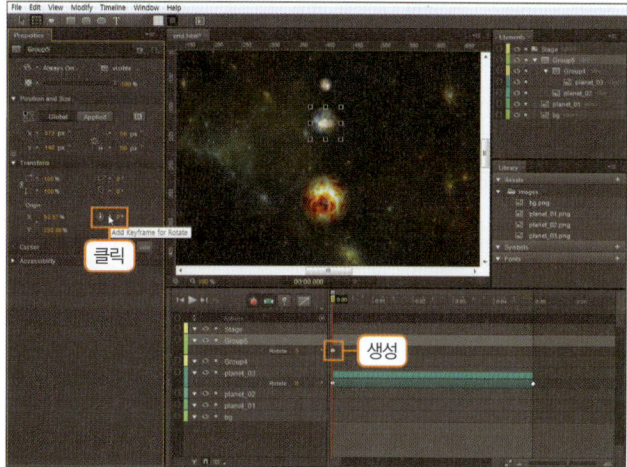

07 Transform에서 rotation의 프레임을 만들기 위해 [Add Keyframe]을 클릭합니다.

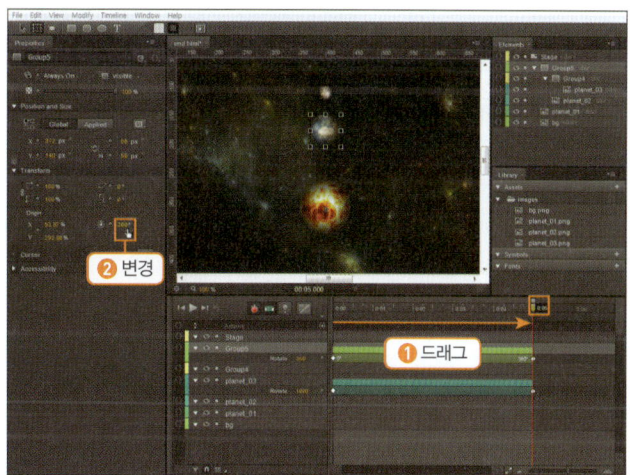

08 0:05 프레임으로 Play head를 이동한 후 rotation 값을 '360'으로 설정합니다.

09 Ctrl + Enter 를 눌러 애니메이션을 확인합니다.

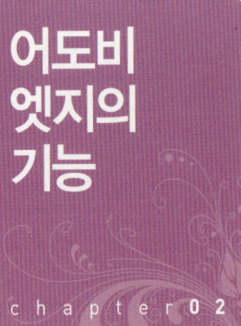
Creating 심벌

이번에는 오브젝트를 독립된 타임라인 기반의 심벌로 만든 후 심벌 자체의 고유의 애니메이션을 활용하는 방법에 대해 알아보겠습니다.

Preview

Symbols

미리보기 QR코드

미리보기 Part01/07_Symbols/Pre/end.html   샘플파일 Part01/07_Symbols/Sample

01 심벌 만들기

01 Part01/07_Symbols/Sample/
Symbols.html을 불러옵니다.

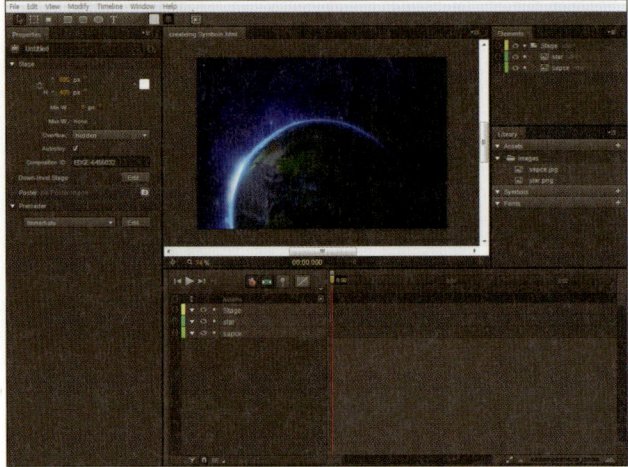

02 star 심벌을 만들어 보겠습니다. 스테이
지에 있는 star를 선택합니다.

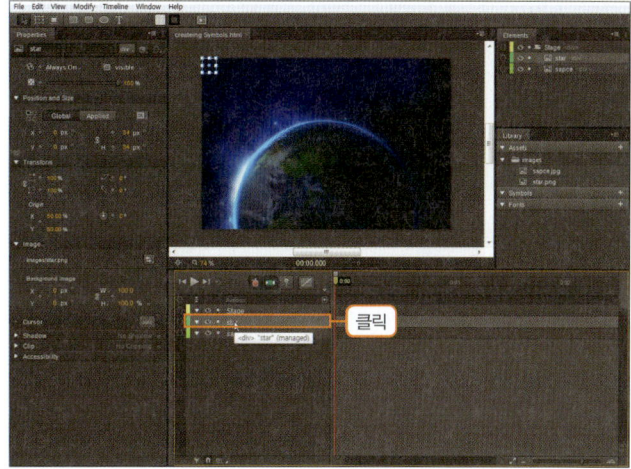

03 [Modify] - [Convert to Symbol]을 선
택합니다.

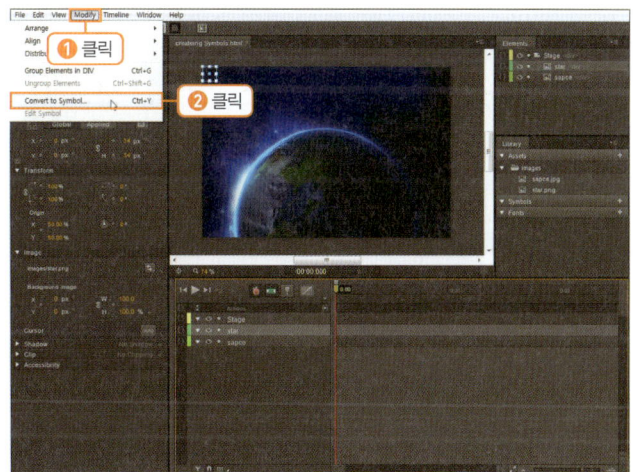

04 [Create Symbol] 대화상자가 나타나
면 Symbol Name을 'star'로 설정한 후
[OK] 버튼을 클릭합니다.

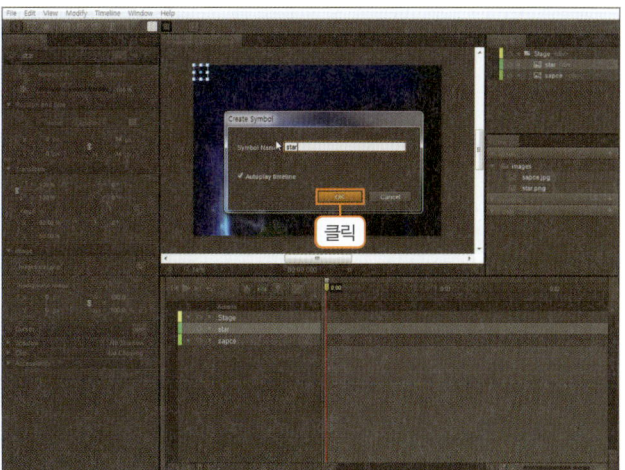

05 Library의 Symbols에 star가 만들어진 것을 확인합니다.

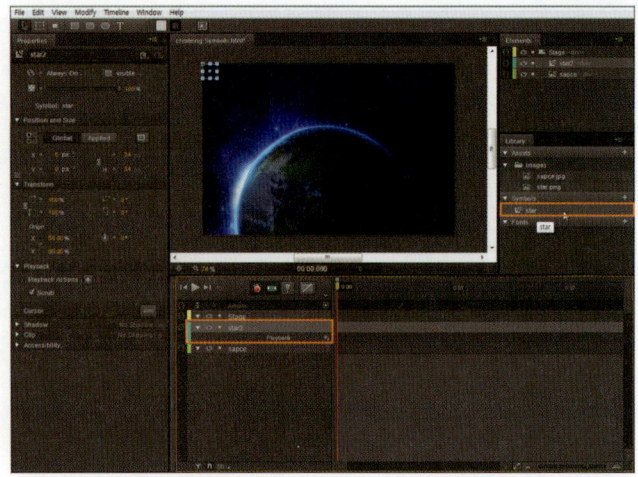

06 심벌에 독립적인 애니메이션을 만들기 위해서는 해당 심벌의 Edit Timeline으로 이동해야 합니다. 'star' 심벌을 오른쪽 마우스로 클릭한 후 [Edit Symbol 'star']를 선택합니다.

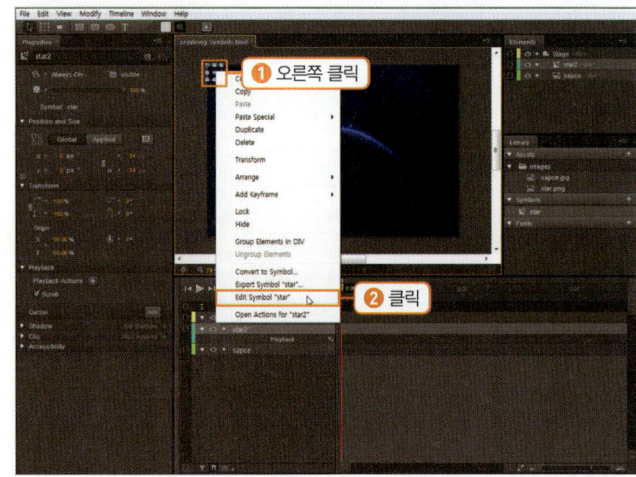

07 'star'의 Edit Timeline을 확인한 후 'star'가 반짝거리는 애니메이션을 만들기 위해 'star' 레이어를 선택합니다.

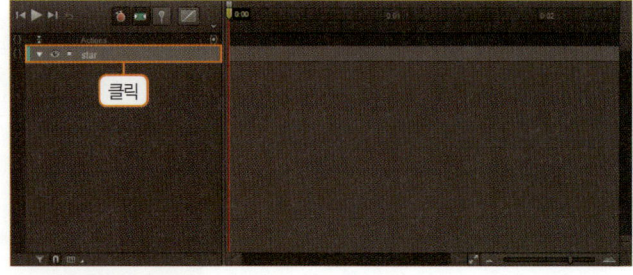

Tip! 심벌에는 레이어가 있는 고유의 타임라인과 스테이지가 있으며, 기본 타임라인과 마찬가지로 레이어나 프레임 키 프레임을 타임라인에 추가할 수 있습니다. 심벌은 편집 창을 가지고 있으며, 심벌을 더블클릭하면 편집 창에서 수정 또는 편집을 할 수 있습니다.

08 Properties의 Opacity 값에서 [Add Keyframe]을 클릭합니다. 이때 Play head의 위치는 0:00 프레임입니다.

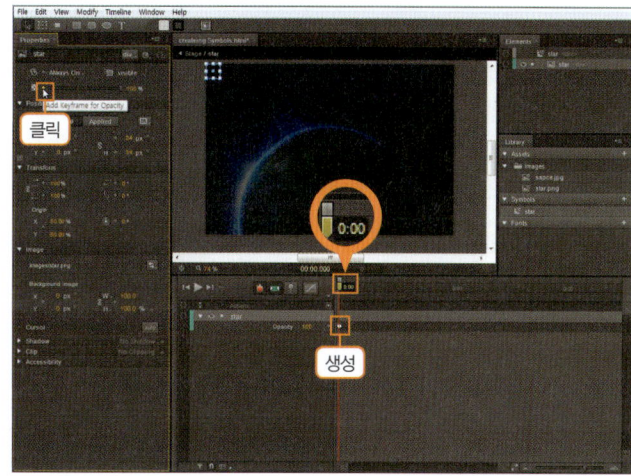

09 Play head를 0:00.500 프레임으로 이동한 후 Opacity 값을 '50'으로 설정합니다.

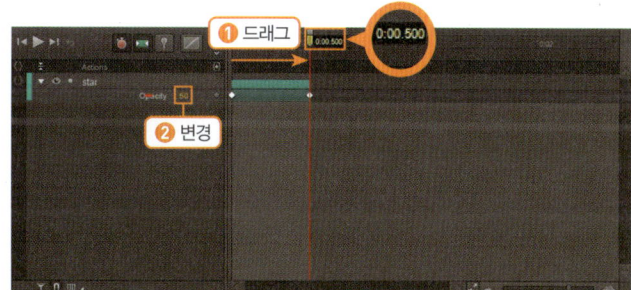

10 Play head를 0:01 프레임으로 이동한 후 Opacity 값을 '100'으로 설정합니다.

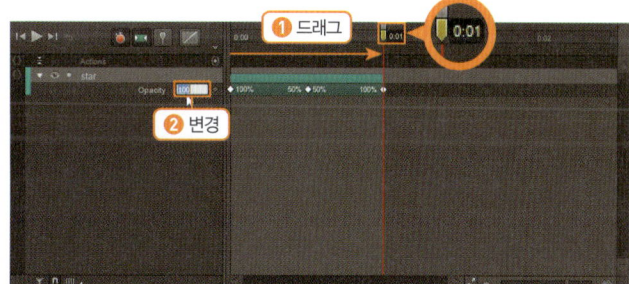

11 Ctrl + Enter 를 눌러 애니메이션을 확인합니다. 애니메이션이 한 번만 나타납니다.

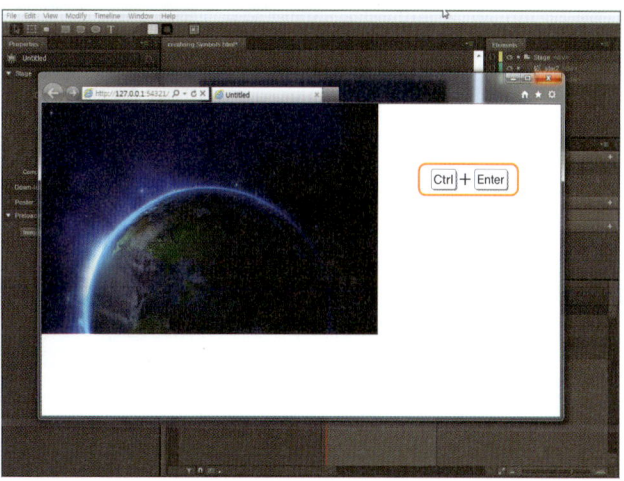

02 Library에서 심벌 애니메이션 복제하기

01 'star'의 Edit 창으로 이동하기 위해
[Edit Symbol 'star']를 클릭합니다.

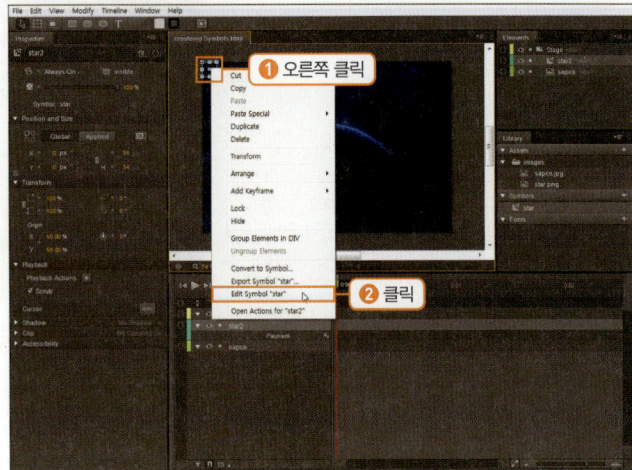

02 Play head를 0:01 프레임으로 이동합
니다.

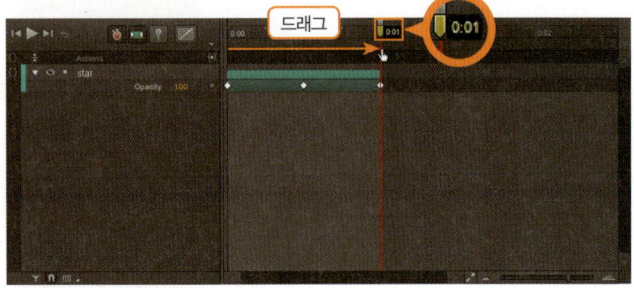

> **Tip!** 루핑을 만들기 위해서는 마지막 키프
> 레임과 첫 번째 키프레임의 속성들이 일
> 치해야 애니메이션이 튀지 않고 반복적
> 인 모션이 만들어집니다.

03 [Insert Trigger]를 눌러 Code 창을 활
성화합니다.

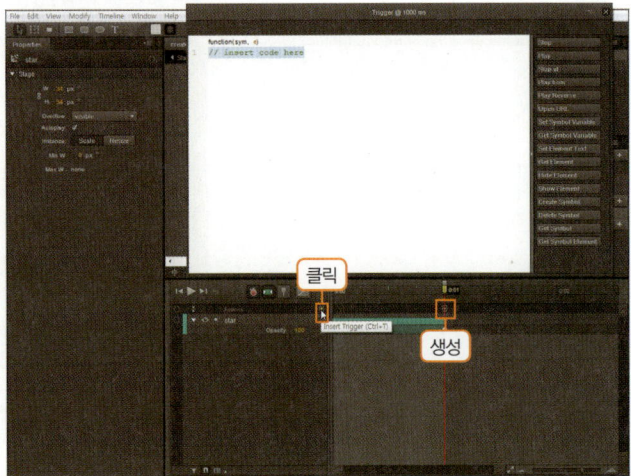

04 [Play from]을 선택하고 인자 값을 '1000'에서 '0'으로 변경합니다.

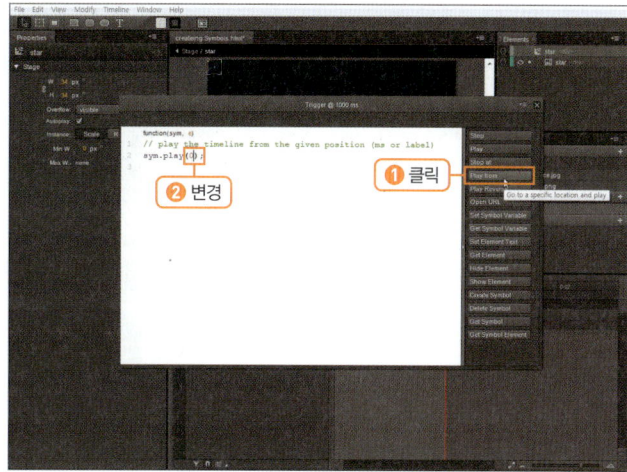

05 Ctrl + Enter 를 눌러 애니메이션을 확인합니다.

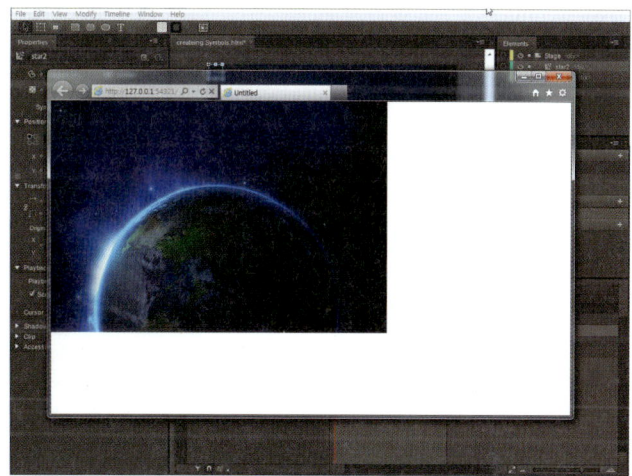

06 이번에는 스테이지에 'star' 심벌을 복제하겠습니다. Library에서 드래그하여 스테이지에 끌어다 놓습니다.

> **Tip!** 심벌을 만들면 심벌의 원본은 라이브러리에 자동으로 등록됩니다. 라이브 러리는 창고와 같은 곳으로, 스테이지에 심벌을 복제할 수 있습니다.

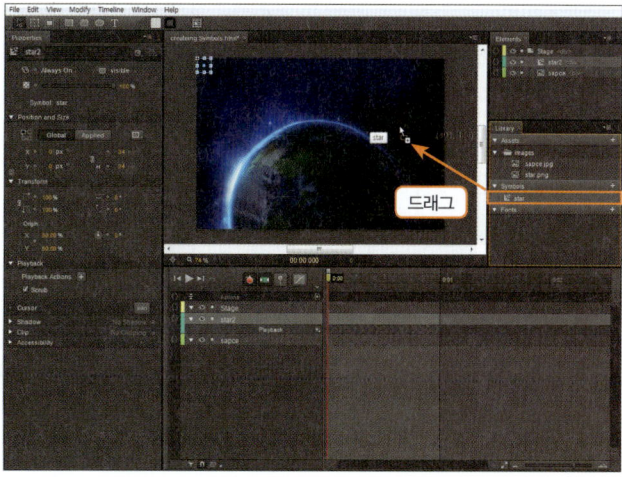

07 스테이지에 복제된 것을 확인합니다.

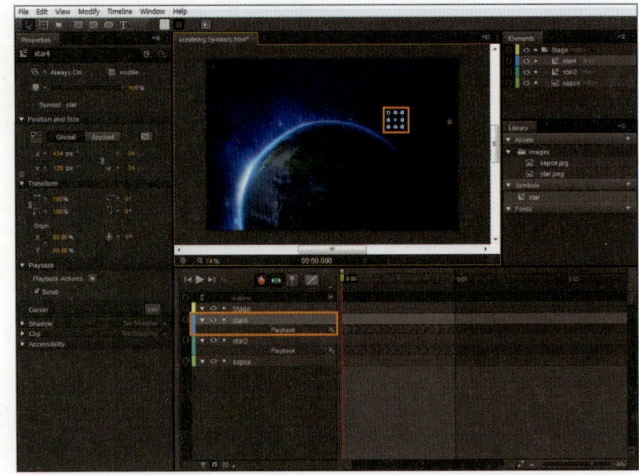

08 같은 방법으로 7개 복제합니다.

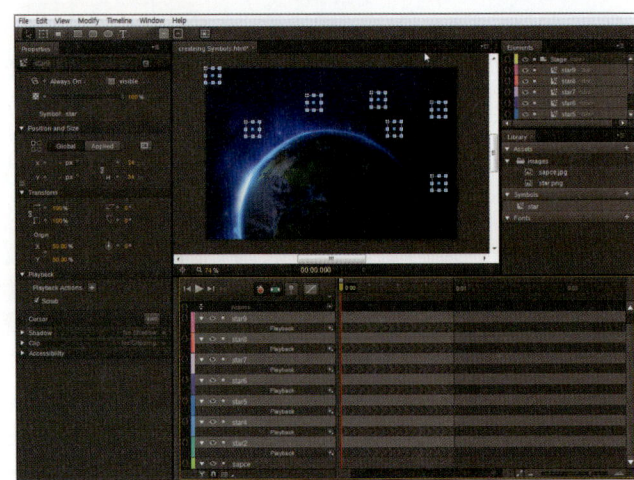

09 Ctrl + Enter 를 눌러 지금까지 완성된 애니메이션을 확인합니다. 7개의 별이 동시에 반짝이는 것을 확인할 수 있습니다.

10 'star'의 등장 순서를 다르게 만들어 보겠습니다. star2 레이어를 선택한 후 Playback에서 [Play from]을 선택합니다.

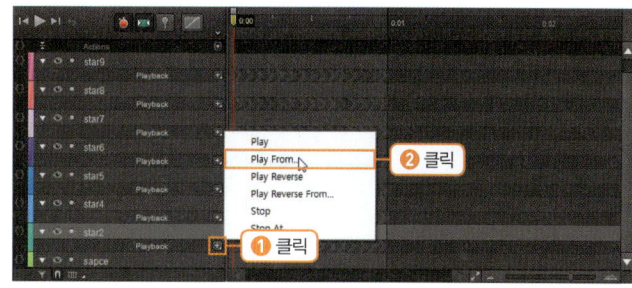

> **Tip!** Playback은 심벌이 타임라인 애니메이션이 있는 경우, 상위 타임라인에서 심벌의 애니메이션 타임라인 플레이를 조정할 수 있는 기능을 제공합니다.

11 [Play from] 패널에 원하는 값을 넣되, 0:01을 넘지 않는 범위에서 넣어야 합니다. 여기서는 00:00.5를 입력했습니다. 0:01의 기준은 앞에서 만든 star 심벌의 애니메이션 타임라인 길이가 기준입니다.

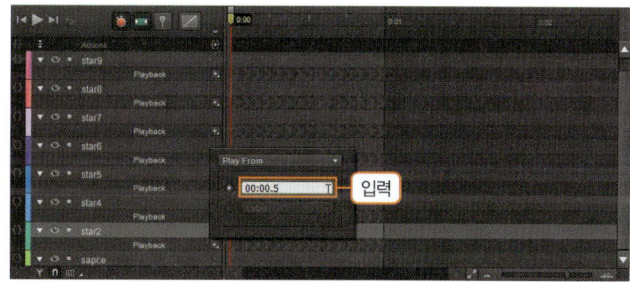

12 나머지 심벌의 Playback의 설정 중에서 [Play from]으로 설정한 후 수치를 랜덤하게 적용합니다.

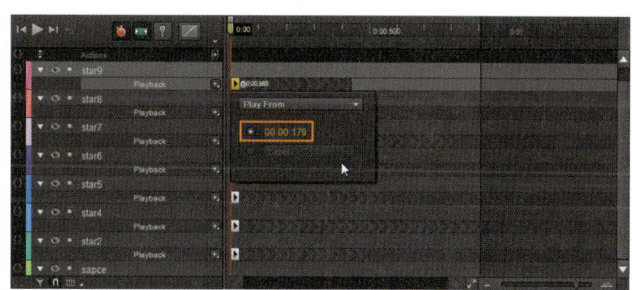

13 Ctrl + Enter 를 눌러 별이 랜덤하게 반짝이는 것을 확인합니다.

Png 시퀀스 애니메이션

이번에는 영상이나 3D 오브젝트의 신(Scene)을 구성하는 Png 시퀀스(Sequences)
를 엣지로 불러와서 제어하는 방법에 대해 알아보겠습니다.

Preview

미리보기 QR코드

 Part01/08_Png/Pre/end.html   Part01/08_Png/Sample

01 Png 시퀀스 애니메이션 만들기

01 Part01/08_Png/Sample/Png.html을
불러옵니다. 타임라인에 30개 정도의
레이어가 생성되어 있는 것을 확인할
수 있습니다.

Tip! 임포트하면 파일명 순서대로 레이어
가 쌓입니다.

02 Properties의 Always On을 이용하여
0:00 프레임에서 모든 핸드폰 Png가
보이지 않도록 설정하겠습니다. Rect-
angle 레이어(녹색 배경)를 제외한 나
머지 레이어를 모두 선택합니다. 이때
Play head는 0:00 프레임에 있어야
합니다.

> **Tip!** 여러 개의 레이어를 선택하기 위해서
> 는 Shift 를 누른 채 레이어를 선택하면
> 됩니다.

03 Properties의 Always On의 설정을 Off
로 설정합니다.

04 타임라인에 키프레임이 생성되고 핸드
폰 이미지가 보이지 않습니다.

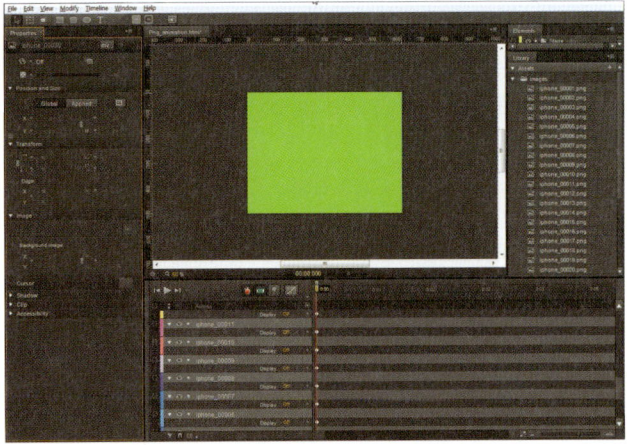

05 Display 설정을 이용하여 Frame by Frame 모션 기법을 만들기 위해 iphone_00001 레이어를 선택한 후 Display: Off를 On으로 변경합니다.

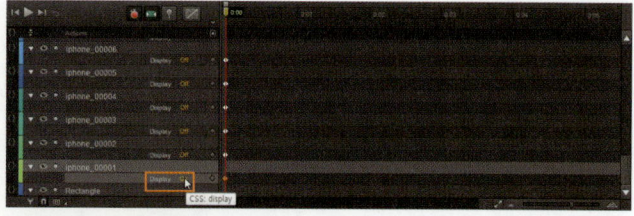

06 스테이지에 첫 번째 이미지가 보이는 것을 확인합니다.

07 'Show Grid'를 클릭하여 타임라인에 그리드(Grid)를 만듭니다.

Tip! 그리드(Grid)를 만들면 정확한 프레임 간격을 유지할 수 있습니다.

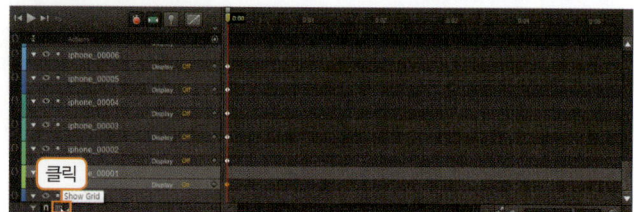

08 프레임 간격은 30/second로 설정합니다. 수치가 높을수록 간격이 좁아지고 속도가 빨라집니다.

Tip! 30/second는 1초를 30개의 그리드로 나눈 것을 의미합니다.

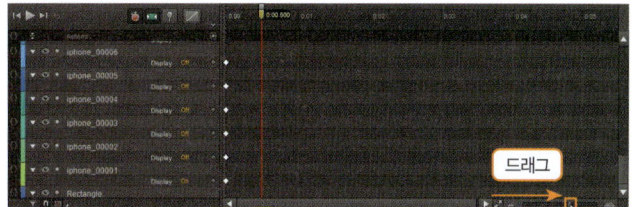

09 작업의 편의를 위해 타임라인 패널을 확대합니다. 이때 하단에 있는 [Zoom]을 드래그하고 Play head를 다음 그리드로 이동합니다.

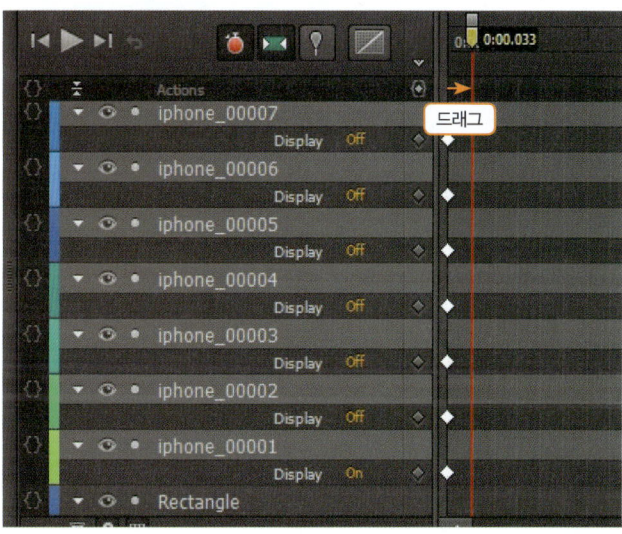

10 iphone_00001 레이어의 Display 속성을 Off로 변경하고 스테이지에 이미지가 보이지 않는 것을 확인합니다.

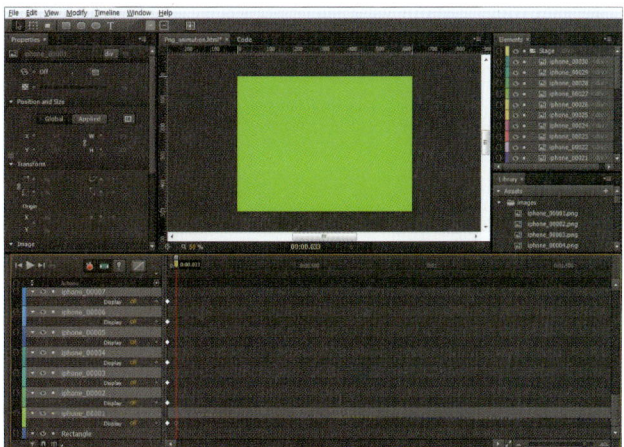

11 iphone_00002 레이어의 Display를 'On'으로 변경하고, 스테이지에 iphone _00002 이미지가 보이는 것을 확인합니다.

12 Play head를 다음 그리드로 이동합니다.

13 그리드에서는 iphone_00002의 Display가 Off, iphone_00003은 Display가 On으로 설정되어 있어야 합니다.

14 그리드 기준으로 아래 레이어 이미지의 Display는 Off, 위의 Display는 On으로 설정하여 iphone_00030 레이어까지 반영합니다.

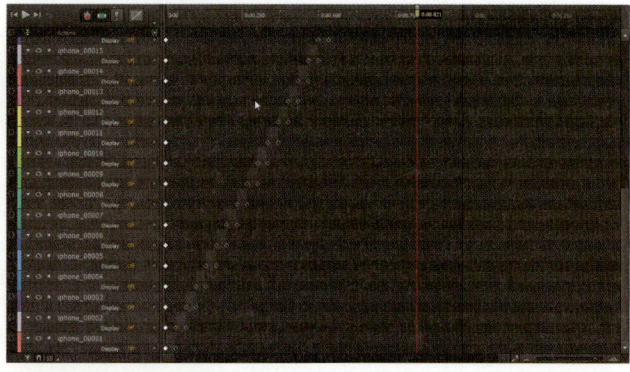

15 Ctrl + Enter 를 눌러 핸드폰이 360도 회전하는 움직임을 확인합니다.

02 심벌 만들기

01 현재 타임라인에서 만들어진 애니메이션은 심벌로 만들어졌기 때문에 독립적인 타임라인을 구성할 수 있습니다. iphone_00001 레이어에서 iphone_00030 레이어까지 선택합니다.

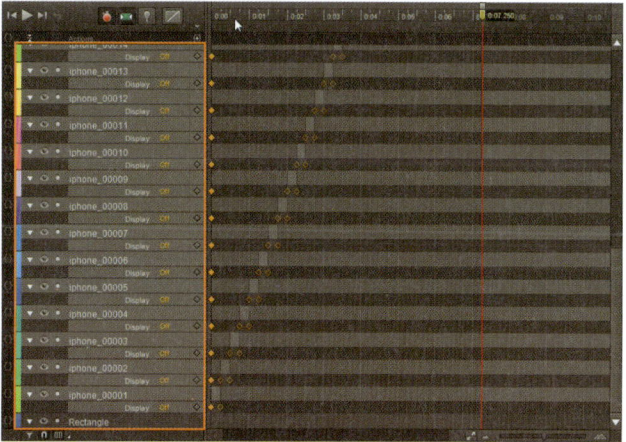

02 [Modify]–[Convert to Symbol]을 선택하여 심벌로 만듭니다.

03 [Create Symbol] 대화상자가 나타나
면 Symbol Name에 'handphone'을
입력합니다.

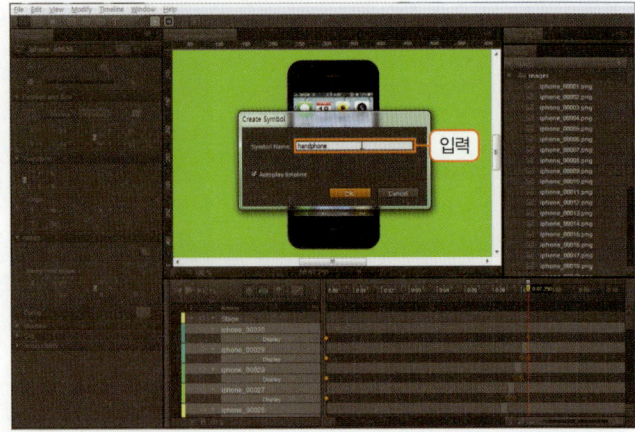

04 handphone 심벌 레이어가 생성된 것
을 확인할 수 있습니다.

05 handphone 심벌을 X 좌표로 이동하겠
습니다. 0:00 프레임에 있는 오브젝트
를 왼쪽으로 이동합니다.

06 Play head를 0:07.250으로 이동합니다.

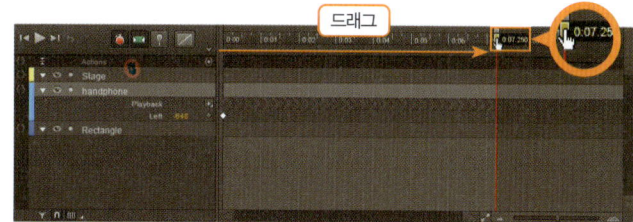

07 handphone 레이어의 위치를 화면 중앙으로 이동합니다.

08 Ctrl + Enter 를 눌러 핸드폰이 360도 회전하면서 등장하는 애니메이션을 확인합니다.

어도비
엣지의
기능

chapter02

Sprite Sheets 애니메이션

이번에는 커다란 이미지 한 장에 움직이는 이미지를 한꺼번에 불러와서 작업하는 방식인 Sprite Sheets 애니메이션 방식에 대해 알아보겠습니다.

Preview

Sprite

미리보기 QR코드

미리보기 Part01/09_Sprite/Pre/end.html   샘플파일 Part01/09_Sprite/Sample

01 심벌 만들기

01 Part01/09_Sprite/Sample/Sprite. html을 불러옵니다. ch_ 레이어, bg 레이어와 스테이지에 ch_.png가 있는 것을 확인합니다.

02 Sprite_Sheets는 시퀀스 이미지를 하나의 이미지로 만든 형태라고 이해하면 됩니다. 제작 방식에 대해는 외부 프로그램을 다루는 장에서 알아보겠습니다.

03 ch_.png를 심벌로 만들겠습니다. ch_ 레이어를 선택하거나 스테이지에 있는 ch_.png를 선택합니다. 심벌로 만들기 위해 오른쪽 마우스를 클릭하여 나타나는 메뉴에서 [Convert to Symbol]을 클릭합니다.

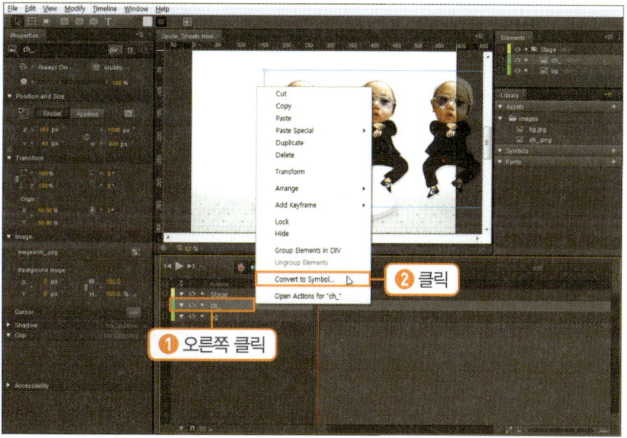

04 [Create Symbol] 대화상자가 나타나면 Symbol Name에 'Psy'를 입력한 후 Properties에서 Clip 기능을 활성화하여 마스크 영역을 설정합니다.

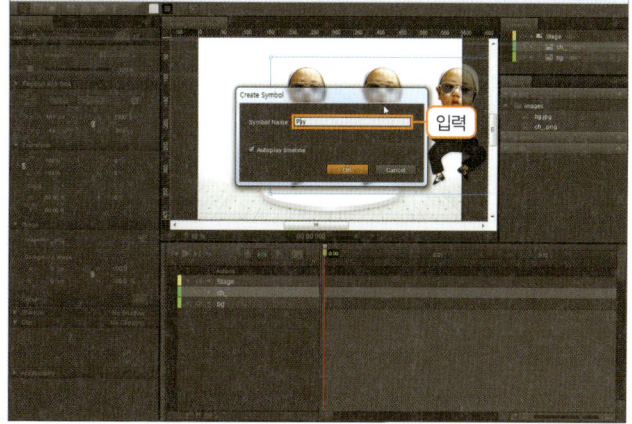

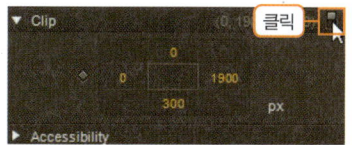

05 Clip 영역의 왼쪽은 10px, 오른쪽은 168px로 변경하여 마스크를 적용한 후 스테이지의 'Psy' 심벌에 마스크가 적용된 것을 확인합니다.

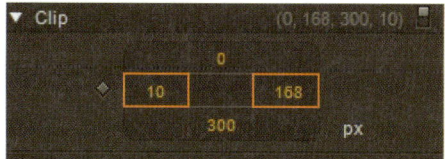

06 'Psy' 심벌에 마스크가 적용된 것을 확인합니다. 그리고 타임라인에 생성된 키프레임은 자동으로 만들어진 것을 선택한 후 Delete 를 눌러 삭제하고 [Auto]−[Keyframe Mode]를 클릭하여 해제합니다.

07 이제 'Psy'에 오른쪽 마우스를 클릭한 후 [Edit Symbol "Psy"]을 선택합니다.

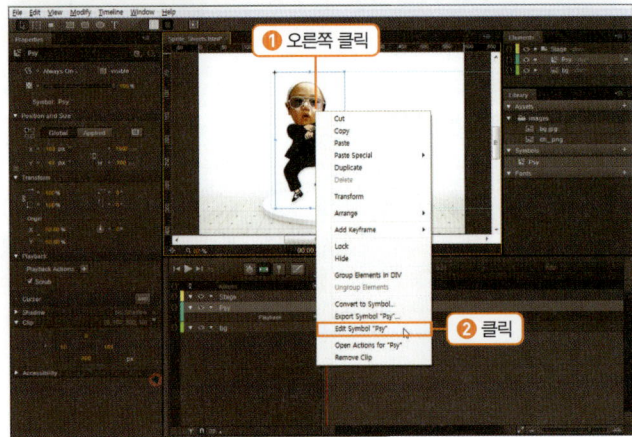

08 Psy 창으로 이동한 것을 확인합니다.

02 심벌 애니메이션 만들기

01 가이드를 잡기 위해 ch_ 레이어를 복제하겠습니다. ch_ 레이어를 선택한 후 Ctrl+C를 눌러 복제합니다.

02 Frame by Frame 모션을 위해 타임라인을 세팅하겠습니다.

- Auto-Keyframe Mode 활성화
- Auto-Transition Mode 비활성화

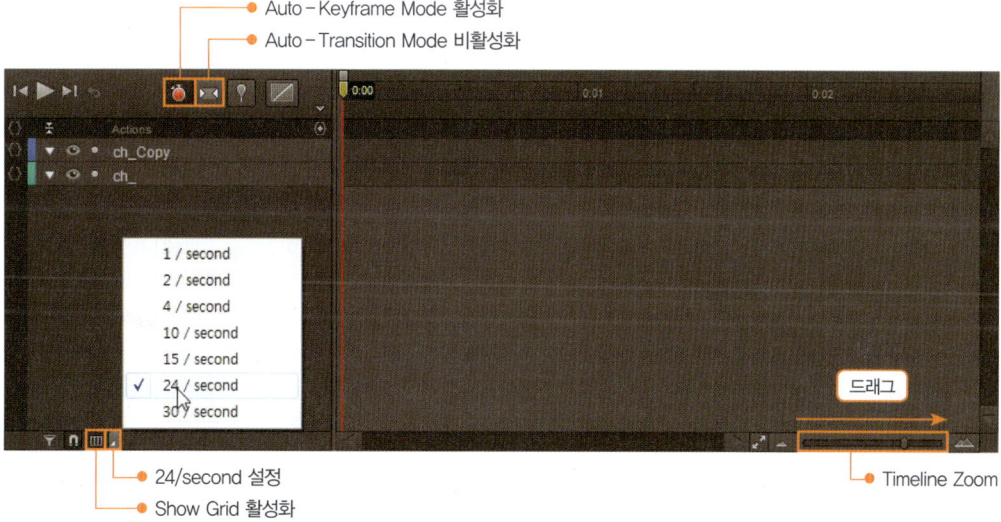

- 24/second 설정
- Show Grid 활성화
- 드래그
- Timeline Zoom

03 설정이 적용된 화면입니다.

04 X 좌표에 키프레임을 생성하여 애니메이션을 만들겠습니다. ch_Copy 레이어를 선택한 후 Properties의 X 좌표에 [Add Keyframe]을 생성합니다.

클릭

05 Play head를 그리드를 기준으로 하여 다음 Frame으로 이동합니다.

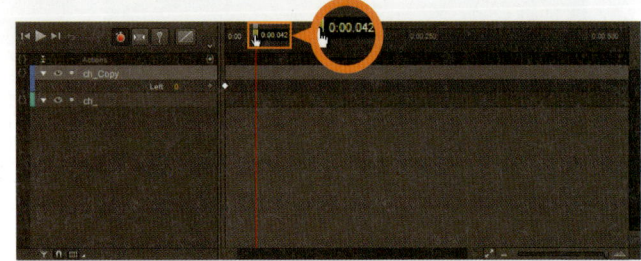

06 ch_Copy 레이어의 이미지를 왼쪽으로 이동합니다. 이때 하단에 있는 ch_ 레이어 이미지의 캐릭터 이미지와 위치가 겹치도록 이동합니다.

드래그

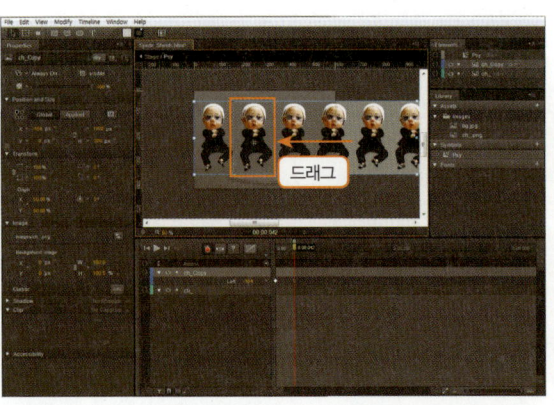

레이어 'ch_'의 첫번째 이미지: 가이드 이미지

레이어 'ch_copy'의 두 번째 이미지

레이어 'ch_copy'의 첫 번째 이미지

07 위와 같은 방식으로 설정된 그리드 간격에 ch_Copy 레이어 이미지를 왼쪽으로 이동합니다. 작업상의 편의를 위해 ch_ 레이어 이미지의 Opacity를 50%로 설정하겠습니다.

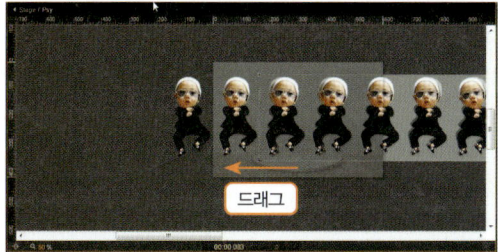

▲ [0:00.083 프레임] 레이어 ch_Copy의 3번 이미지

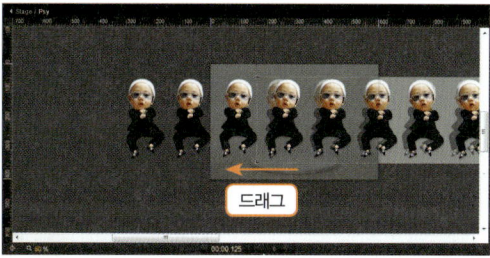

▲ [0:00.125 프레임]

▲ [0:00.167 프레임]

▲ [0:00.208 프레임]

▲ [0:00.250 프레임]

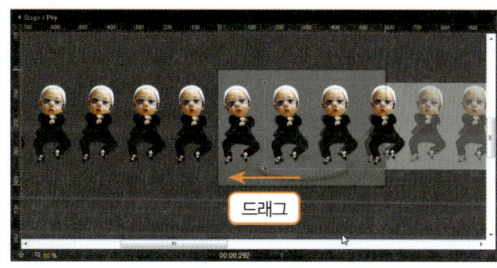

▲ [0:00.292 프레임]

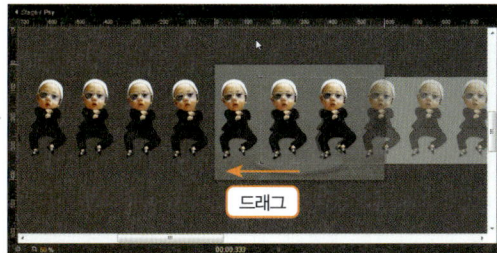

▲ [0:00.333 프레임]

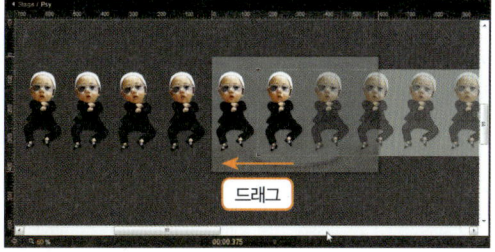

▲ [0:00.375 프레임]

※ 프레임은 241 second로 그리드를 설정하여 이동합니다.

08 설정이 적용된 전체 화면입니다.

09 looping을 위해 코드를 추가하겠습니다. 맨 뒤의 프레임에 [Insert Trigger]를 클릭합니다.

10 [Play from]을 클릭한 후 '1000'을 '0'으로 설정합니다.

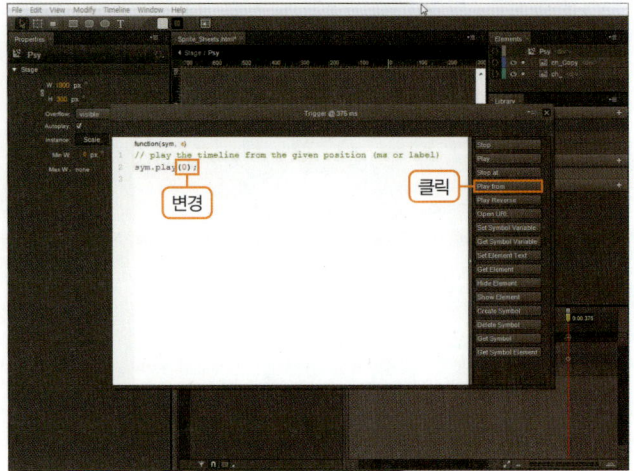

11 ch_ 레이어를 선택한 후 Delete 를 눌러
삭제합니다.

12 Ctrl + Enter 를 눌러 애니메이션을 확인
합니다.

Part02
기본 다지기

Part01에서 이해한 핵심 기능을 응용하기 위해서는 다른 저작 도구 툴과의 연계가 필요합니다. 이번 파트에서는 다른 저작 도구 툴에서 그래픽 요소를 가져와 진행하는 예제를 다루어보겠습니다. 이와 아울러 엣지 API에서 제공하는 스크립트를 통해 다양한 인터렉티브 콘텐츠를 만들 수 있는 기본기를 익혀보겠습니다.

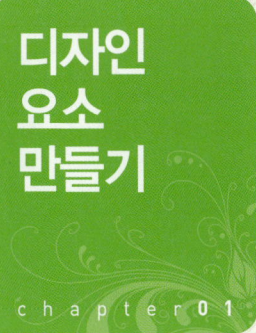

디자인
요소
만들기

chapter01

포토샵 Png 애니메이션 만들기

엣지 애니메이트에서 그래픽 요소를 사용하려면 배경이 투명한 오브젝트를 사용해야
합니다. 그래픽 요소를 만들 때에는 주로 포토샵을 많이 사용합니다. 이번에는 포토
샵에서 그래픽 요소를 Png 파일로 저장한 후 엣지 애니메이트로 가져와 애니메이션
을 만드는 방법에 대해 알아보겠습니다.

Preview

Photo

미리보기 QR코드

 미리
보기 Part02/01_Photo/Pre/end.html   샘플
파일 Part02/01_Photo/Sample

01 Png 파일 만들기

01 Part02/01_Photo/Sample/Png_
Sample.html을 불러옵니다. REFRESH,
YOUR, LIFE 장면이 있는 것을 확인할
수 있습니다.

02 REFRESH, YOUR, LIFE 장면 중에서 REFRESH 레이어에 있는 이미지를 Png 파일로 만들겠습니다. LAYERS 패널의 'refresh_text'를 선택합니다.

03 Ctrl + A 를 눌러 현재 선택된 레이어의 오브젝트를 모두 선택한 후 Ctrl + C 를 눌러 레이어 오브젝트를 복사합니다.

04 [File]-[new]를 클릭하거나 Ctrl + N 를 눌러 새 패널을 연 후 [OK] 버튼을 클릭하여 새 창을 만듭니다.

Tip! 새 창을 열기 전에 이미지를 복사한 후 새 창을 열면 새 창의 넓이와 높이가 복사한 이미지의 크기만큼 설정됩니다.

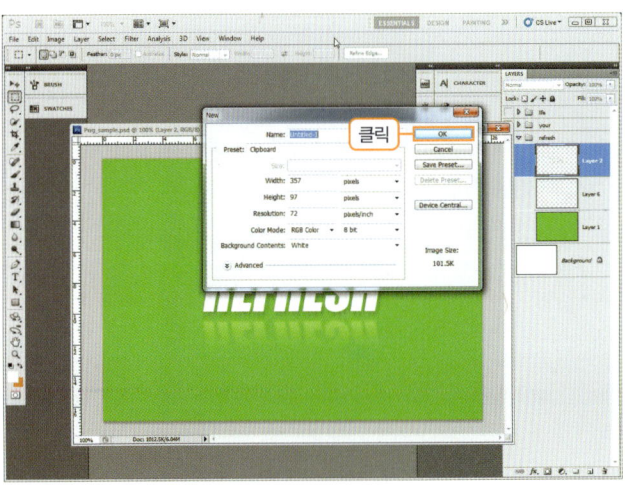

05 새 창이 열리면 Ctrl+V를 눌러 붙여 넣기합니다.

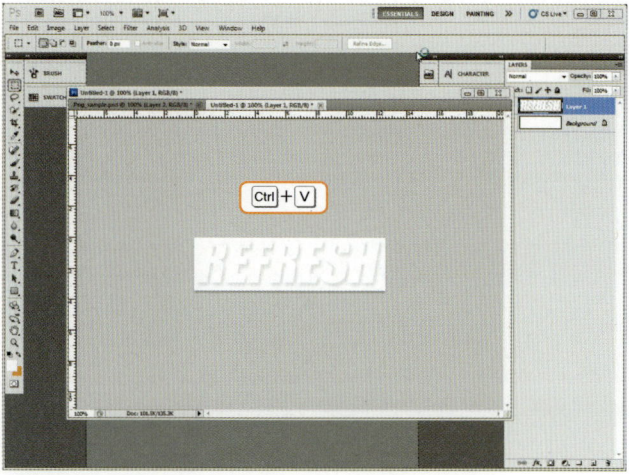

06 Background 레이어의 눈을 클릭하여 비활성화한 후 배경을 투명하게 만듭니다.

Tip! 배경을 투명하게 처리한 후 Png 파일 저장해야 투명한 이미지로 저장됩니다.

07 [File]–[Save for Web & Devices]를 클릭하거나 Shift+Ctrl+Alt+S를 누릅니다. [Save for Web] 대화상자가 나타나면 Preset을 'Png–24'로 변경하고 [Save] 버튼을 클릭합니다.

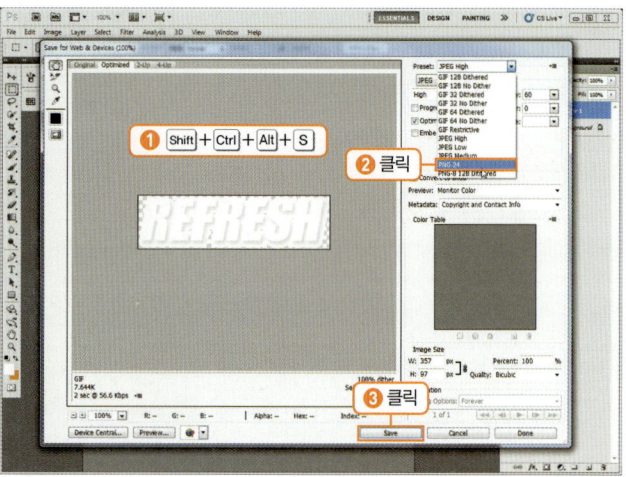

08 'refresh_text'라는 이름으로 저장합니다.

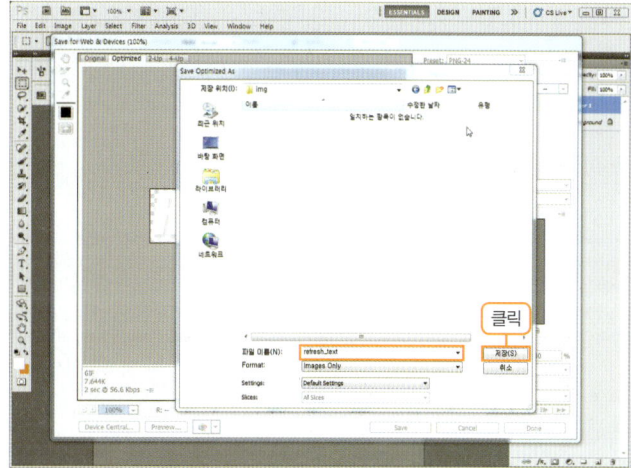

09 Layer6을 선택합니다.

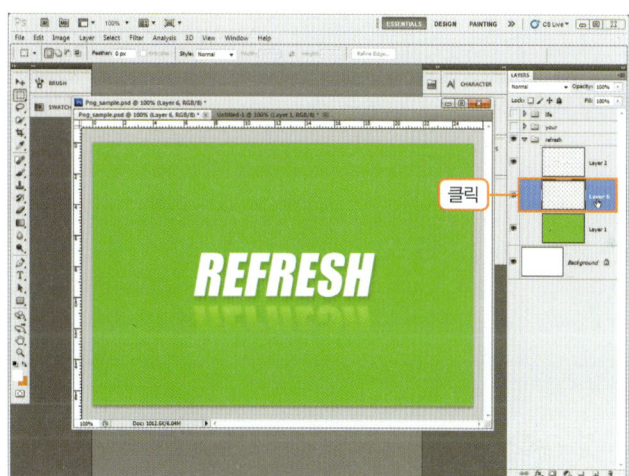

10 `Ctrl`+`A`를 눌러 현재 선택된 레이어의 오브젝트를 모두 선택합니다.

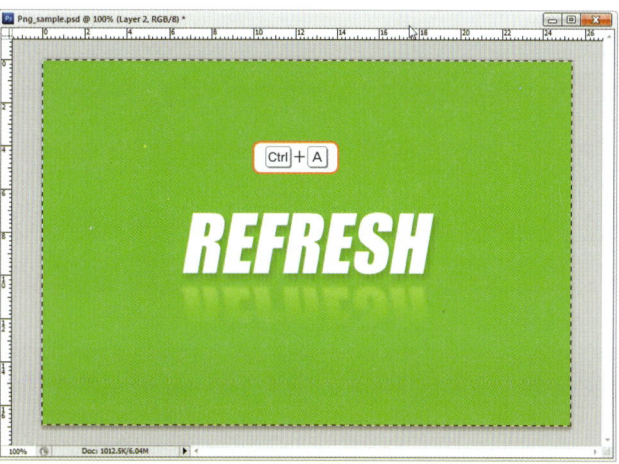

11 Ctrl+C를 눌러 레이어의 오브젝트를 복사합니다.

12 Ctrl+N을 누른 후 [OK] 버튼을 클릭하여 새 창을 만듭니다.

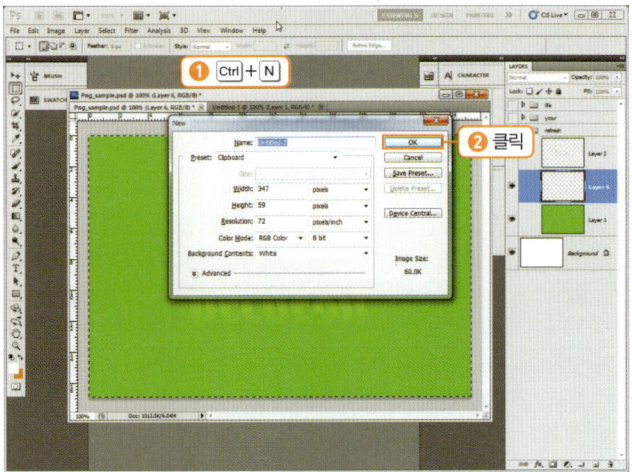

13 Ctrl+V를 눌러 방금 만든 새 창에 붙여 넣기합니다.

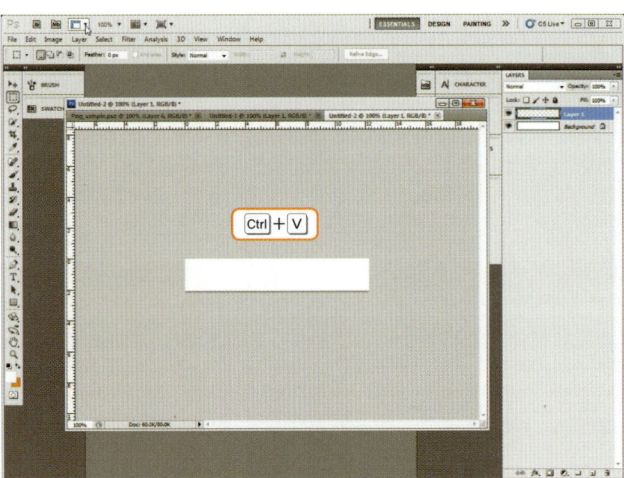

14 Background 레이어의 눈을 클릭하여 비활성화한 후 배경을 투명하게 만듭니다.

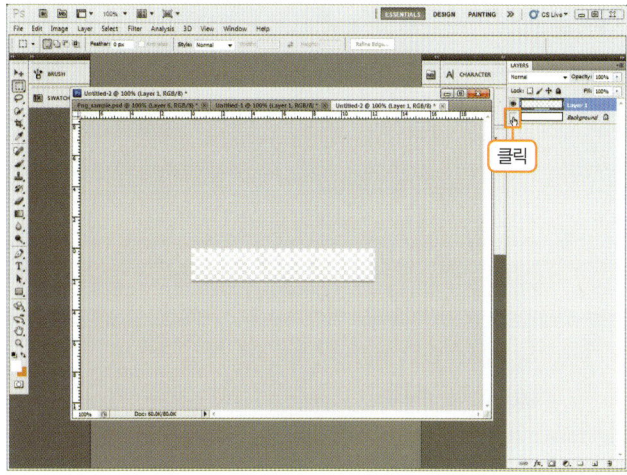

15 Shift + Ctrl + Alt + S 를 눌러 [Save for Web] 대화상자가 나타나면 [Save]를 클릭한 후 refresh_text_shadow로 저장합니다.

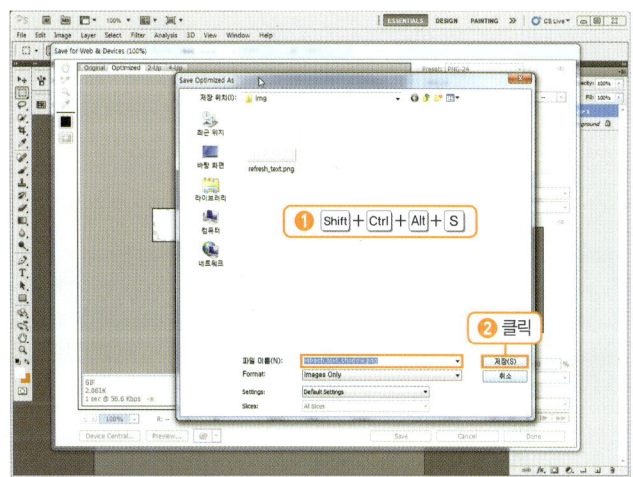

16 REFRESH_BG 레이어에 있는 배경 이미지도 위와 같은 방식으로 저장합니다. 이때 파일명은 'bg1.png'로 설정합니다.

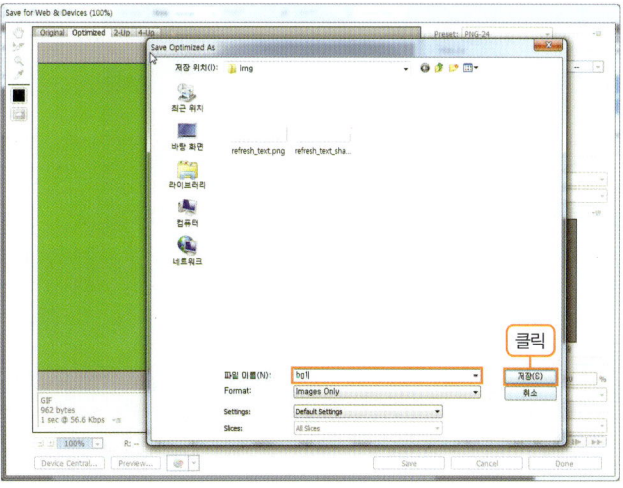

17 3개의 이미지가 만들어졌습니다.

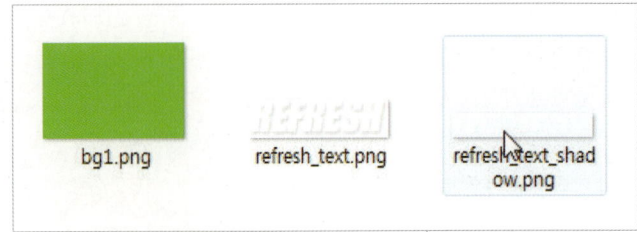

18 psd에 있는 나머지 레이어 이미지도 위
와 같은 방식으로 저장합니다. 파일명
은 그림처럼 설정합니다.

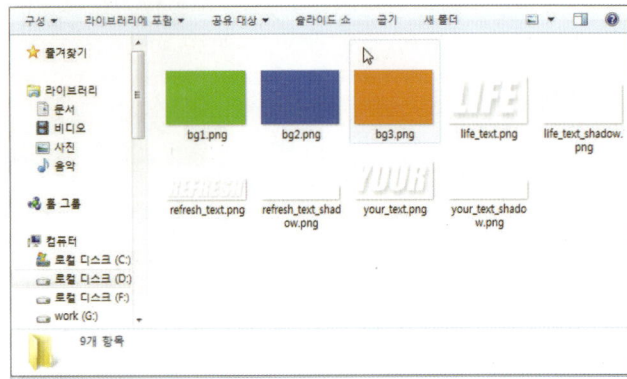

02 REFRESH 애니메이션 만들기

01 [File]-[new]를 클릭하여 새 창을 연 후
Ctrl+I를 눌러 파일을 불러옵니다.
이때 refresh_text_shadow.png, bg
1.png, refresh_text.png를 선택한 후
[열기]를 클릭합니다.

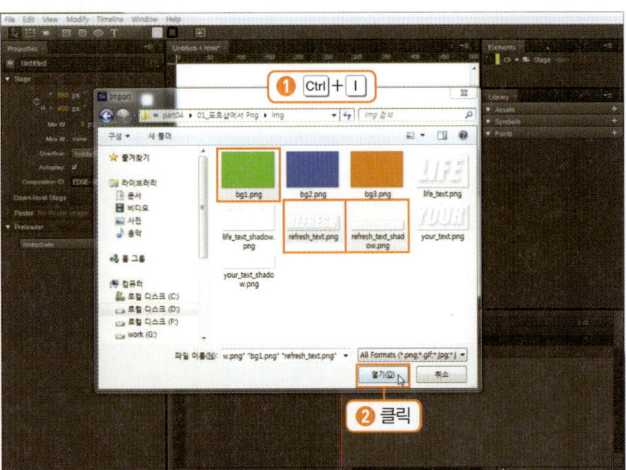

02 이미지 파일이 임포트되면 스테이지 크기를 bg1 크기와 맞춥니다. 화면 바깥쪽을 클릭한 후 스테이지의 Properties에서 width와 height를 720px, 480px로 각각 설정합니다.

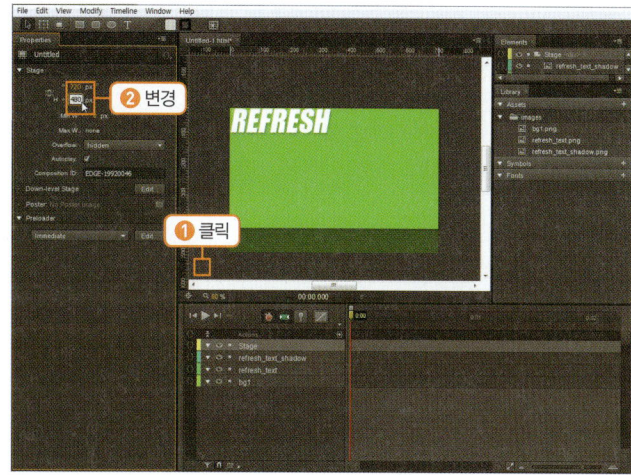

03 다음과 같이 화면 중앙으로 이동합니다.

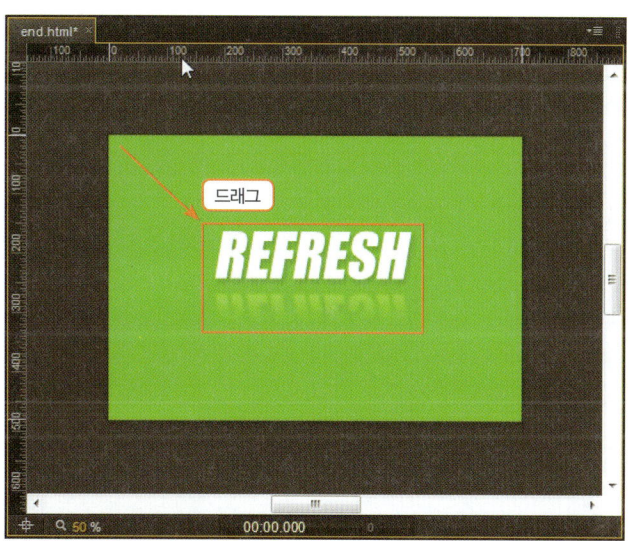

04 이중 모션을 만들기 위해 레이어 'refresh_text'를 복제하여 레이어 refresh_text_copy를 만듭니다.

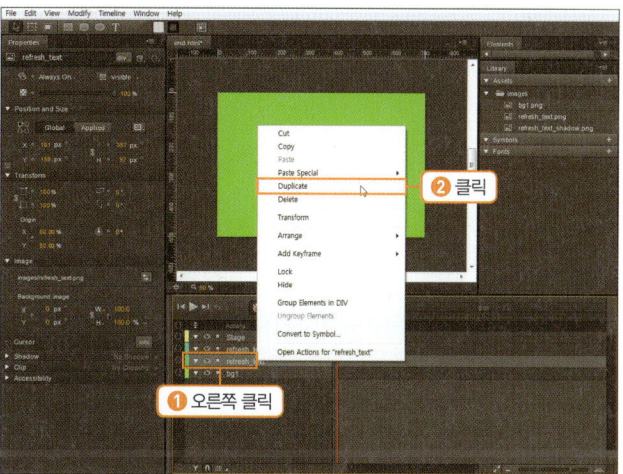

05 refresh_textCopy 레이어가 생성된 것을 확인합니다.

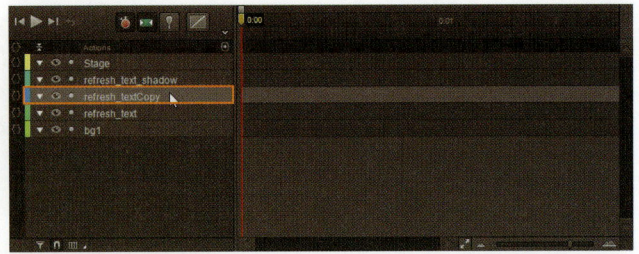

06 refresh_text 레이어와 refresh_text Copy 레이어의 Clip을 활성화한 후 다음과 같이 top, bottom 값을 변경하여 Clip을 적용합니다.

클릭

refresh_txt에 적용된 화면입니다(여기서는 이해를 돕기 위해 visivle을 'Off'로 설정하였습니다).

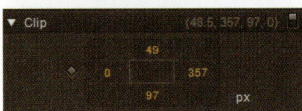

▲ refresh_text 레이어: top의 값 49

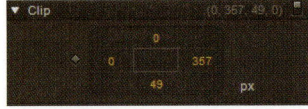

▲ refresh_textCopy 레이어: bottom의 값 49

07 우측에서 좌측으로 등장하는 애니메이션을 만들어 보겠습니다. refresh_text, refresh_textCopy, refresh_text_shadow 레이어 3개의 움직임이 동일하기 때문에 모두 선택합니다.

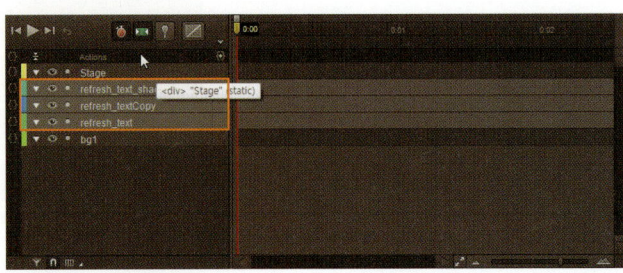

08 X 좌표의 [Add Keyframe]을 클릭하여
key를 생성합니다.

09 Toggle pin을 클릭한 후 0.01 프레임으
로 이동합니다.

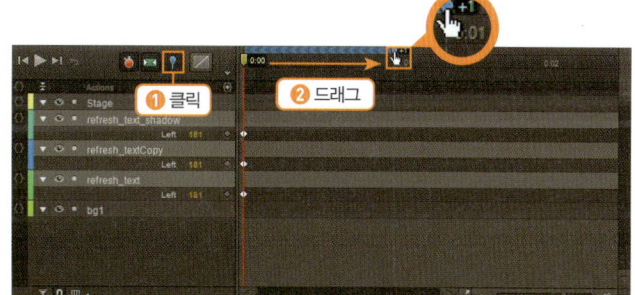

10 refresh_text, refresh_textCopy,
refresh_text_shadow 레이어 3개의
이미지를 화면 바깥쪽으로 이동합니다.

11 Toggle pin을 클릭하여 해제합니다.

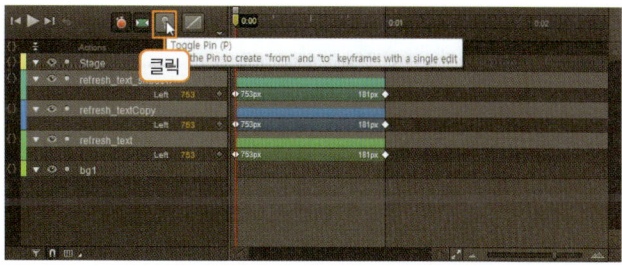

12 트랜지션된 refresh_text, refresh_text Copy, refresh_text_shadow를 선택합니다.

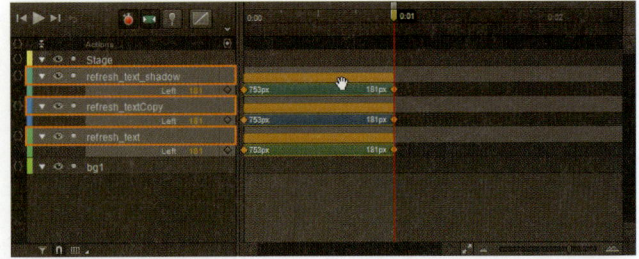

13 Easing 값을 [Ease Out]-[Quart]로 설정합니다.

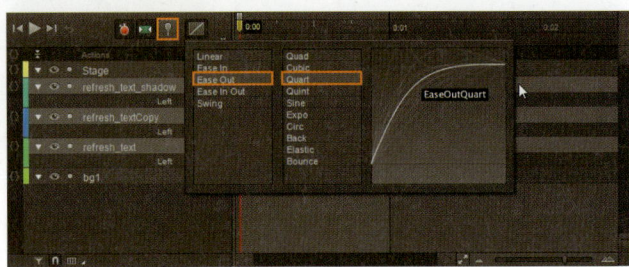

14 refresh_textCopy 레이어의 시작 위치를 0:00.250 프레임으로 클릭한 후 드래그하여 이동합니다. Ctrl + Enter 를 눌러 애니메이션이 순차적으로 부드럽게 등장하는 것을 확인합니다.

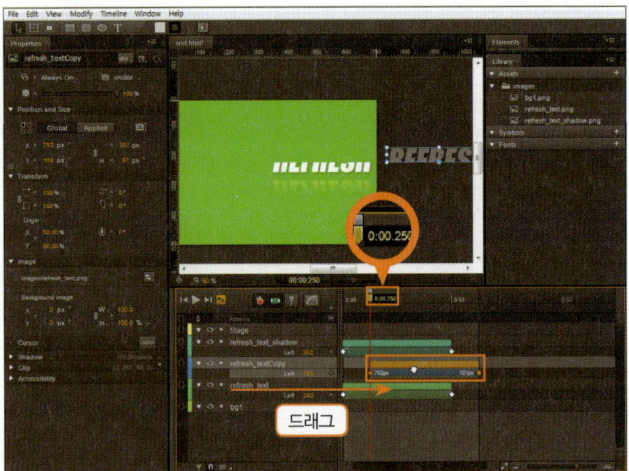

03 YOUR 애니메이션 만들기

01 [File]-[Import]를 클릭하여 bg2.png, your_text.png, your_text_shadow. png 파일을 임포트합니다.

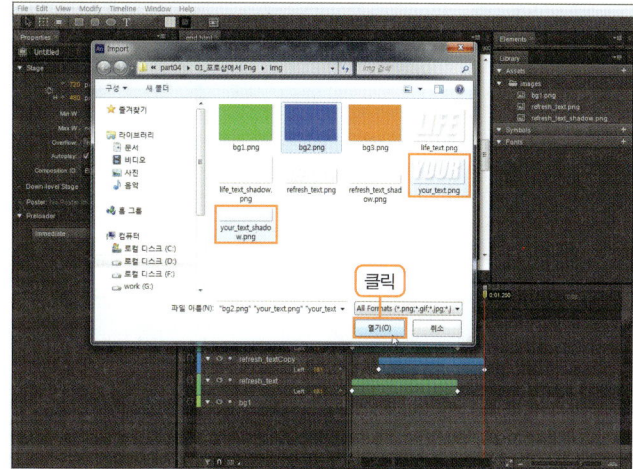

02 다음과 같이 your_text.png, your_text_ shadow.png 파일을 화면 중앙으로 이 동합니다.

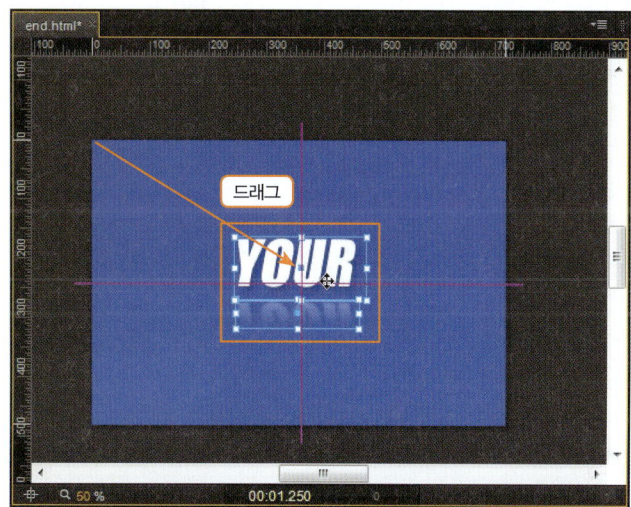

03 bg2.png, your_text.png, your_text_ shadow.png는 0:01.500 프레임에서 보이기 시작하고, 이전 프레임에서는 보이지 않아야 합니다. 따라서 Display 를 0:00~0:01.500 프레임은 'Off', 이 후에는 'On'으로 설정합니다. 0:00 프 레임에서 Display: Off를 만들기 위해 레이어를 모두 선택한 후 'Off'로 설정 합니다.

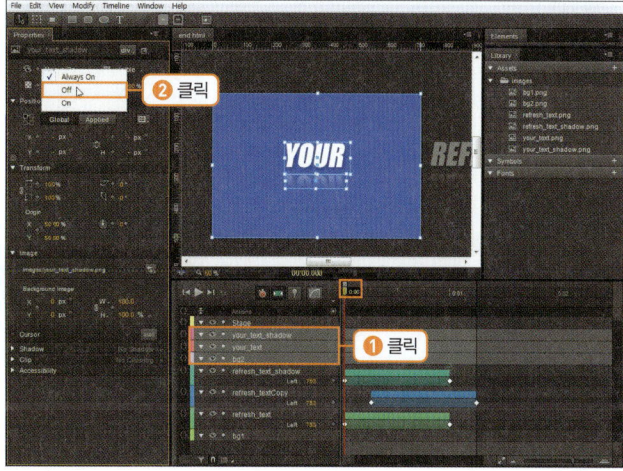

04 0:00 프레임에 Off가 적용되어 이미지가 보이지 않게 됩니다.

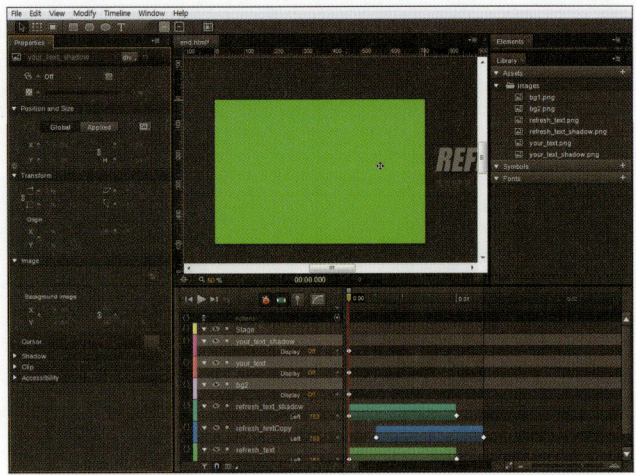

05 0:01.500 프레임으로 Play head를 이동한 후 Display를 'On'으로 설정합니다.

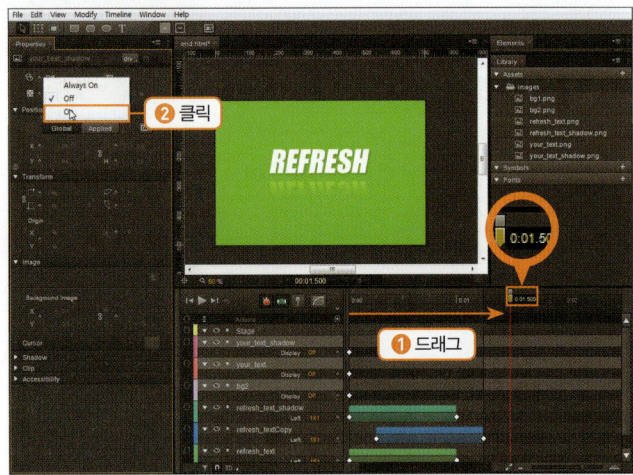

06 이미지들이 0:01.500부터 화면에 보이는 것을 확인할 수 있습니다.

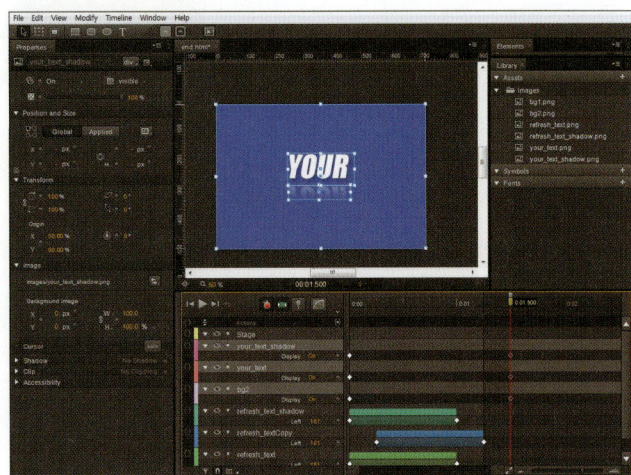

PART 01 | 어도비 엣지 알아보기

PART 02 | 기본 다지기

PART 03 | 실전 예제

07 bg2 애니메이션을 위에서 아래로 이동
하겠습니다. bg2 레이어를 선택한 후
Y 좌표의 [Add Keyframe]을 클릭합
니다.

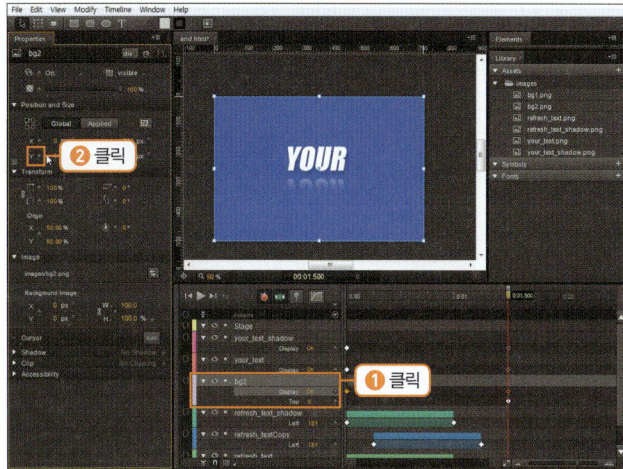

08 Toggle pin을 설정한 후 0:02 프레임으
로 이동합니다.

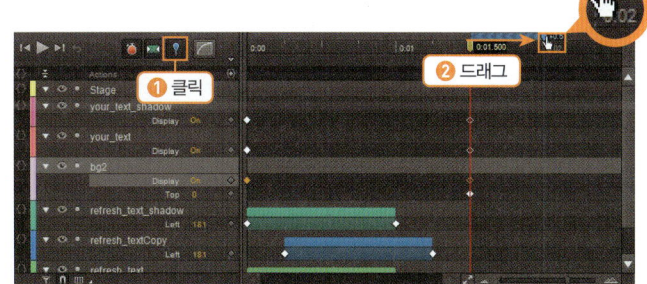

09 bg2의 위치를 화면 위쪽으로 이동합
니다.

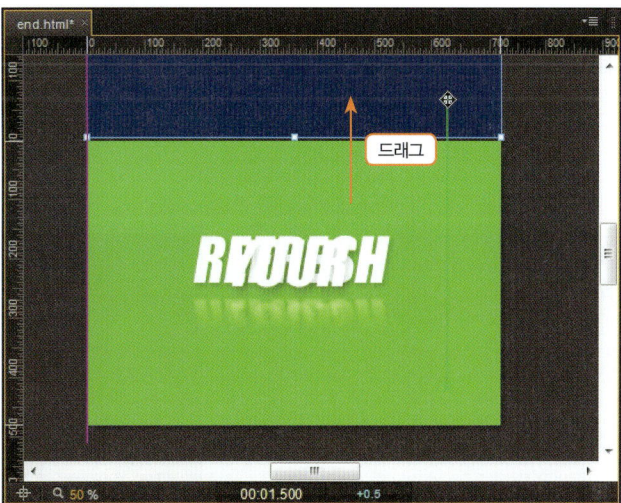

10 Toggle pin을 해제한 후 bg2 이미지가 위에서 아래로 이동하는 것을 확인합니다.

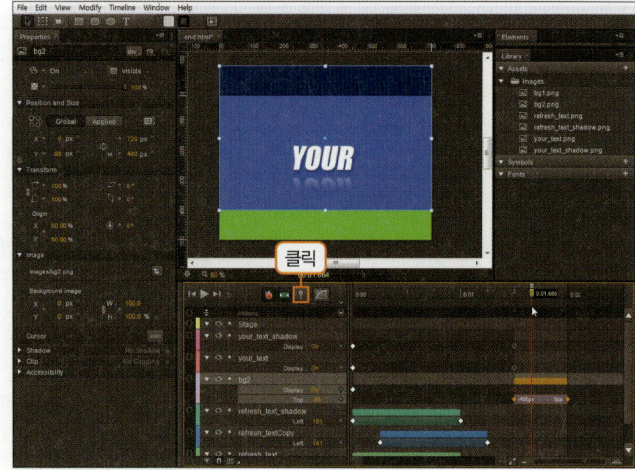

11 your_text.png, your_text_shadow. png가 우측에서 좌측으로 등장하는 애니메이션을 만들어 보겠습니다. your_text, your_text_shadow 레이어를 선택한 후 X key를 생성합니다.

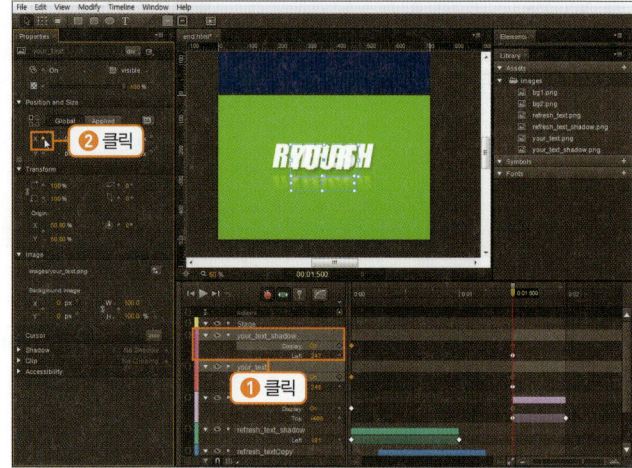

12 Toggle pin을 생성한 후 0:02 프레임으로 이동하고, 좌측으로 이동하여 애니메이션을 완성합니다.

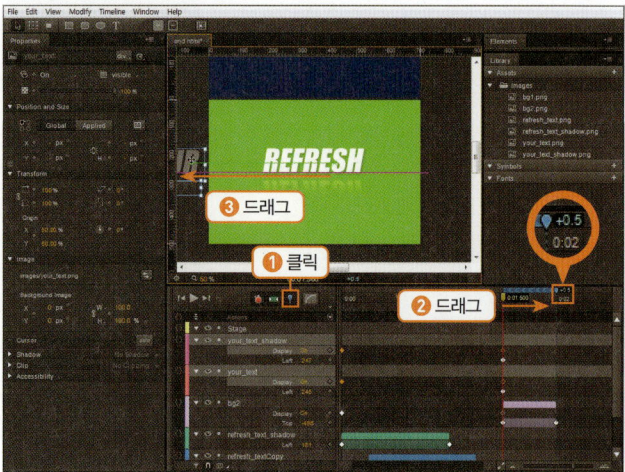

13 Toggle pin을 해제한 후 your_text, your_text_shadow 레이어의 트랜지션 모션을 0:02 프레임으로 이동합니다.

14 Ctrl + Enter 를 눌러 지금까지 애니메이션을 확인합니다.

04 LIFE 애니메이션 만들기

01 [File]-[Import]를 클릭하여 bg3.png, life_text.png, life_text_shadow.png 를 임포트합니다.

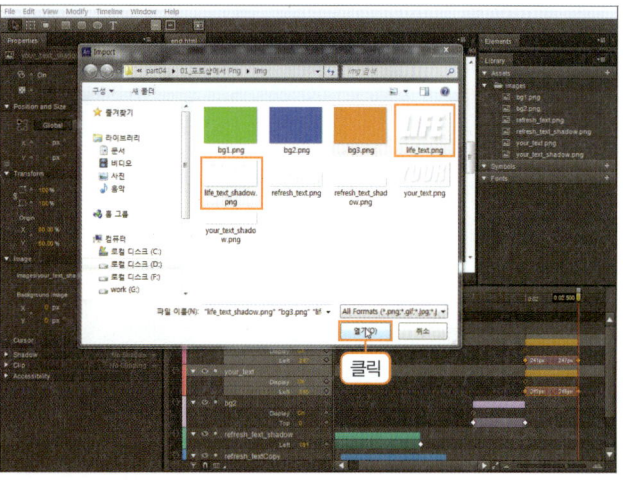

ート

124 / 125

02 다음과 같이 life_text.png, life_text_shadow.png를 화면의 중앙으로 이동합니다.

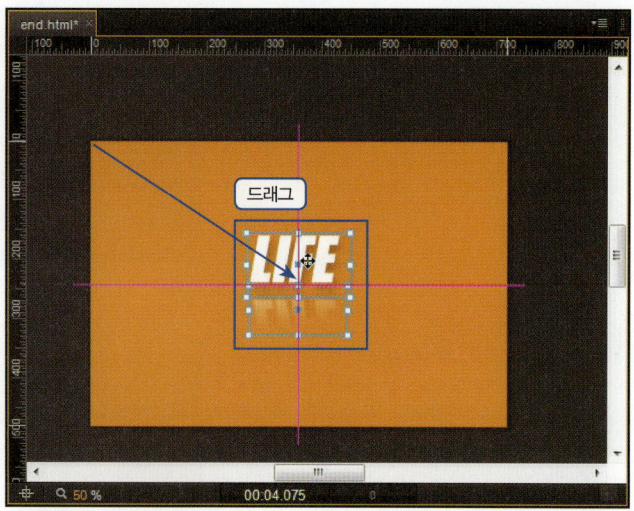

03 bg3.png, life_text.png, life_text_shadow.png는 0:02.750 프레임에서 보이기 시작하고, 이전 프레임에서는 보이지 않아야 합니다. 따라서 Display를 0:00~0:02.750 프레임은 'Off', 이후에는 'On'으로 설정합니다. 0:00 프레임에서 Display: Off를 만들기 위해 레이어를 모두 선택한 후 'Off'로 설정합니다.

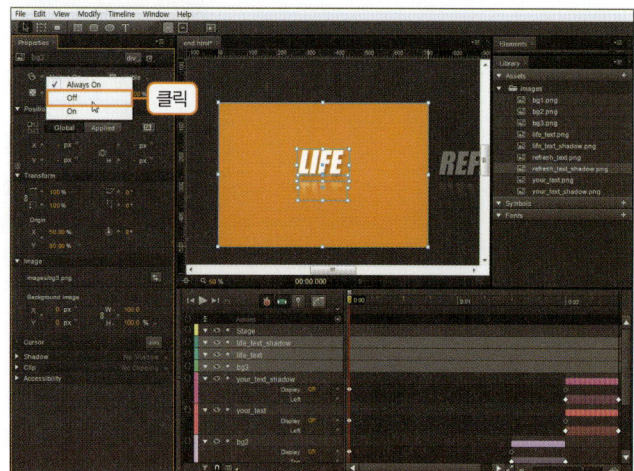

04 0:00 프레임에 Off가 적용되어 해당 이미지가 보이지 않게 됩니다.

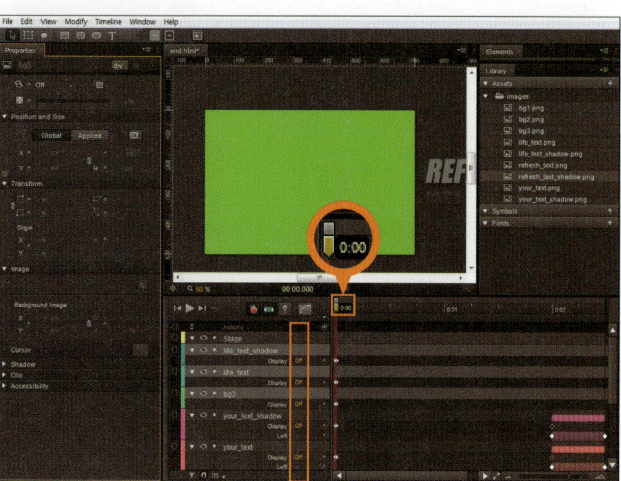

05 0:02.750 프레임으로 Play head를 이
동한 후 Display를 'On'으로 설정합니다.

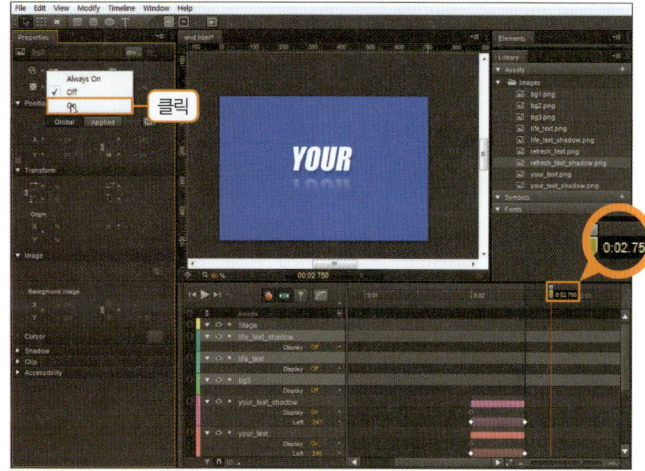

06 0:02.750 프레임에 On이 적용되었습
니다.

07 이번에는 bg3 애니메이션을 아래에서
위로 이동하겠습니다. bg3 레이어를 선
택한 후 Y 좌표의 [Add Keyframe]을
클릭합니다.

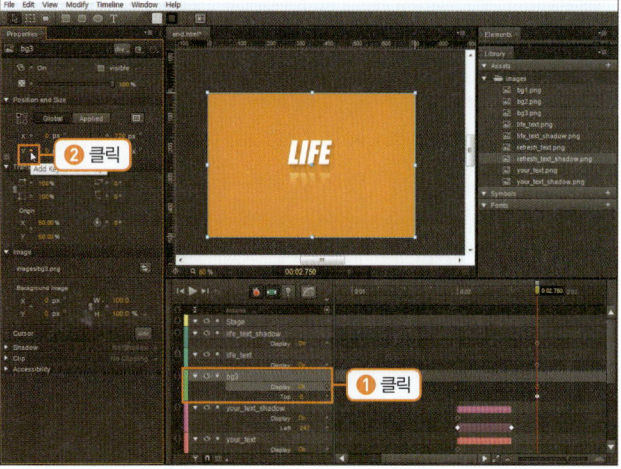

08 Toggle pin을 클릭한 후 0:03.250 프레임으로 이동합니다.

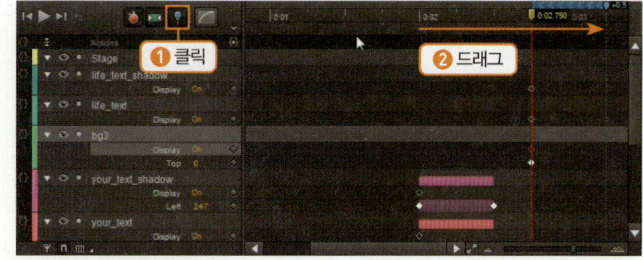

09 bg3의 위치를 아래쪽으로 이동합니다.

10 Toggle pin을 해제하여 bg3 이미지가 아래에서 위로 이동하는 것을 확인합니다.

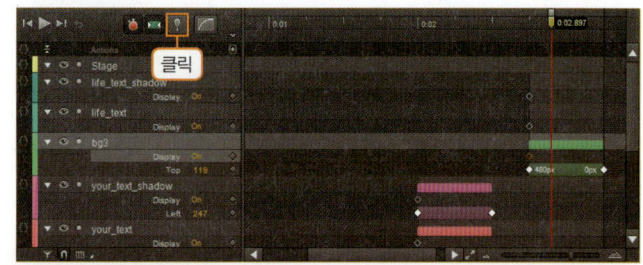

11 이번에는 life_text.png, life_text_shadow.png가 좌측에서 우측으로 등장하는 애니메이션을 만들어 보겠습니다. life_text, life_text_shadow 레이어를 선택한 후 X key를 생성합니다.

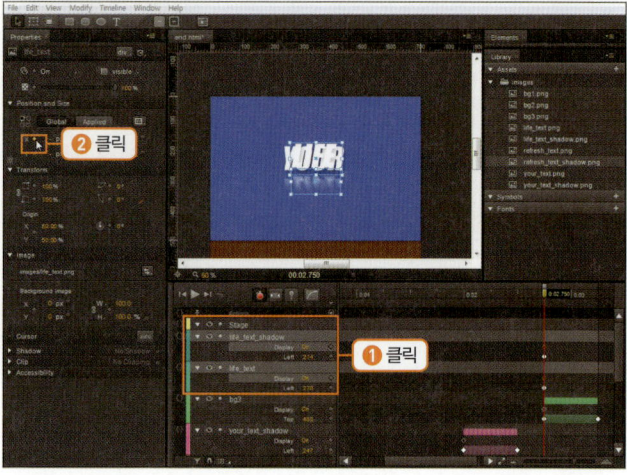

12 Toggle pin을 클릭한 후 0:03.250 프레임으로 이동하고 우측으로 이동하여 애니메이션을 완성합니다.

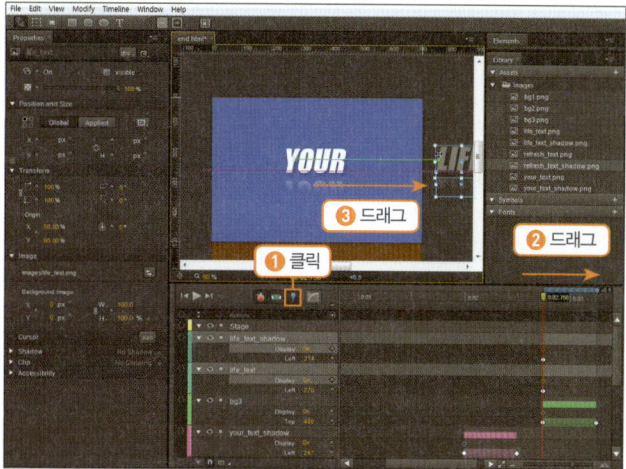

13 Toggle pin을 해제한 후 life_text, life_text_shadow 레이어의 트랜지션 모션을 0:03.250 프레임으로 이동합니다.

14 Ctrl + Enter 를 눌러 애니메이션을 확인합니다.

일러스트레이터 SVG 애니메이션 만들기

이번에는 일러스트레이터에서 만든 벡터 파일을 엣지 애니메이트에 불러와서 작업하는 방법에 대해 알아보겠습니다.

Preview

Illust

미리보기 QR코드

미리
보기 Part02/02_Illust/Pre/end.html   샘플
파일 Part02/02_Illust/Sample

01 SVG 파일 만들기

01 엣지에 이미지를 임포트하기 위해 일러
스트레이터에서 Part02/02_illust/life_
text.ai를 불러옵니다.

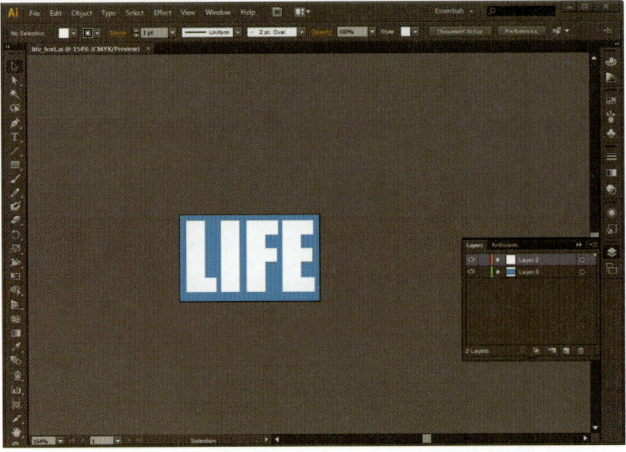

Tip! 엣지에서 불러올 수 있는 벡터 포맷
은 SVG라는 확장자입니다.

02 배경이 투명한 오브젝트를 위해 Layer 3의 눈을 비활성화합니다.

> **Tip!** SVG 형태는 배경 크기도 투명하게 임포트되기 때문에 저장을 하려면 반드시 오브젝트 크기에 맞추어 배경의 크기를 조절해야 합니다.

03 [File] – [Save as]를 선택합니다.

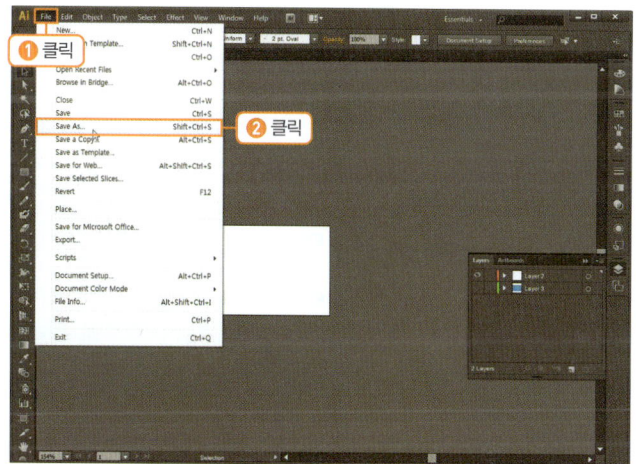

04 SVG 파일로 저장하기 위해 확장자를 SVG로 선택한 후 [저장]을 클릭합니다.

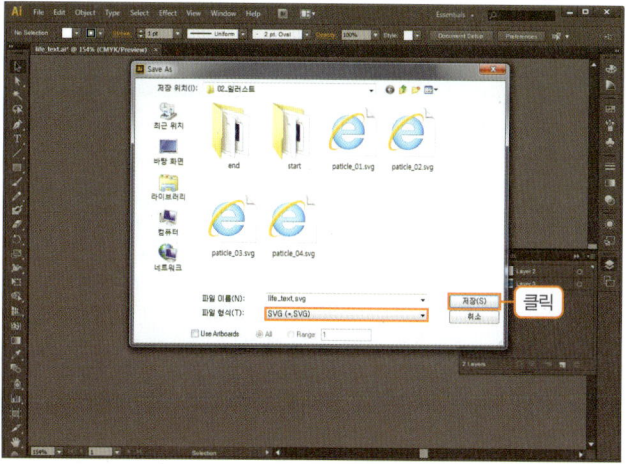

05 [SVG Options] 대화상자가 나타나면
다음과 같이 설정한 후 저장합니다.

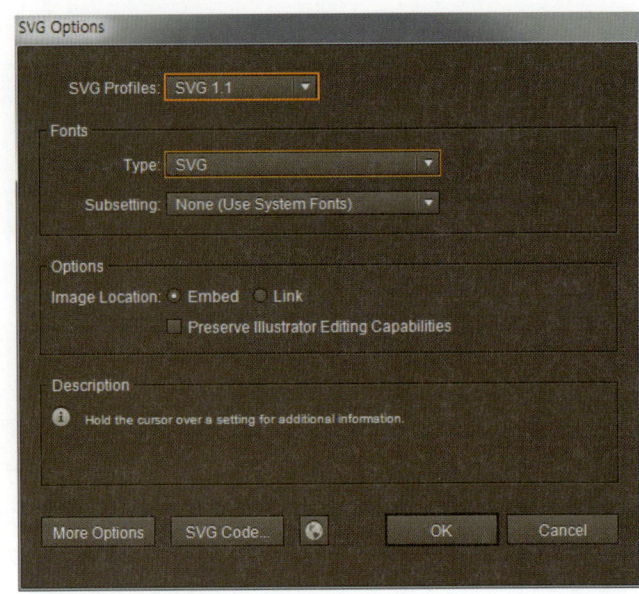

06 엣지에서 Part02/02_Illust/Sample/
Illust.html을 불러옵니다.

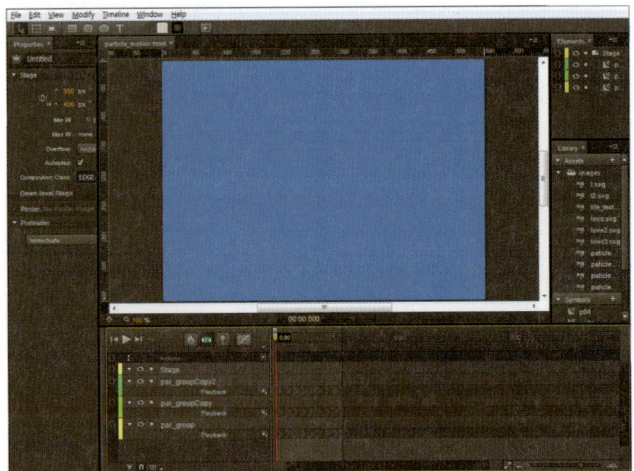

07 Ctrl + Enter 를 눌러 애니메이션을 확인
합니다.

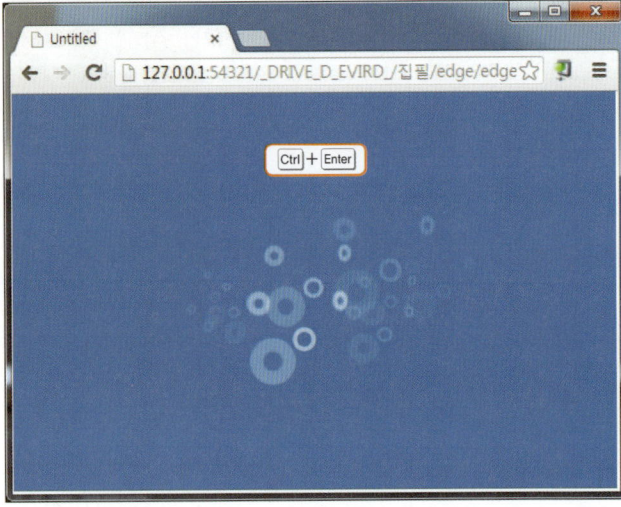

▶ 크롬 브라우저

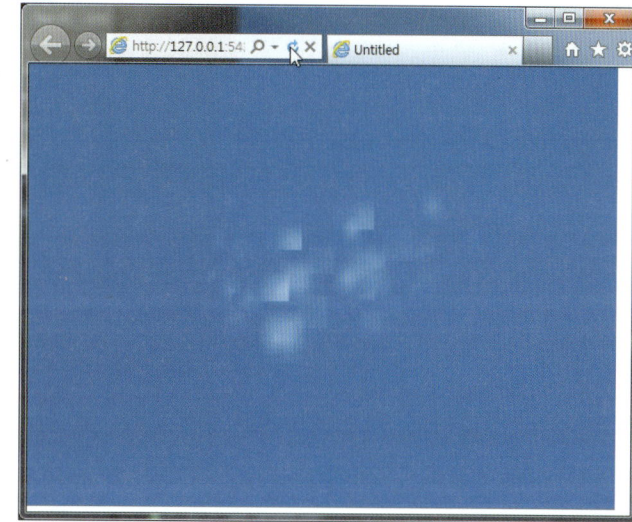

▲ IE 브라우저

Tip! 이때 크롬 브라우저에서 확인하시기 바랍니다. 인터넷 익스플로러 브라우저에서는 SVG 파일이 제대로 랜더링되지 않는 현상이 나타나기도 합니다.

02 SVG 파일 애니메이션 만들기

01 [File]-[Import]를 클릭한 후 life_text. svg를 선택합니다.

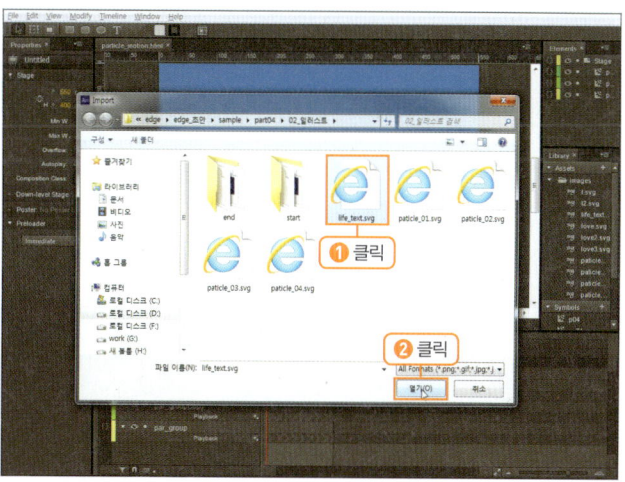

02 다음과 같이 LIFE 텍스트가 임포트된
것을 확인할 수 있습니다.

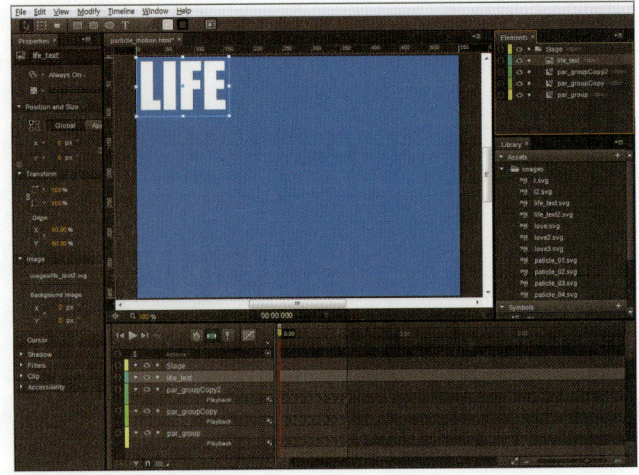

03 작업을 위해 화면 중앙으로 이동합니다.

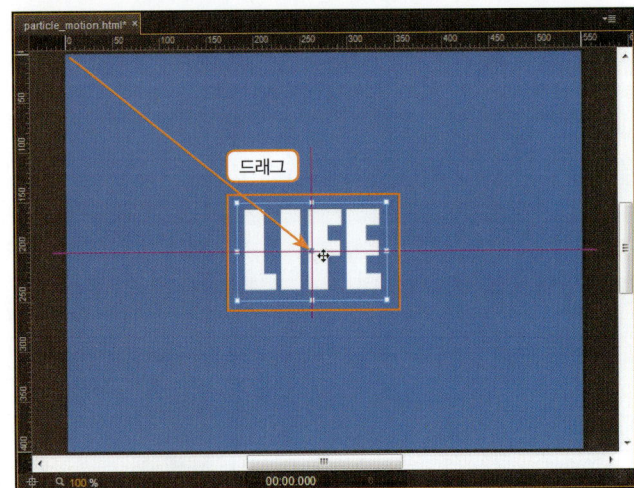

> **Tip!** 오브젝트를 선택한 후 화면 중앙 쪽
> 으로 드래그하면 분홍색의 중심점 라인
> 이 자동으로 생성됩니다.

04 life_text가 위에서 중앙으로 떨어지는
애니메이션을 만들어 보겠습니다. Play
head를 0:00.750 프레임으로 이동합
니다.

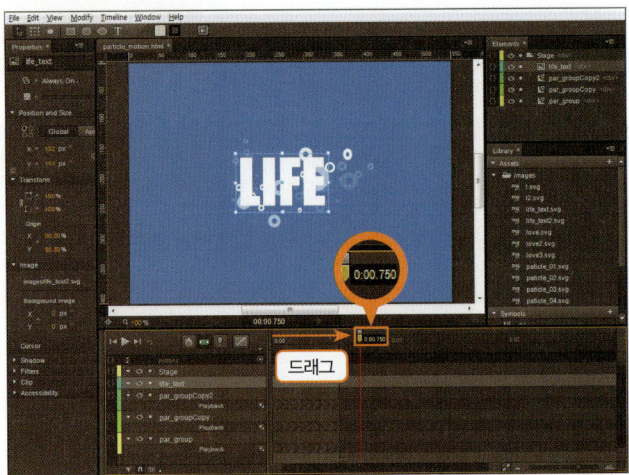

05 [Auto Keyframe]을 활성화한 후 Y 좌
표의 [Add Keyframe]을 클릭합니다.

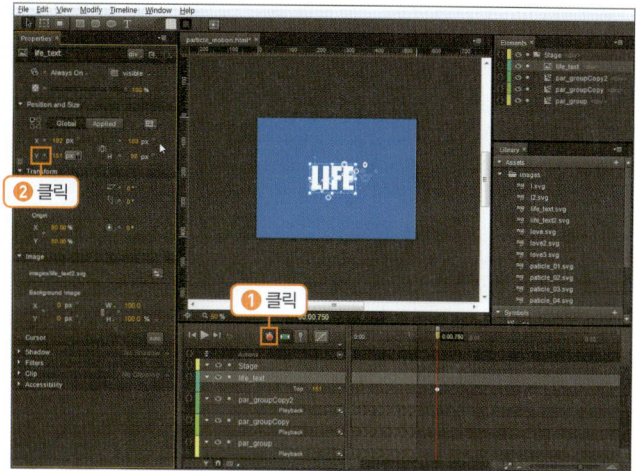

06 Play head를 0:00 프레임으로 이동
합니다.

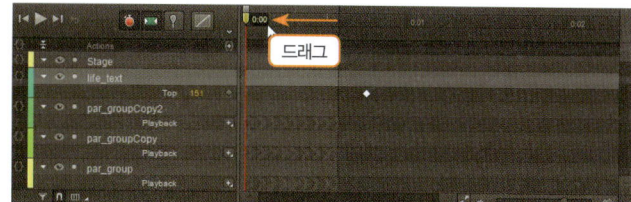

07 life_text를 화면 위로 이동합니다.

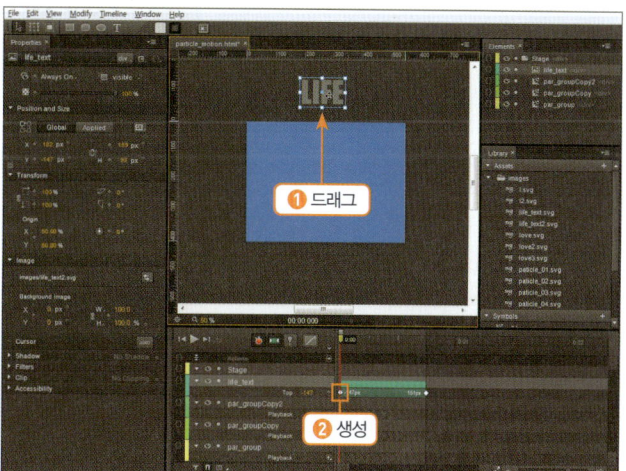

08 0:00.500 프레임에 Y 좌표 [Add Key frame]을 클릭합니다.

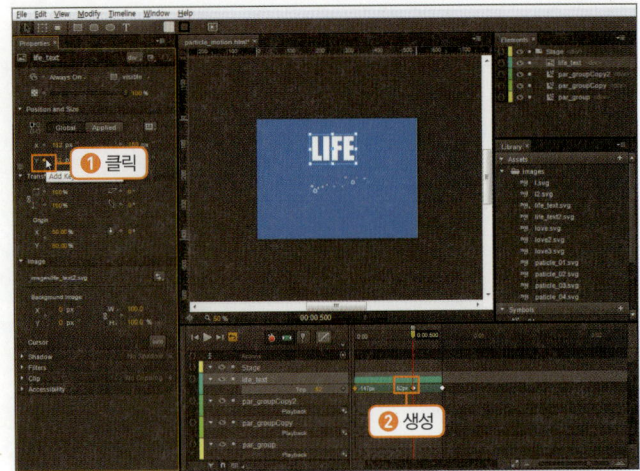

09 life_text의 Y 값을 '200px'로 설정합니다.

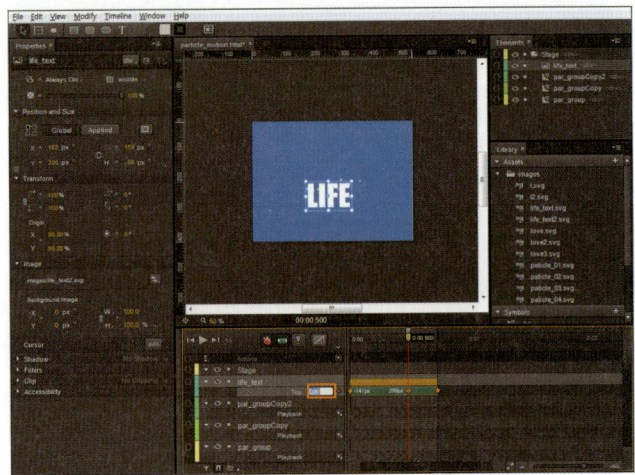

10 0:00~0:00.500 프레임 구간의 Easing 값을 [Ease Out]-[Quad]로 설정합니다.

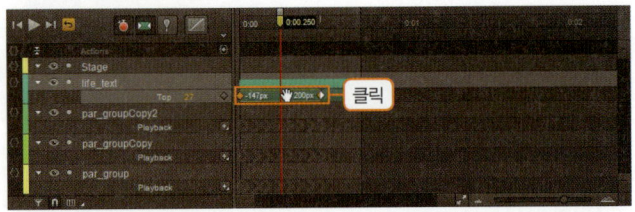

▲ 트랜지션 프레임 선택

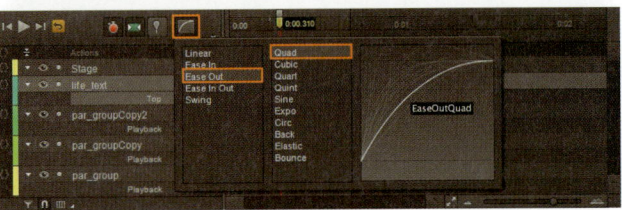

▲ Easing 설정

11 0:00.500~0:00.750 프레임의 Easing
값을 [Ease In]-[Circ]로 설정합니다.

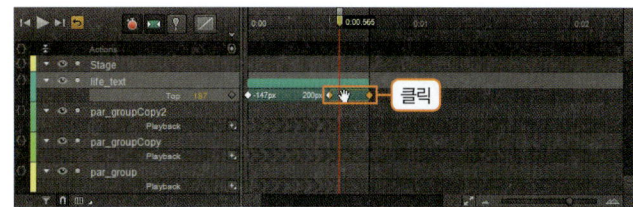

▲ 트랜지션 프레임 선택

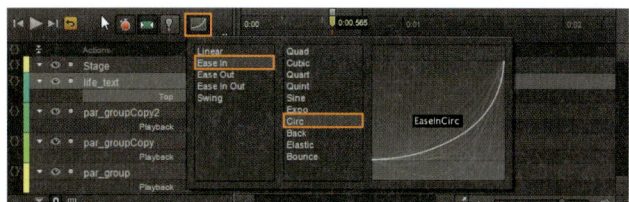

▲ Easing 설정

12 Ctrl + Enter 를 눌러 애니메이션을 확인
합니다.

Tip! Svg 형태로 만들어지는 경우에는 영역을 고려하여 파일을 불러와야 합니다. 여기서 만든 일러스트 파일을 보면 오브젝트
크기에 맞춰 영역을 다시 설정한 것을 알 수 있습니다. 그렇지 않은 경우에는 일러스트의 도큐먼트 사이즈가 그대로 svg
에 반영됩니다.

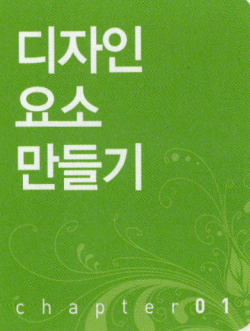
플래시에서 Sprite Sheets 만들기

이번에는 플래시 CS6에 있는 Sprite Sheets를 만드는 기능과 Png 시퀀스를 만드는 기능에 대해 알아보겠습니다.

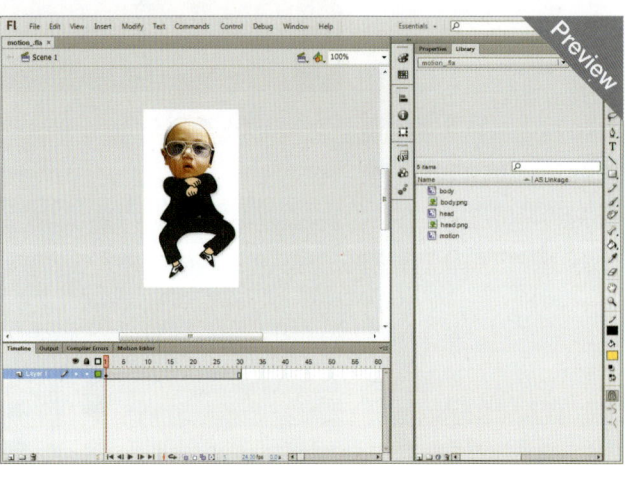

 없음   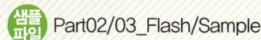 Part02/03_Flash/Sample

01 Flash motion 추출하기

01 애니메이션 구성이 어떻게 되어 있는
지 샘플 파일을 열어 모션을 확인해보
겠습니다. Part02/03_Flash/Sample/
motion_.fla를 플래시 CS6 버전에서 불
러옵니다.

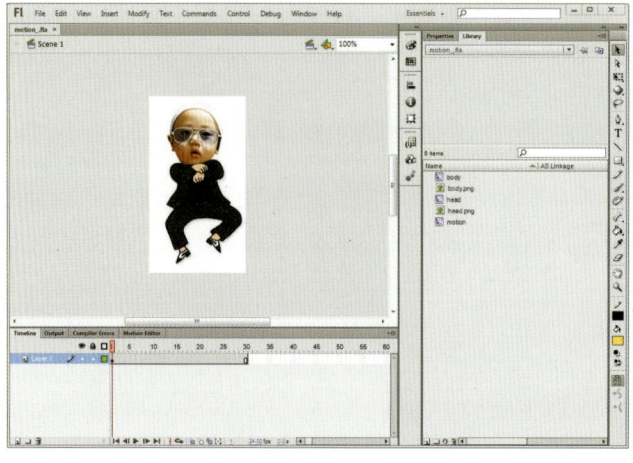

02 Library에서 [motion] 무비클립을 마우스 오른쪽 버튼으로 선택한 후 [Edit]를 클릭합니다.

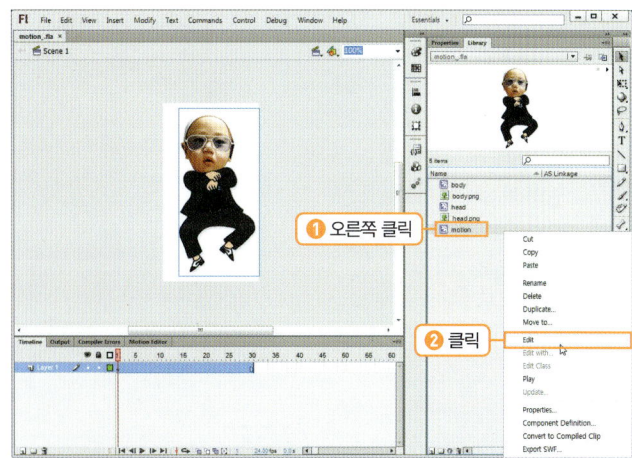

03 1~10 프레임에 만들어진 애니메이션을 확인합니다. Ctrl + Enter 로 애니메이션을 확인할 수 있습니다.

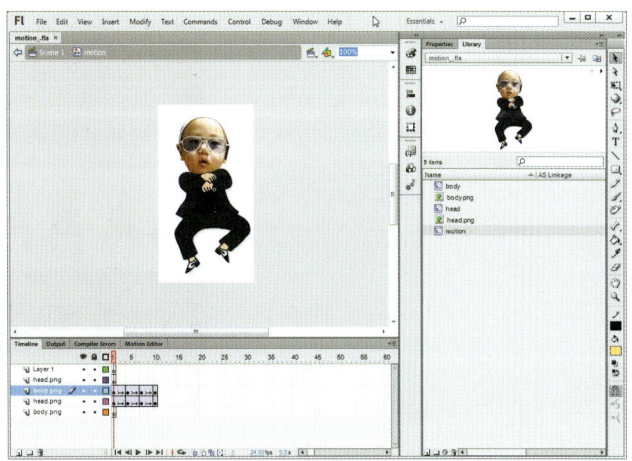

04 motion symbol을 Sprite Sheet로 만들어 보겠습니다. motion symbol을 마우스 오른쪽 버튼으로 선택한 후 [Generate Sprite Sheet]를 클릭합니다.

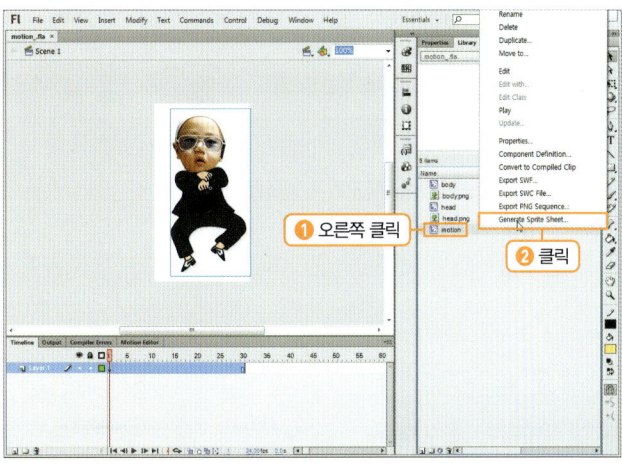

05 다음과 같이 설정하여 익스포트(Export)
하면 됩니다.

> **Image dimensions:** Custom
> **Width:** 1900
> **Height:** 300
> **Algorithm:** Basic

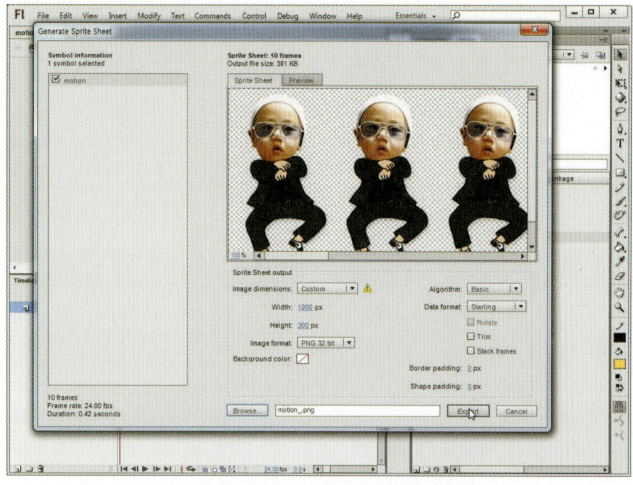

06 파일이 연결되어 저장된 png 파일입
니다.

02 Png 시퀀스 만들기

01 플래시에서 제공하는 기능을 이용하면
클릭 한 번으로 Png 시퀀스를 제작할
수 있습니다. [File] – [Export] – [Export
Movie]를 선택합니다.

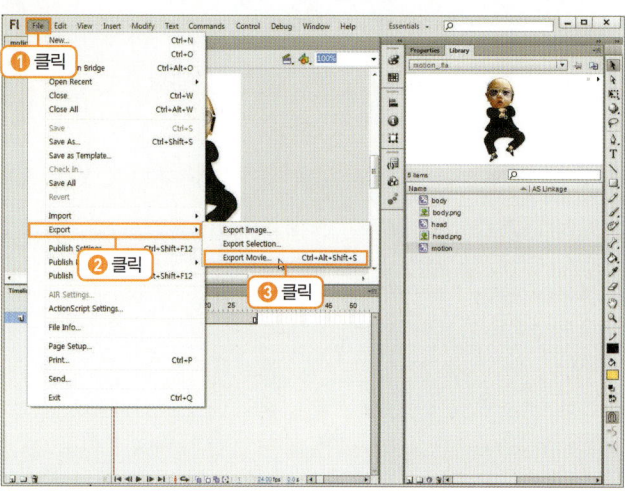

02 png_motion_.png로 저장합니다. 이때
해당 디렉터리에 프레임 수만큼 Png
파일이 생성됩니다.

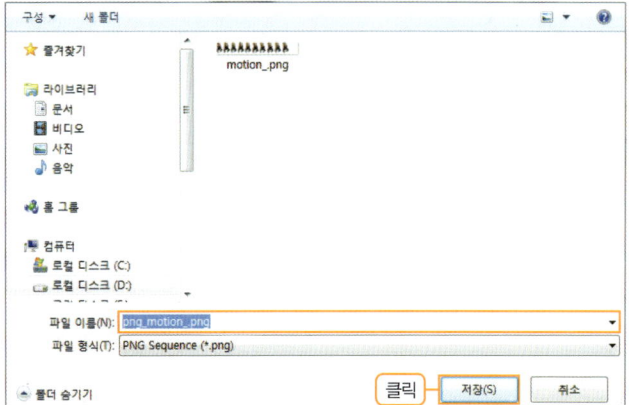

03 [Export Png] 대화상자가 나타나면 다
음과 같이 설정한 후 익스포트합니다.

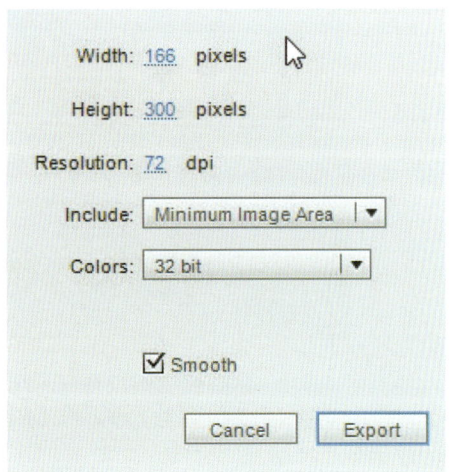

04 해당 디렉터리에 파일이 생성된 것을 확
인할 수 있습니다.

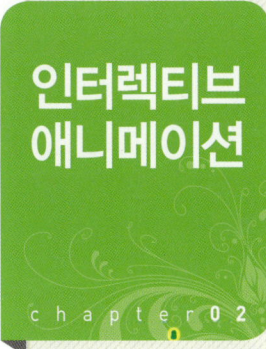
스크립트를
이용한 이벤트 제어

이번에는 모션 작업에 엣지 스크립트를 이용하여 이벤트로 발생되는 움직임을 제어해보겠습니다. 엣지는 자바스크립트와 엣지 API를 이용하여 인터렉티브 요소를 만들 수 있습니다.

Preview

미리보기 QR코드

미리
보기 Part02/04_Play/Pre/end.html   샘플
파일 Part02/04_Play/Sample

01 play, stop 버튼 제어하기

01 Part02/04_Play/Sample/Play.html
을 불러옵니다.

Tip! 타임라인 재생/정지 메서드

메서드	설명
play( )	타임라인을 재생합니다.
stop( )	타임라인을 정지합니다.

02 stop_btn에 타임라인의 애니메이션을 멈추는 메서드를 입력해보겠습니다. [stop_btn]을 선택한 후 [Open Actions]를 클릭합니다.

03 stop_btn을 클릭하여 타임라인의 애니메이션을 멈추게 합니다. ➕ 버튼을 누르면 나타나는 이벤트 중에서 [click]을 선택합니다.

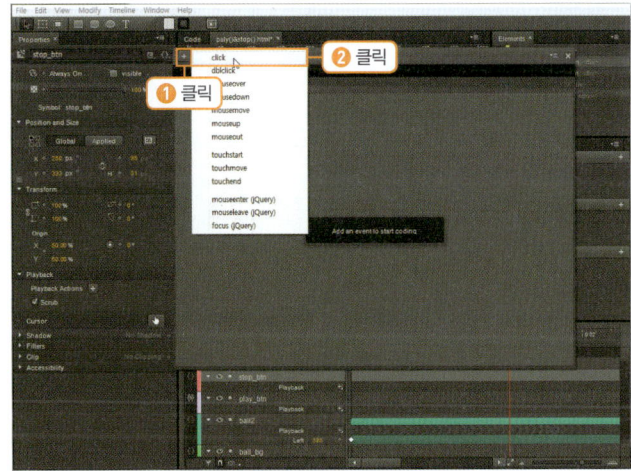

04 Code 패널에 click 이벤트에 적용할 수 있는 메서드가 나타나는 것을 확인합니다.

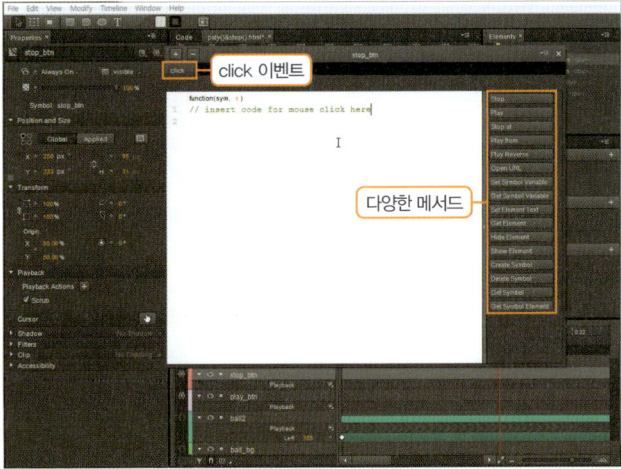

05 타임라인의 애니메이션을 멈추기 위해 메서드 중에서 [stop]을 클릭하면 Code 패널에 자동으로 스크립트가 완성됩니다.

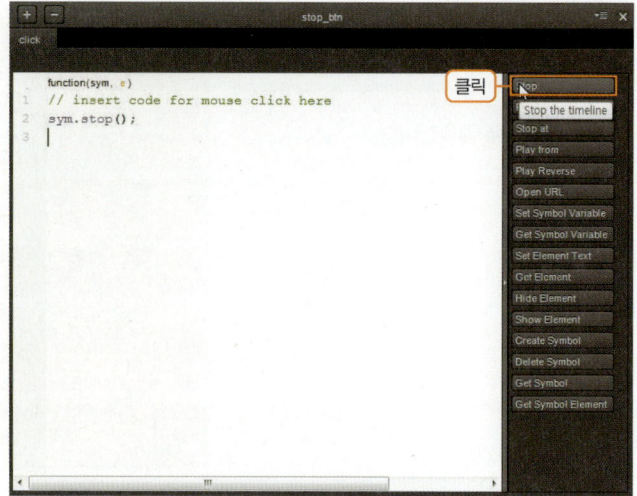

06 테스트를 하기 위해 Ctrl + Enter 를 누릅니다. 공이 나타나면 [stop] 버튼을 클릭하여 애니메이션이 멈추는 것을 확인합니다.

07 타임라인 애니메이션이 다시 움직일 수 있도록 play_btn을 선택한 후 [Open Action]을 클릭합니다.

08 play_btn을 클릭하면 타임라인의 애니 메이션을 멈추게 해야 합니다. 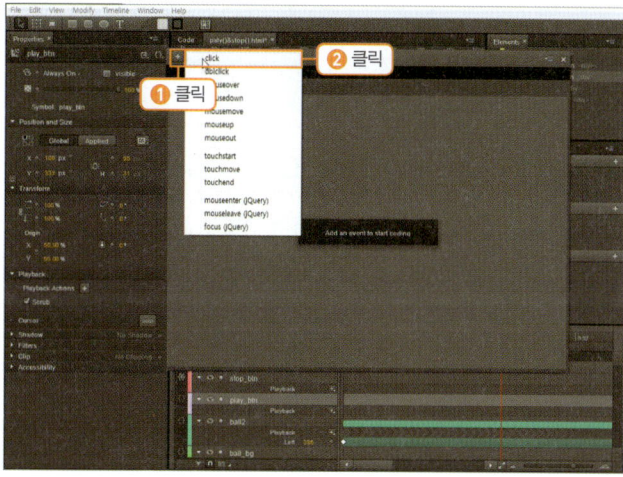 버튼을 클릭하면 나타나는 이벤트 중에서 [click]을 선택합니다.

09 타임라인의 애니메이션을 멈추기 위해 메서드 중에서 [play]를 클릭하면 Code 패널에 자동으로 스크립트가 완성됩니다.

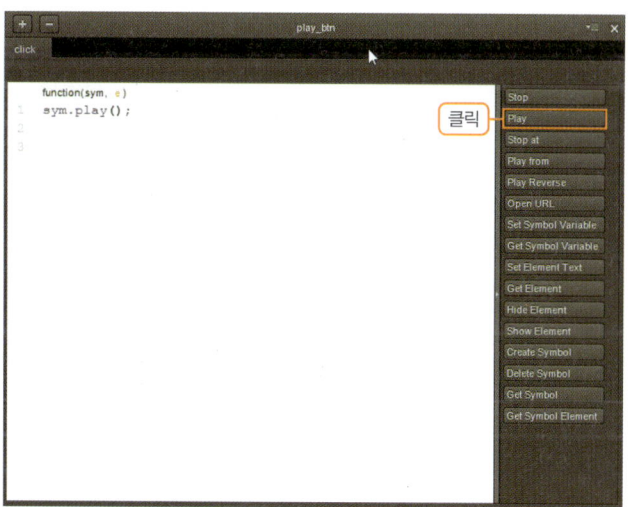

10 테스트를 하기 위해 Ctrl + Enter 를 누릅니다. 공이 나타나면 play와 stop 버튼을 번 갈아 클릭하여 애니메이션이 제어되는 것을 확인합니다.

01 play_btn, stop_btn을 선택합니다.

02 Properties의 Cursor 부분에 있는 auto를 클릭합니다.

03 마우스 오버 시 여러 가지 마우스 포인 터를 선택할 수 있습니다. 여기서는 손 가락 모양을 클릭합니다.

04 Ctrl + Enter 를 눌러 마우스 포인터가 변했는지 확인합니다.

Tip! Autoplay

엣지에서는 Autoplay 설정을 통해 페이지 로딩 시 해당 애니메이션을 자동으로 재생해줍니다.

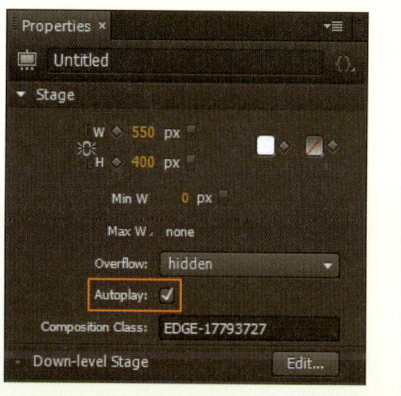

인터렉티브
애니메이션

chapter 02

타임라인 라벨 제어하기

엣지 애니메이트의 타임라인에 라벨(label), 즉 프레임에 이름을 부여하여 해당하는 위치로 제어할 수 있습니다. 이번에는 3개의 라벨이 만들어진 장면으로 이동하는 콘텐츠를 제작해보겠습니다.

Preview

PORTABLESTEREO

Label

미리보기 QR코드

미리보기 Part02/05_Label/Pre/end.html   샘플파일 Part02/05_Label/Sample

---

01 타임라인에 label 만들기

01 3개의 장면을 제어하기 위해 타임라인에 label을 입력해 보겠습니다. 0:01 frame에는 'm1', 0:03 frame에는 'm2', 0:05 frame에는 'm3'로 설정하겠습니다. Part02/04_Label/Sample/Label. html을 불러옵니다.

02 라벨을 설정하기 위해 타임라인에서 Play head를 0:01로 이동한 후 [Insert Label]을 클릭합니다.

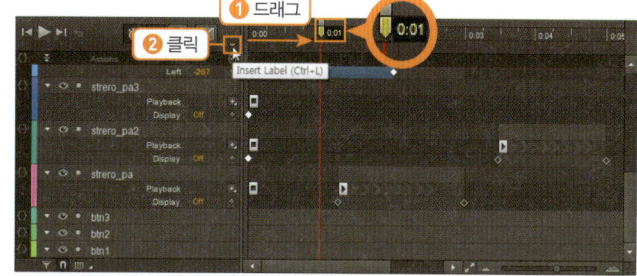

03 라벨명에 'm1'을 입력합니다.

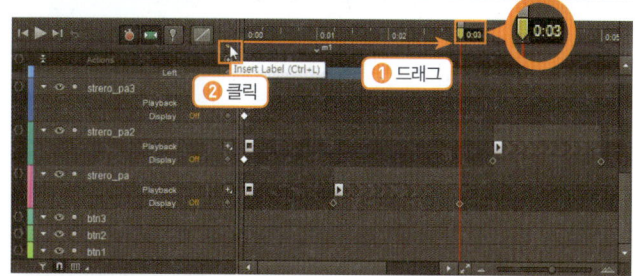

> **Tip!** 각각의 심벌 애니메이션을 만든 후 심벌을 등록하면 콘텐츠를 효율적으로 제작할 수 있습니다.

04 타임라인에서 Play head를 0:03으로 이동한 후 [Insert Label]을 클릭합니다.

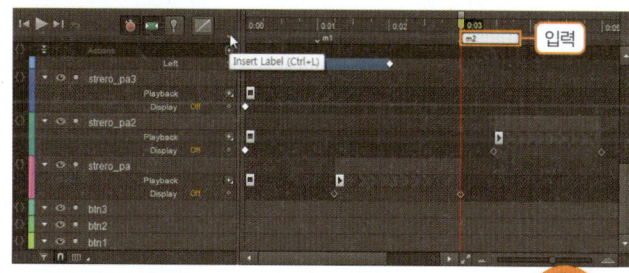

05 라벨명에 'm2'를 입력합니다.

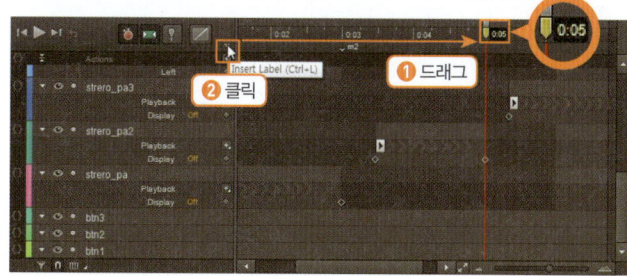

06 타임라인에서 Play head를 0:05로 이동한 후 [Insert Label]을 클릭합니다.

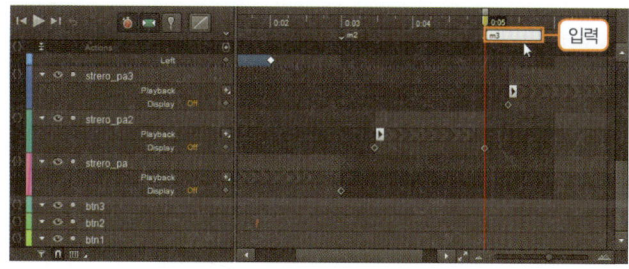

07 라벨명에 'm3'를 입력합니다.

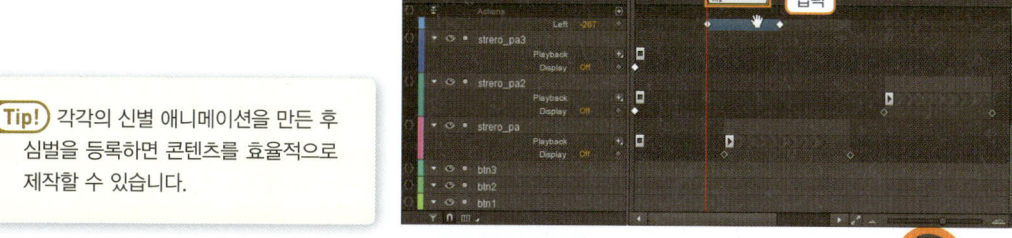

02 play, stop 버튼 설정하기

타임라인의 프레임에 stop( )을 설정하여 애니메이션이 끝나면 다음 장면으로 이동되지 않도록 만들어 보겠습니다.

01 m1 애니메이션이 끝나는 시점에서 멈추기 위하여 Play head를 0:02 프레임으로 이동합니다.

02 타임라인의 Actions에 있는 [Insert Trigger]를 클릭합니다.

03 stop( )을 클릭하여 스크립트를 완성합니다.

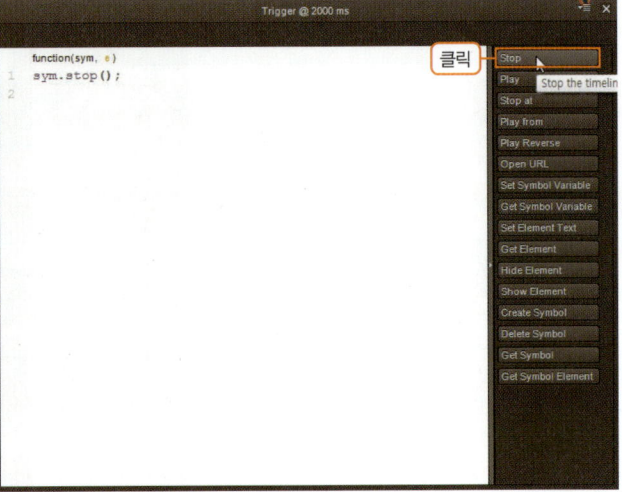

04 같은 방식으로 0:04.750 프레임, 0:06.750 프레임에 각각 stop( )을 설정합니다.

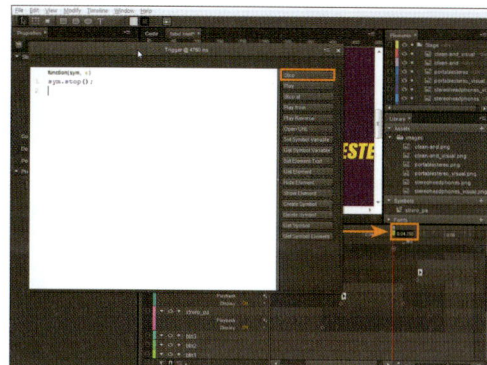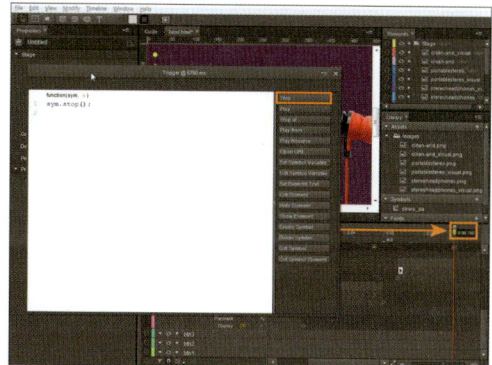

05 각각의 버튼을 클릭하면 해당 라벨로 이동하게 만들어 보겠습니다.
btn1은 'm1'으로, btn2은 'm2'으로, btn3은 'm3'으로 이동하도록 이벤트를 설정하겠습니다.
btn1을 선택한 후 [Open Action]을 클릭합니다.

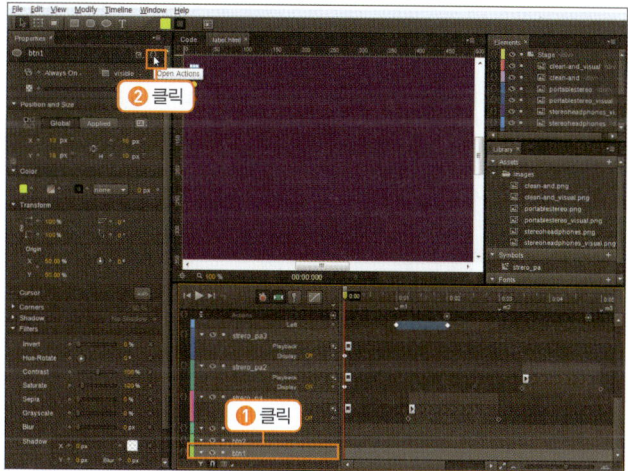

06 click 이벤트를 설정한 후 [Play from]을 선택하고 다음과 같이 코드를 변경합니다. 마찬가지 방식으로 btn2, btn3도 click 이벤트에 [Play from]을 선택합니다.

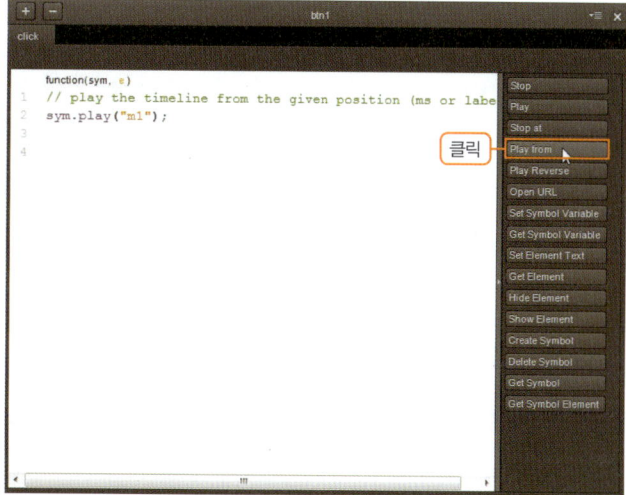

```
2    sym.play("m1");
```

07 btn2, btn3도 위와 같은 방식으로 click 이벤트에 [Play from]을 선택하고 코드도 m2, m3로 변경합니다.

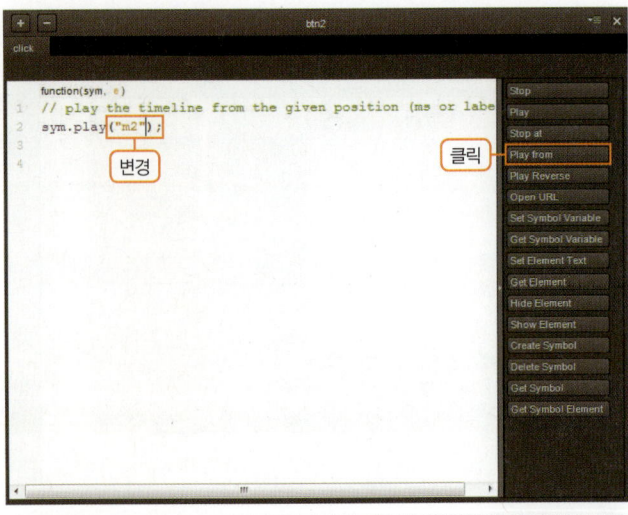

▶ btn2

```
2    sym.play("m2");
```

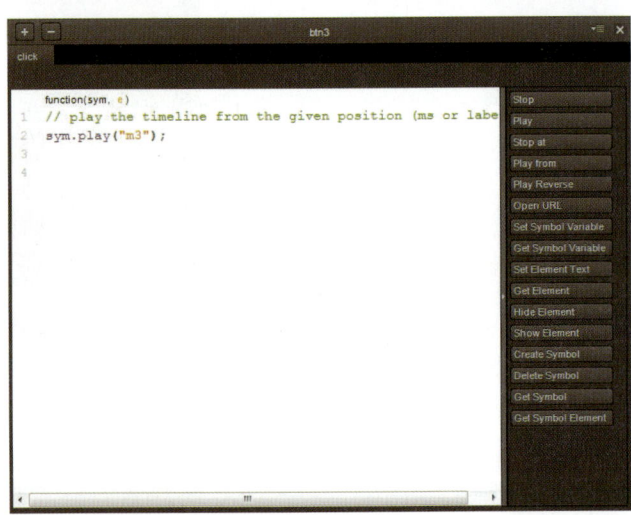

▶ btn3

```
2    sym.play("m3");
```

08 각 btn의 Cursor는 손가락으로 설정합니다.

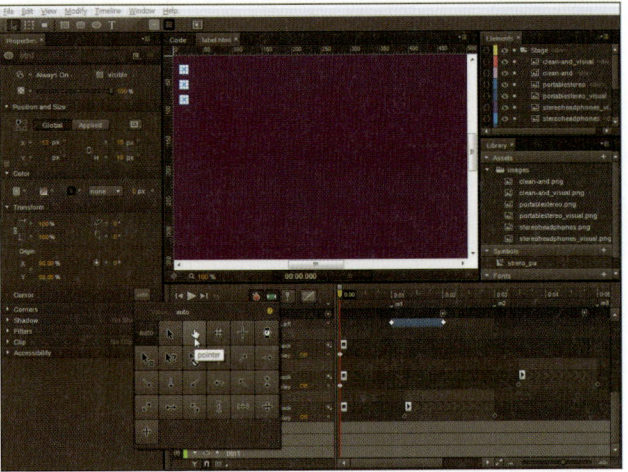

09 Ctrl + Enter 를 누른 후 버튼 위에 마우스를 올려놓아 커서가 변하는지 확인합니다.

Tip! **Full Code View**

Code 패널에서 작성된 코드는 {project}_edgeActions.js에 자동으로 완성되어 퍼블리싱되고, 해당 js 파일 코드를 Code 패널에서 직접 열어서 볼 수 있는 기능을 제공합니다.

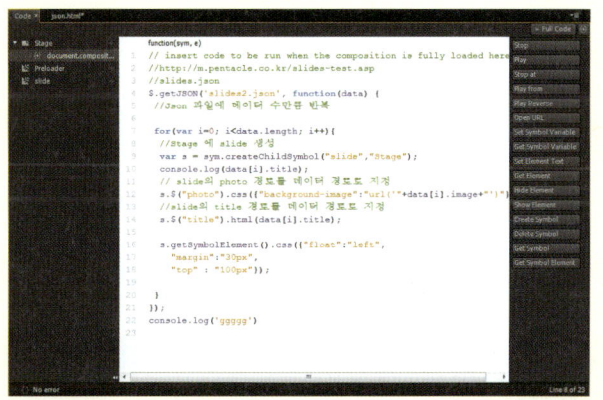

▶ Full Code 체크 전

클릭

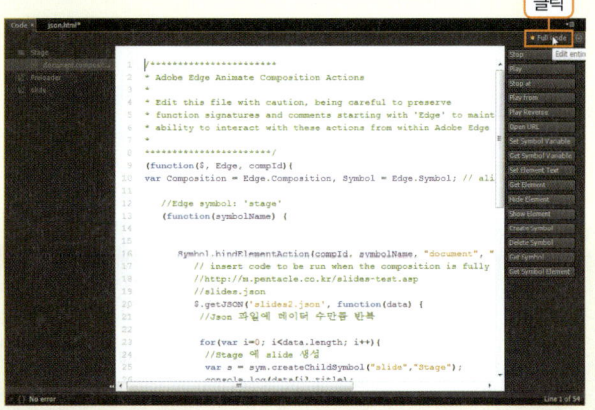

▶ Full Code 체크 후

인터렉티브
애니메이션

c h a p t e r 0 2

playReverse
오버 효과

엣지 애니메이트의 메서드 중 play( )와 함께 쓰는 playReverse( ) 기능에 대하여 살펴
보겠습니다. 이 기능을 잘 이해하면 다양한 오버 효과의 인터랙션 작업을 할 수 있습니다.

미리보기 QR코드

미리
보기 Part02/06_Reverse/Pre/end.html   샘플
파일 Part02/06_Reverse/Sample

01 btn 투명 버튼 만들기

01 Mouseover, mouseout 이벤트를 적
용할 btn 버튼을 만들어 보겠습니다.
Part02/06_Reverse/Sample/
Reverse.html을 불러옵니다.

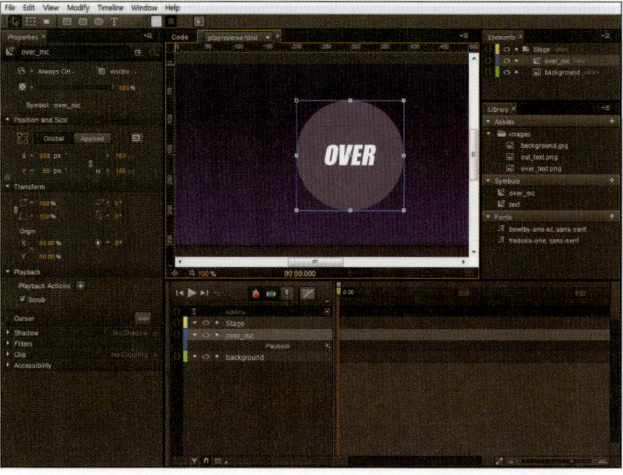

02 over_mc의 타임라인에서 btn 오브젝트를 추가하기 위해 over_mc의 [Edit]로 이동합니다.

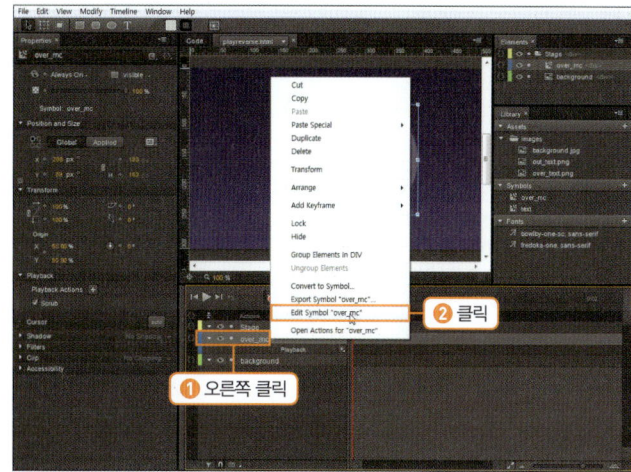

03 레이어 text 위에 원 툴을 이용하여 원을 그립니다. 이때 크기는 아래 원의 크기와 동일하게 만듭니다.

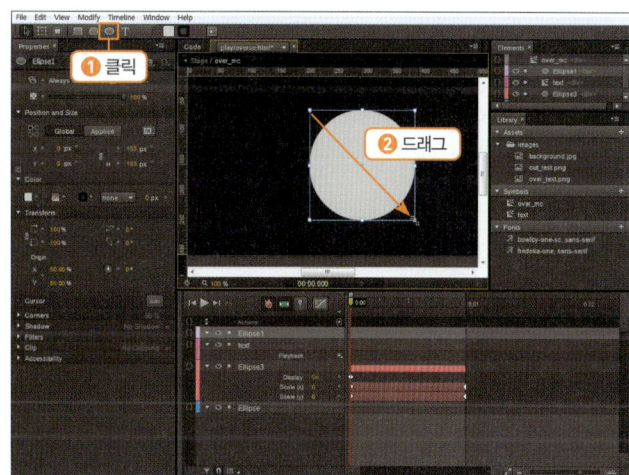

04 원 도형의 이름을 'btn'으로 변경합니다.

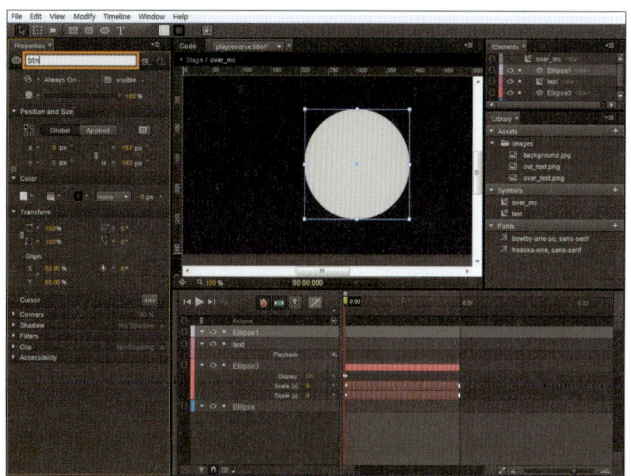

05 btn은 영역만 필요하기 때문에 보일 필요가 없습니다. Opacity를 '0'으로 설정합니다.

02 over_mc의 타임라인 제어하기

01 over_mc는 over와 out을 위하여 제작된 애니메이션입니다. 각각의 레이어별 효과를 분석합니다.
심벌 등록 시 Autoplay 설정을 해제하면 타임라인 애니메이션이 만들어져도 play되지 않습니다. over_mc의 경우에도 Autoplay timeline를 해제하고 만들었습니다.

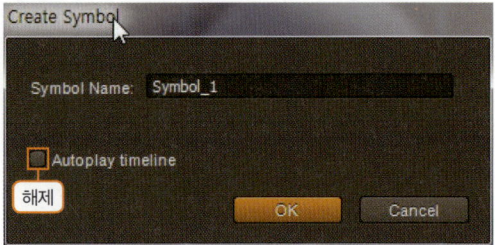

02 Open Action 버튼을 클릭하여 btn에 mouseover 이벤트를 설정합니다.

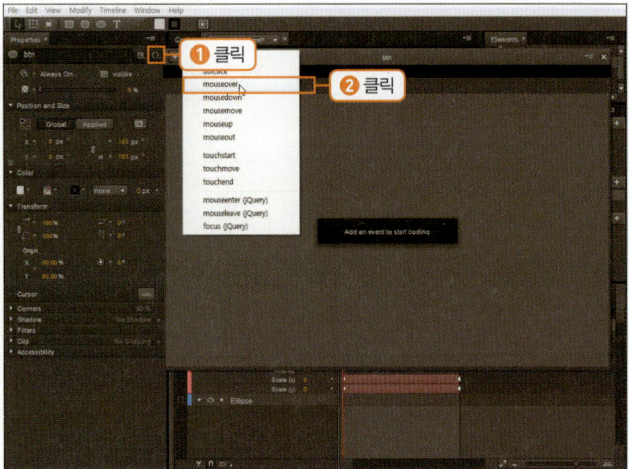

여기서 잠깐!

작업 전에 다음 구조를 살펴본 후 파일과 비교, 분석하여 스크립트 작업을 합니다.

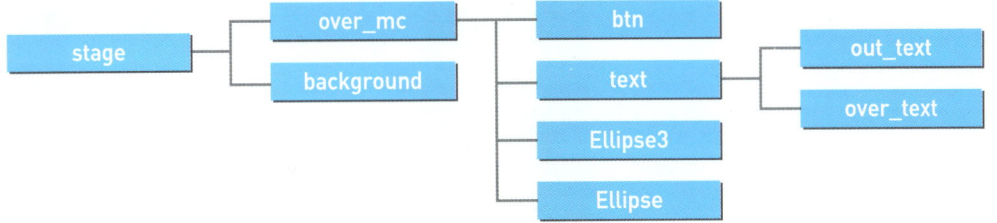

btn: over, out 이벤트를 제어하는 대상이 됩니다.

text: out_text, over_text를 이용한 타임라인 애니메이션이 있습니다.

Ellipse3: 원이 변화되는 애니메이션이 있습니다.

[btn over 시]
- over_mc의 타임 라인을 play 구현
- text의 타임 라인을 play 구현

03 over_mc의 타임라인을 play하기 위해 [Play]를 클릭합니다.

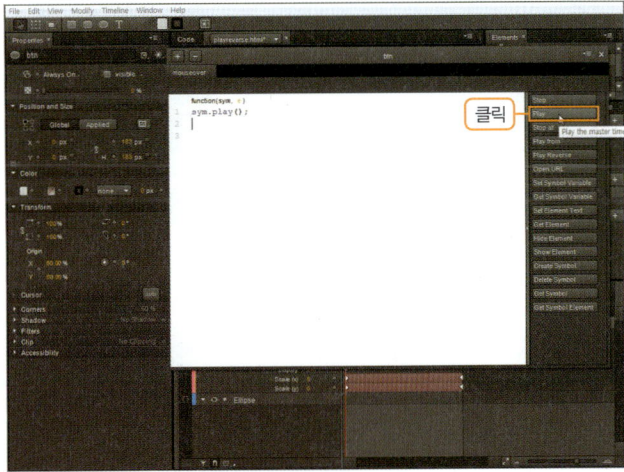

04 Ctrl + Enter 를 누른 후 실행 마우스를 올려놓으면 원이 애니메이션되는 것을 확인할 수 있습니다.

▲ 오버 전

▲ 오버 후

05 이번에는 마우스를 내려놓으면 원래대로 돌아가는 제어를 해보겠습니다. btn에 mouseout 이벤트를 설정합니다.

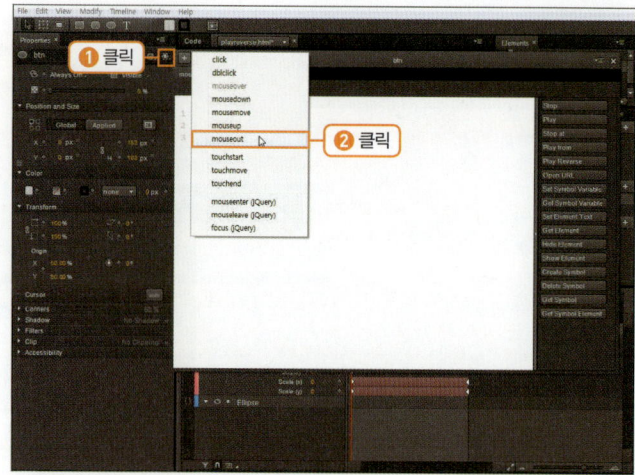

06 마우스가 영역 바깥으로 이동하면 타임라인을 다시 감추기 위하여 [play Reverse]를 클릭합니다.

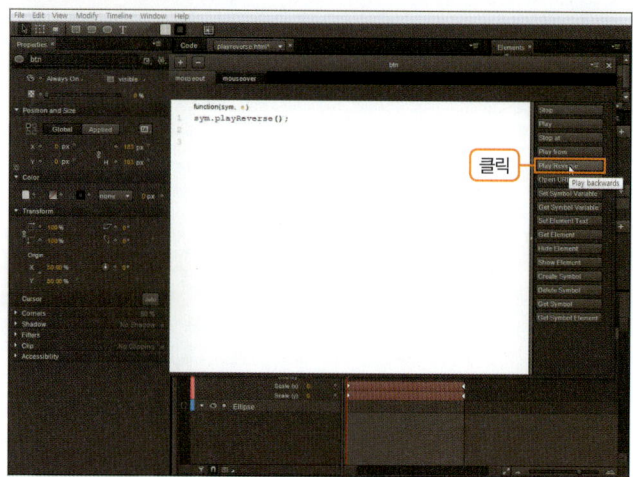

07 Ctrl+Enter를 누른 후 마우스를 올려놓거나 내려놓습니다. 원이 애니메이션되는 것을 확인할 수 있습니다.

▲ 오버 전

▲ 오버 후

03 text의 타임라인 제어하기

01 이번에는 over_mc의 타임라인에 있는 text 심벌의 타임라인을 제어해 보겠습니다. 특히 Get symbol(다른 심벌을 찾는 메서드)을 이용하여 text에 접근해서 제어를 하겠습니다.

btn의 over 이벤트에 Get Symbol 메서드를 추가합니다.

Tip! Get Symbol 메서드	
메서드	sym.getSymbol ("symbol")
설명	스테이지에 있는 심벌을 참조하는 메서드입니다.

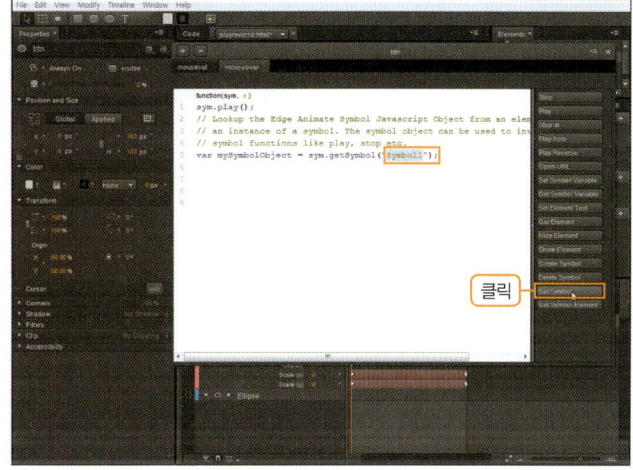

클릭

02 Symbol1의 이름을 "text"로 변경합니다.

```
function(sym, e)
sym.play();
// Lookup the Edge Animate Symbol Javascript Object from an elem
// an instance of a symbol. The symbol object can be used to inv
// symbol functions like play, stop etc.
var mySymbolObject = sym.getSymbol("text");
```

```
var mySymbolObject = sym.getSymbol("text");
```

mySymbolObject라는 변수를 선언한 후, 그 변수에 sym.getSymbol("text") 오브젝트를 대입합니다.

변수란, 데이터를 저장하는 공간을 말하며, 숫자, 문자, 오브젝트 등의 객체를 참조하는 데 사용합니다.

변수 선언	`var 변수명;`
변수 선언 후 데이터 넣기	`var num;` `num=1;`
변수 선언 및 데이터 넣기	`var changId ="Edge";`
다른 변수에 변수 대입하기	`var getId=changId;`
변수에 객체 대입하기	`var mySymbolObject = sym.getSymbol("text");`

03 마우스가 오버되면 text의 타임라인이 paly되도록 코드를 추가합니다.
그리고 Ctrl + Enter 로 마우스 오버하여 text의 애니메이션이 변화되는 것을 확인합니다.

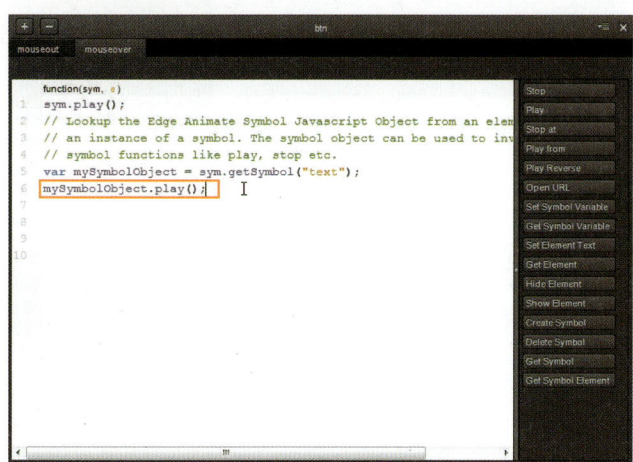

```
mySymbolObject.play();
```

mySymbolObject에 play 메서드를 붙입니다.

04 btn에서 마우스가 영역 바깥으로 이동하면 text가 out 모션이 될 수 있도록 playReverse 메서드를 설정하겠습니다. over 이벤트와 마찬가지로 text의 오브젝트를 변수에 대입합니다.

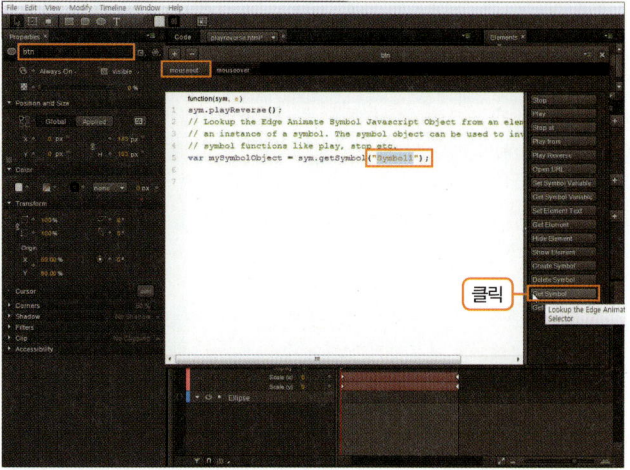

PART 01 | 어도비 엣지 알아보기

PART 02 | 기본 다지기

PART 03 | 실전 예제

05 text 대상을 찾은 후 playReverse로 코드를 추가합니다.

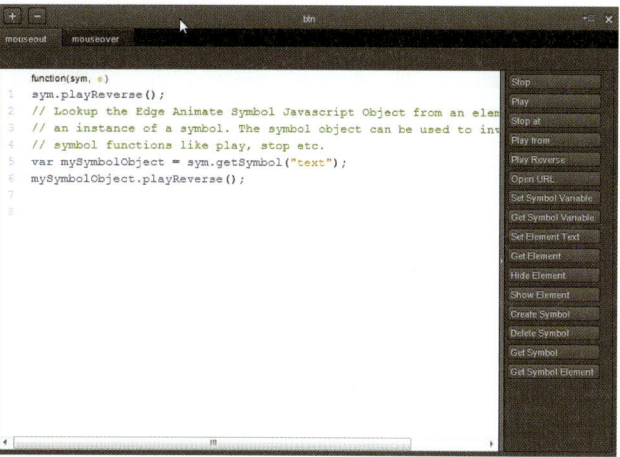

1	`sym.playReverse();`
2	`// Lookup the Edge Animate Symbol Javascript Object from an element that is`
3	`// an instance of a symbol. The symbol object can be used to invoke`
4	`// symbol functions like play, stop etc.`
5	`var mySymbolObject = sym.getSymbol("text");`
6	`mySymbolObject.playReverse();`

Line 5: text 대상을 변수 mySymbolObject에 대입하기 위해 Symbol1을 text로 변경합니다.
Line 6: mySymbolObject에 playReverse 메서드를 줍니다.

06 `Ctrl`+`Enter`를 눌러 over, out 이벤트가 잘 실행되는지 확인합니다.

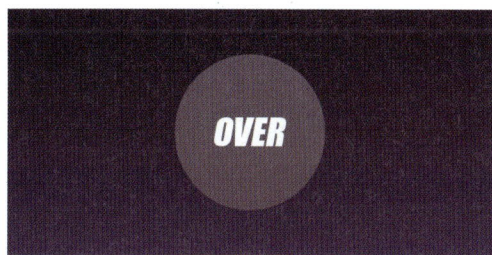

▲ 오버 전

▲ 오버 후

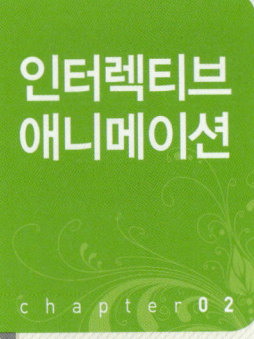

인터렉티브
애니메이션

chapter02

Open_url 링크 만들기

엣지의 메서드 중에서 Open_url( )은 다른 페이지로의 이동을 설정해주는 메서드입니다. 이번에는 다른 페이지를 위한 링크 기능을 알아보겠습니다.

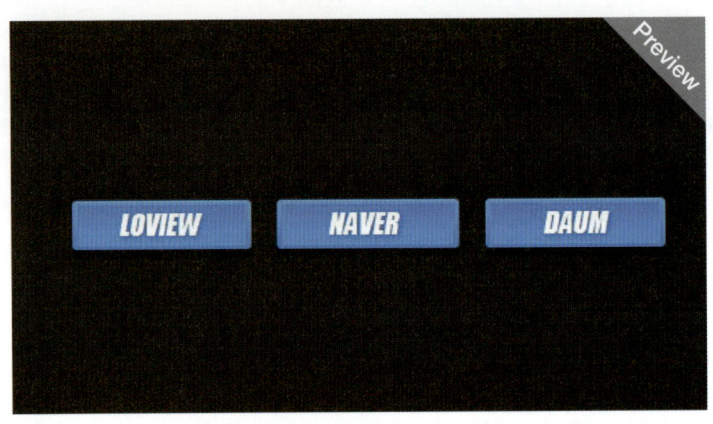

미리보기 QR코드

 Part02/07_Open/Pre/end.html   Part02/07_Open/Sample

PART 01 | 어도비 엣지 알아보기

PART 02 | 기본 다지기

PART 03 | 실전 예제

01 버튼에 링크 걸기

01 Part02/07_Open/Sample/01/Open. html을 불러옵니다.

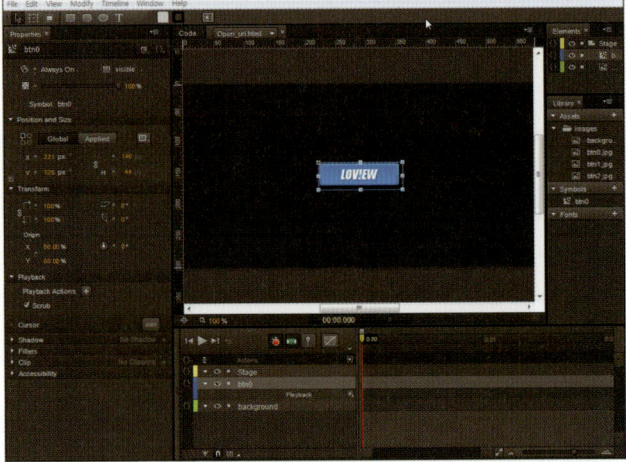

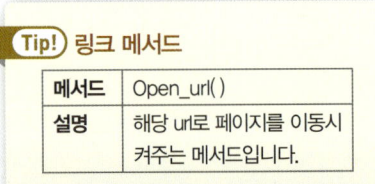

Tip! 링크 메서드

메서드	Open_url( )
설명	해당 url로 페이지를 이동시 켜주는 메서드입니다.

02 btn 오브젝트를 선택한 후 click event 를 설정합니다.

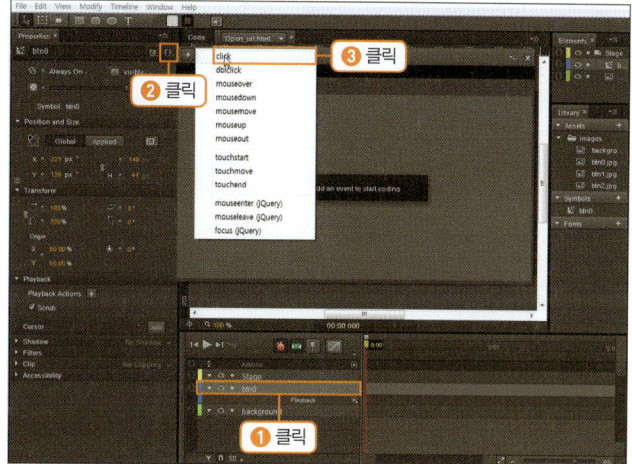

03 Open URL을 클릭하여 코드가 생성되는 것을 확인합니다.

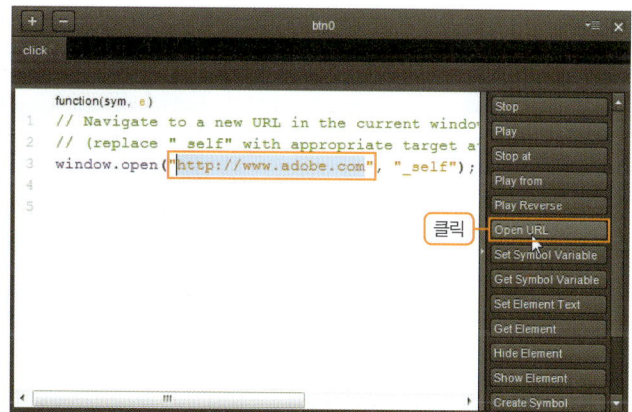

04 링크 값을 "http://www.loview.kr"로 수정합니다.

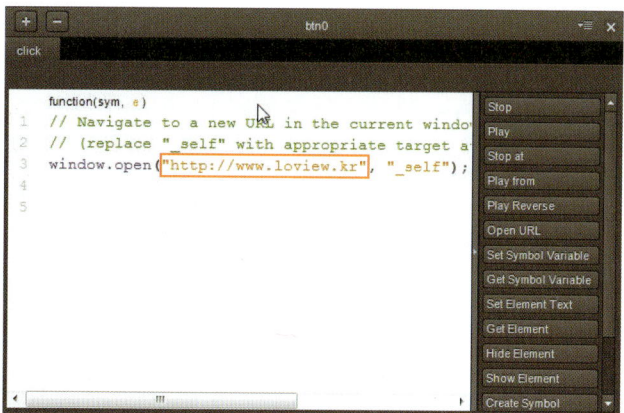

05 버튼 위에 올라간 마우스 모양을 손가
락으로 변경하기 위해 Cursor 옵션을
설정합니다.

06 Ctrl + Enter 를 누른 후 버튼을 클릭하여
링크가 잘 연결되는지 확인합니다.

02 여러 개의 버튼에 링크 걸기

01 Part02/07_Open/Sample/02/Open.
html을 불러옵니다.

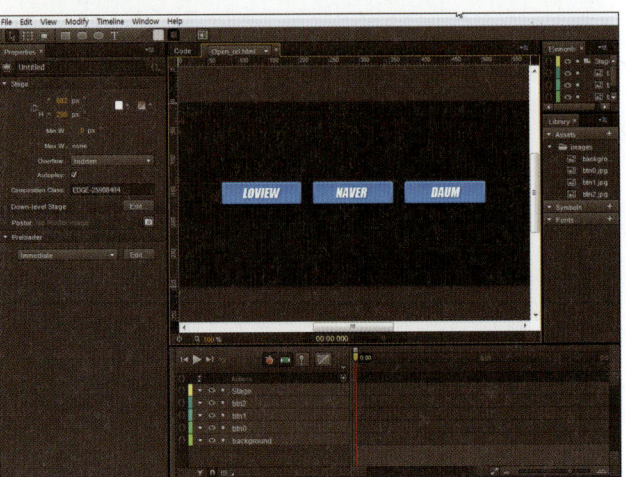

PART 01 | 어도비 엣지 알아보기

PART 02 | 기본 다지기

PART 03 | 실전 예제

02 for문을 사용하기 위하여 각각의 버튼이 btn0~btn2까지 규칙적으로 정해진 것을 확인합니다.

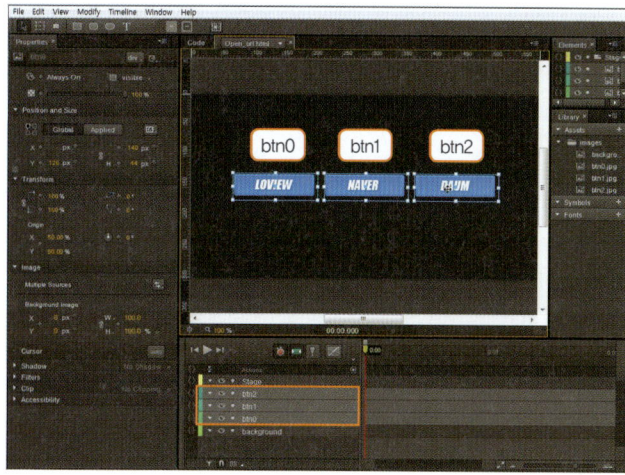

03 스테이지에 compositionReady 이벤트를 설정합니다.

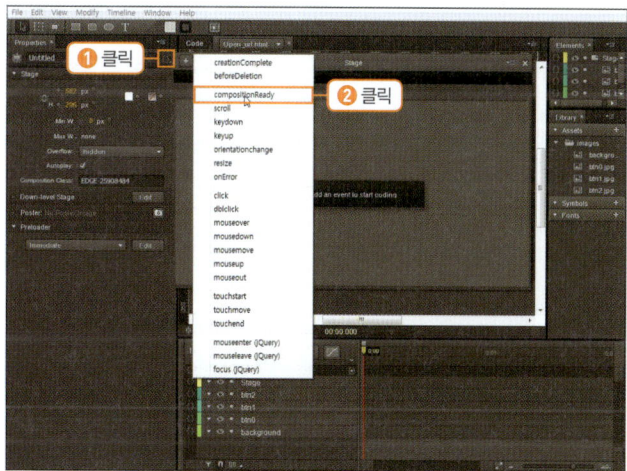

04 우선 배열을 통해 각각의 버튼을 클릭하면 이동할 주소를 대입합니다.

1	`var linkArray=new Array();`
2	`linkArray[0]="http://www.loview.kr";`
3	`linkArray[1]="http://www.naver.com";`
4	`linkArray[2]="http://www.daum.net";`

Line 1: 문자열을 저장할 배열을 선언합니다.
Line 2~4: 생성된 배열 객체에 버튼의 번호에 맞추어 주소를 대입합니다.

여기서 잠깐! **기초 프로그래밍**

반복문

같은 코드를 여러 번 실행해야 하는 경우 반복문을 이용하면 코드를 여러 번 작성할 필요가 없습니다. 이때 사용하는 명령이 반복문입니다.

for 반복문

for 반복문은 반복 횟수에 사용되는 초기 값과 조건식, 증감식이 존재하며, 조건에 거짓이 될 때까지 { } 안쪽 코드를 반복하여 실행합니다.

for 반복문의 기본 구조

```
for(초기 값; 조건식; 증감식){

        //조건식이 참일 때 반복 실행되는 코드

}
```

10번 코드의 반복 실행이 필요한 경우, 다음과 같이 코드가 이루어집니다.

```
for(var i=0; i<10 ; i++){

        console.log(i)

}
```

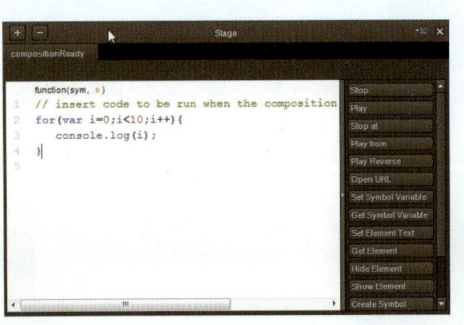
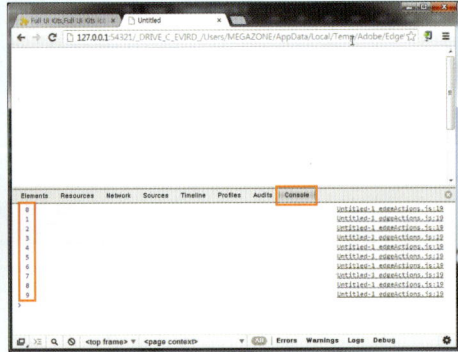

console.log 확인

브라우저에 퍼블리싱된 후 F12를 누르면 개발자 창이 나타납니다. 여기서 Console 패널을 활성화하면 console.log의 내용을 확인할 수 있습니다.

05 for 반복문을 이용하여 모든 버튼에 이
벤트를 등록합니다.

```
function(sym, e)
1  var linkArray=new Array();
2  linkArray[0]="http://www.loview.kr";
3  linkArray[1]="http://www.naver.com";
4  linkArray[2]="http://www.daum.net";
5
6  for(var i=0;i<linkArray.length;i++){
7    sym.setVariable("link"+i, linkArray[i]);
8    sym.$("btn"+i).click(function(){
9      var getid=sym.$(this).attr("id");
10     var getNum=getid.substring(9,10);
11     var myVariable = sym.getVariable("link"+getNum);
12     window.open(myVariable, "_self");
13   });
14 }
```

6	for(var i=0;i<linkArray.length;i++){
7	sym.setVariable("link"+i, linkArray[i]);
8	sym.$("btn"+i).click(function(){
9	var getid=sym.$(this).attr("id");
10	var getNum=getid.substring(9,10);
11	var myVariable = sym.getVariable("link"+getNum);
12	window.open(myVariable, "_self");
13	});
14	}

Line 6~14: 배열에 저장된 수만큼 반복문을 돌려 각각의 버튼에 click 이벤트를 등록합니다.

Line 6: 버튼의 id가 btn0~btn2이므로 0~2까지 반복문을 돌립니다. 이때 2는 배열이 가진 데이터의 length 속
성과 같아서 이를 이용했습니다. 버튼이 추가되는 경우, 배열의 값이 늘어나면 반복문의 횟수도 자동으로
늘어납니다.

Line 7: [ ] 연산자를 통해 link0~link2라는 심벌의 변수에 linkArray 배열 값을 차례로 대입합니다. 이때 사용한 심
벌의 변수는 sym.setVariable(변수명, 입력 값)으로 Set Symbol Variable을 클릭해도 됩니다. 즉,

link0= "http://www.loview.kr";

link1= "http://www.naver.com";

link2= "http://www.daum.net";

이는 버튼 클릭 시 각각의 Link0~link2 값을 참조하기 위해서 입니다.

Line8: 버튼에 각각의 click 이벤트를 등록합니다.

Line9~10: 버튼의 id 문자열을 getid 값에 대입한 후 substring을 통해 숫자를 제외한 문자를 삭제하고 getNum
에 대입하여 반환합니다.

btn0을 클릭하는 경우

getid="Stage_btn0", getNum="0",

btn1을 클릭하는 경우

getid="Stage_btn1", getNum="1",

btn2을 클릭하는 경우

getid="Stage_btn2", getNum="2",

Line10: myVariable에 btn0~btn2를 클릭 시 해당하는 link0~link2의 값을 대입합니다.

> btn0을 클릭하는 경우

> getNum="0"이므로 var myVariable=sym.getVariable("link0");이 되고, myVariable 값은 "http://www.loview.kr"이 됩니다.

> btn1을 클릭하는 경우

> getNum="1"이므로 var myVariable=sym.getVariable("link1");이 되고, myVariable 값은 "http://www.naver.com"이 됩니다.

> btn2을 클릭하는 경우

> getNum="2"이므로 var myVariable=sym.getVariable("link2"); 이 되고, myVariable 값은 "http://www.daum.net"이 됩니다.

Line 11: window.open( ) 메서드를 이용하여 링크를 설정합니다.

06 버튼 btn0~btn2에 올린 마우스 커서의 모양을 손가락으로 변경하기 위해 Cursor 옵션을 설정합니다.

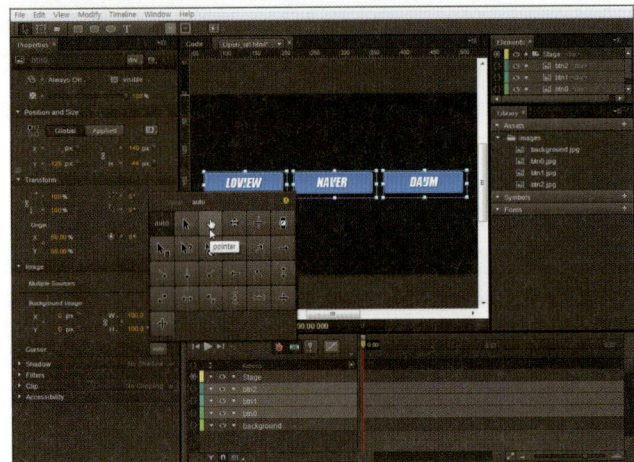

07 Ctrl + Enter 를 눌러 브라우저에서 각 버튼을 클릭하여 결과를 확인합니다.

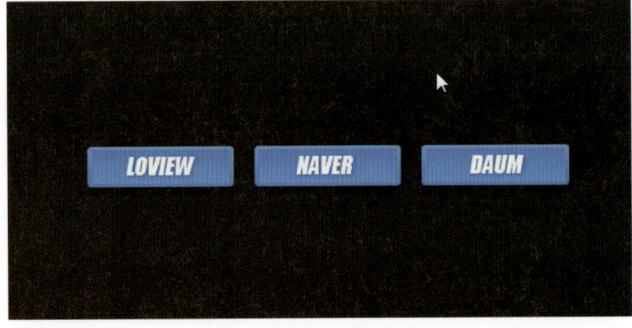

Tip! Code Error warnings

엣지의 Code 패널 하단에는 자바스크립트에서 제공하는 엣지의 에러를 확인할 수 있는 표시가 나타납니다.

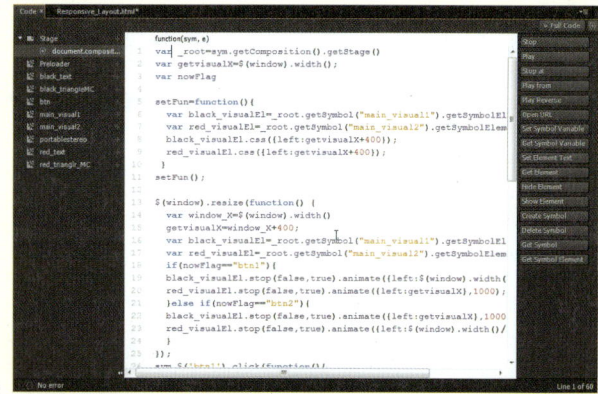

▶ Code Error가 없는 경우

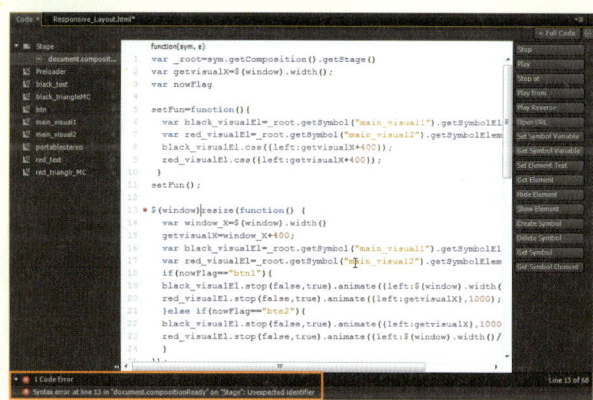

▶ Code Error 발생 시

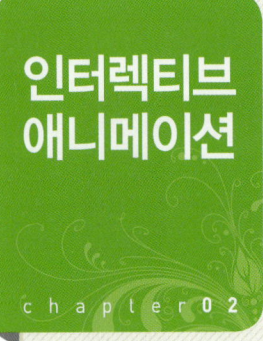
더블클릭 효과

엣지의 메서드 중 dbclick( )은 마우스의 더블클릭 이벤트를 만들어줍니다. 이번에는 마우스 더블클릭 이벤트에 대한 예제를 만들어 보고 애니메이션 구조도 살펴보겠습니다.

미리보기 QR코드

미리보기 Part02/08_Dbclick/Pre/end.html 샘플파일 Part02/08_Dbclick/Sample

01 db_btn, back_btn에 스크럽트 만들기

01 Part02/08_Dbclick/Sample/Dbclick.html을 불러옵니다.

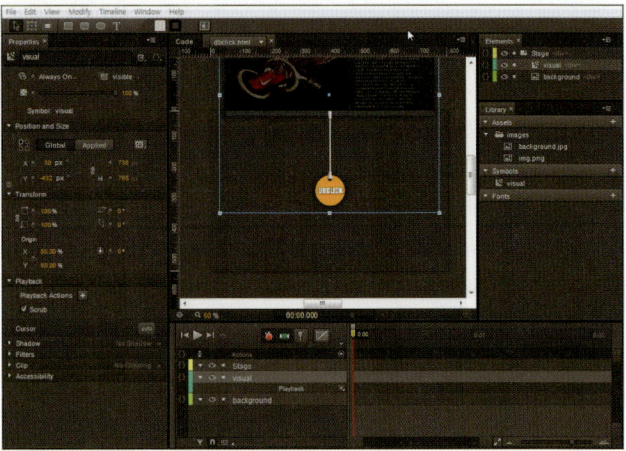

Tip! 더블클릭 메서드

메서드	dbclick( )
설명	객체를 마우스로 더블클릭할 때 발생하는 이벤트입니다.

여기서 잠깐! **애니메이션 구조 파악하기**

더블클릭 이벤트를 위한 애니메이션 구조는 다음과 같습니다.

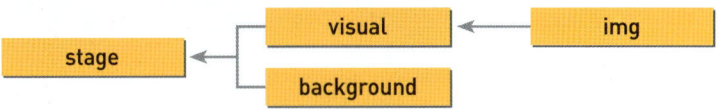

img 심벌의 타임라인에는 오브젝트가 위에서 아래로 내려오는 트랜지션 모션이 만들어져 있습니다.

▲ 0:00 프레임

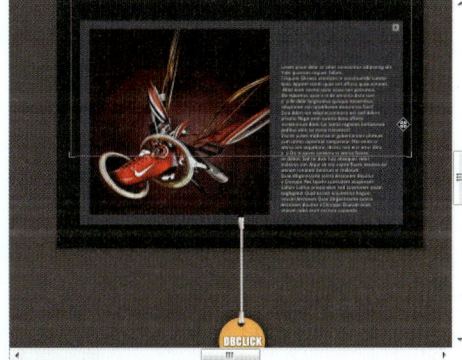

▲ 0:01 프레임

02 play( )와 playReverse( )의 이벤트를 설정할 버튼을 만들어 보겠습니다. 각각 db_btn, back_btn으로 설정합니다. 더블클릭을 하면 play( )를 하기 위한 영역을 만들기 위하여 img의 타임라인에 원을 만듭니다. 이때 작업할 프레임은 0:00입니다.

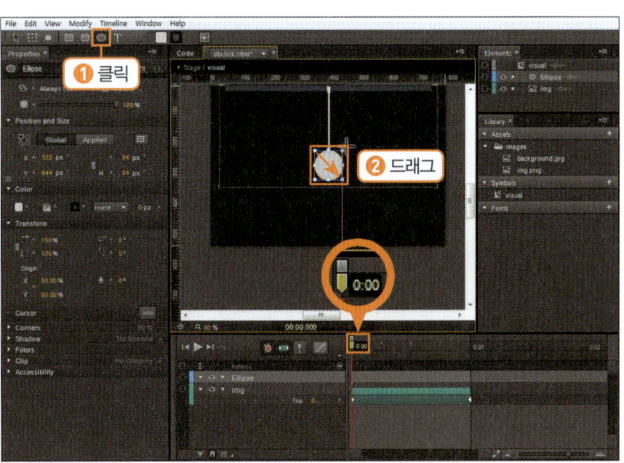

03 id 값을 'db_btn'으로 변경합니다.

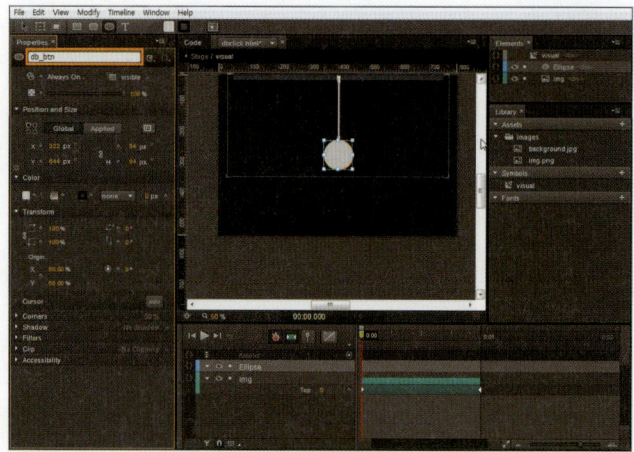

04 버튼은 영역만 필요하기 때문에
Opacity 값을 '0'으로 설정합니다.

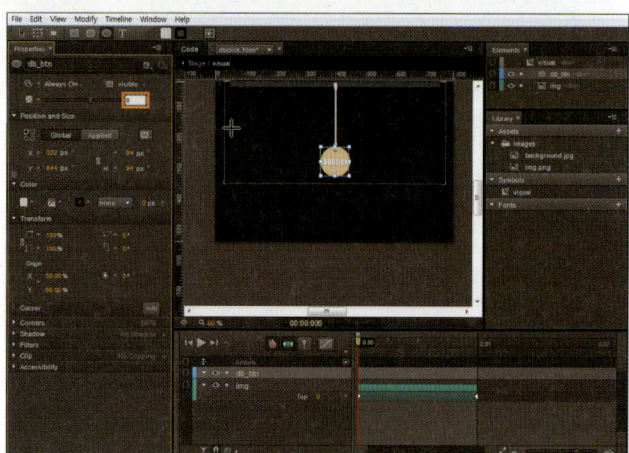

05 0:00 프레임에서는 해당 버튼이 스테이지에 있어야 하고, 0:01 프레임에서는 사라져야 합니다. Display 속성을 이
용하여 처리하겠습니다.

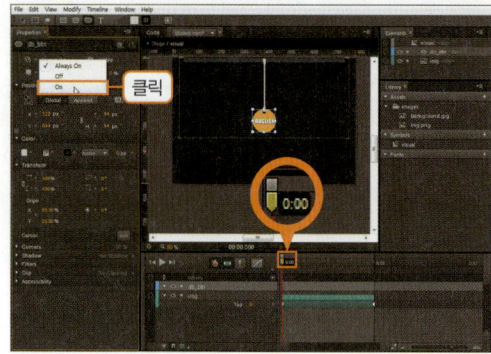

▲ [0:00 프레임] Display: On

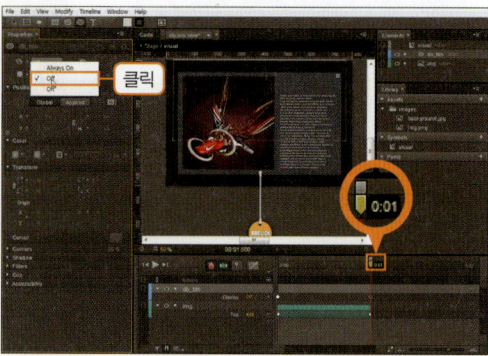

▲ [0:01 프레임] Display: Off

06 클릭하면 playReverse( )를 할 영역을 만들기 위하여 사각형 툴을 선택한 후 X 좌표 위에 사각형을 그립니다. 이때 프 레임은 0:01입니다.

07 id 값을 'back_btn'으로 설정합니다.

08 Opacity 값은 '0'으로 설정합니다.

09 db_btn과 마찬가지로 프레임에 디스플레이를 설정해야 합니다. 0:00 프레임은 'Off'로 0:01 프레임은 'On'으로 각각 설정합니다.

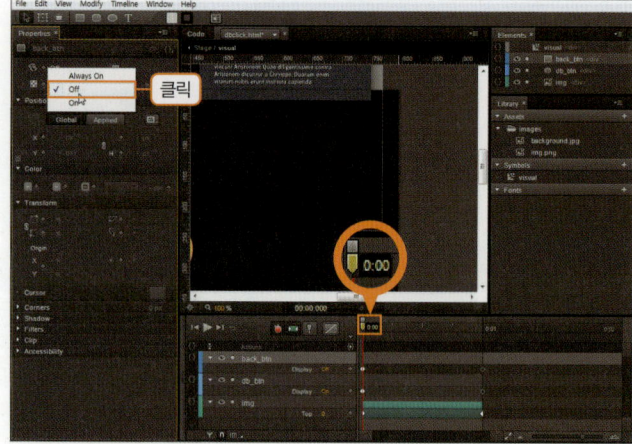

▶ [0:00 프레임] Display: Off

▶ [0:01 프레임] Display: On

10 db_btn에 Open script를 하고 dbclick를 선택합니다.

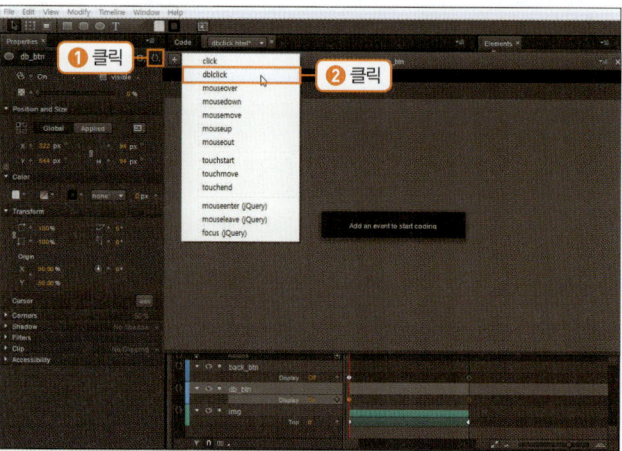

11 Play를 클릭하여 play( ) 메서드를 등
록합니다.

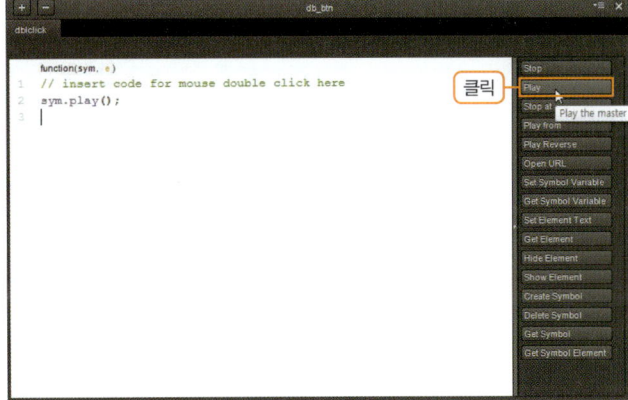

12 back_btn에 Open script를 하고 click
을 선택합니다.

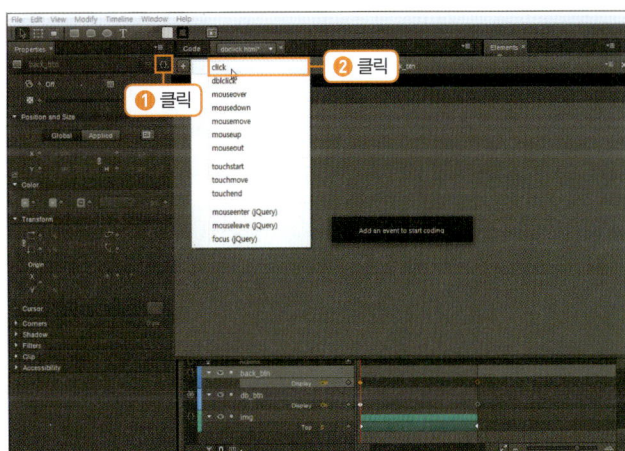

13 playReverse를 클릭하여 playReverse( )
메서드를 등록합니다.

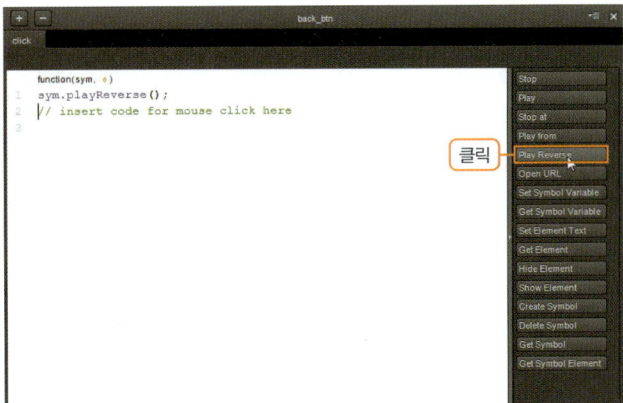

01 img의 트랜지션 바를 선택한 후 Easing 값을 [Esae In Out]–[Elastic]으로 설정합니다.

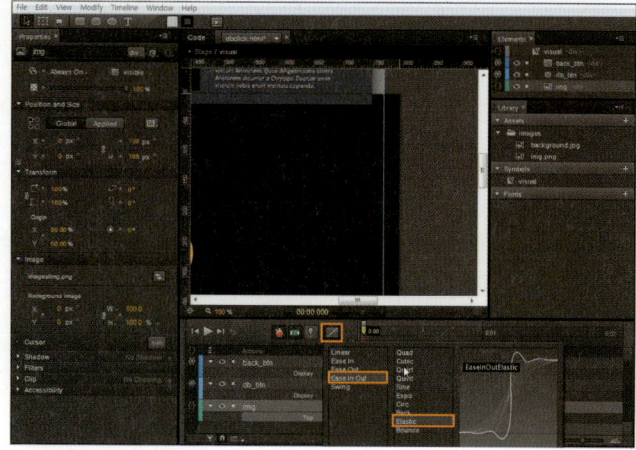

02 Easing이 설정된 것을 확인할 수 있습니다.

03 db_btn, back_btn을 각각 선택한 후 마우스 커서를 손 모양으로 설정합니다.

04 Ctrl+Enter 를 눌러 결과를 확인합니다.

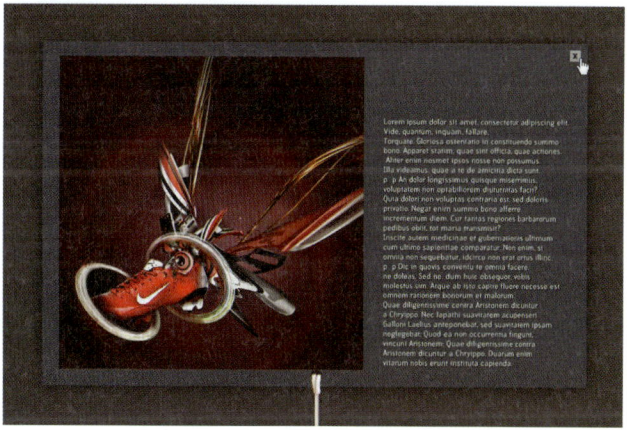

> **Tip!** Playback 명령어
>
> Playback은 메인 타임라인에서 심벌의 애니메이션을 제어
> 할 수 있는 기능을 제공합니다.

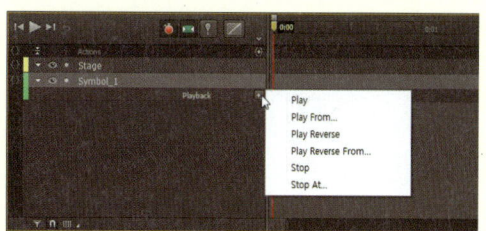

Play	타임라인에 맞춰 심벌 애니메이션이 재생됩니다.
Play from	설정된 시간부터 타임라인에 맞춰 심벌의 애니메이션이 재생됩니다.
playReverse	심벌의 애니메이션이 반대로 재생됩니다.
playReverse From	설정된 시간부터 타임라인에 맞춰 심벌의 애니메이션이 반대로 재생됩니다.
Stop	심벌 애니메이션의 재생을 멈춥니다.
Stop At	설정에 맞춰 심벌 애니메이션의 재생을 멈춥니다.

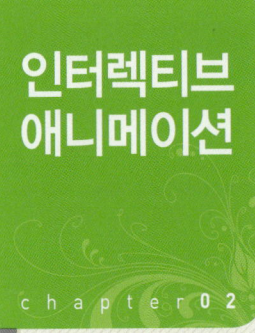

인터렉티브 애니메이션

chapter 02

엣지 HTML5 오디오

HTML5에서는 오디오를 웹에 표현할 수 있습니다. 이 API를 이용하여 엣지에서 활용을 하는 방법에 대하여 알아보고 컨트롤해보겠습니다.

미리보기 QR코드

미리보기 Part02/09_Audio/Pre/end.html   샘플파일 Part02/09_Audio/Sample

01 compositionReady에 audio 이벤트 등록하기

01 Part02/09_Audio/Sample/Audio.html을 불러옵니다.

여기서 잠깐! 애니메이션 구조 파악하기

01 심벌 구조는 btn_mc 클릭 시 cd_mc의 애니메이션을 play시키고 mp3 파일을 로드시키겠습니다. 또한 btn_mc의 애니메이션을 제어하겠습니다.

02 cd_mc에는 cd에 오브젝트가 돌아가는 애니메이션이 만들어져 있습니다.

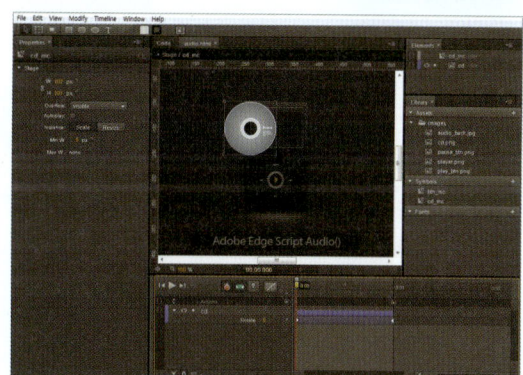

03 btn_mc는 play_btn, pause_btn이 함께 있는 구조로, 애니메이션은 play_btn이 사라지면서 pause_btn이 등장하도록 만들어졌습니다.

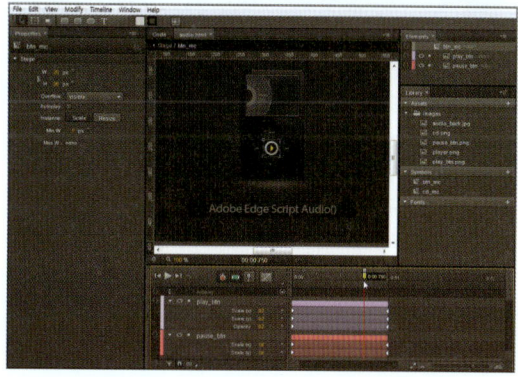

Tip! 심벌의 위치 확인

심벌 안에 심벌을 여러 계층 구조로 만들 수 있습니다. 심벌의 타임라인으로 이동하려면 심벌을 선택한 후 더블클릭을 하면 해당 심벌의 편집 창으로 이동을 할 수 있습니다.

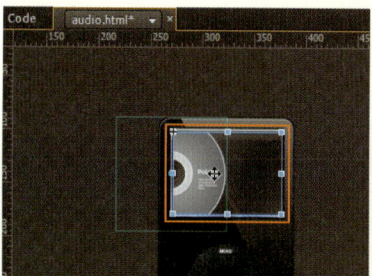

▲ 심벌 선택 후 더블클릭

▲ 심볼의 타임라인으로 이동

02 스테이지에 compositionReady를 등
록하기 위해 Open Action 창을 활성
화합니다. 메뉴 중 compositionReady
를 선택합니다.

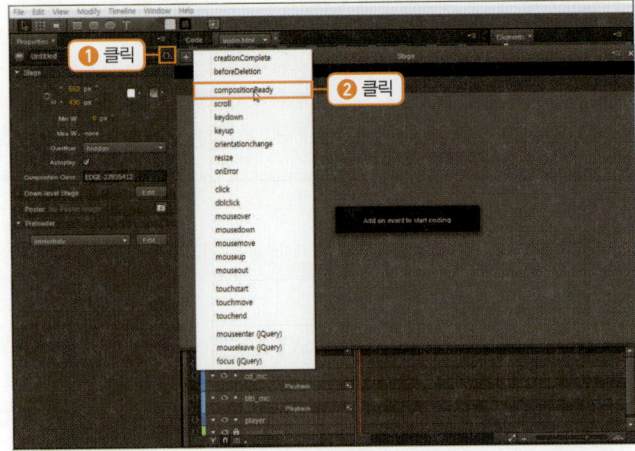

03 Action 창에 오디오 파일을 재생하기
위해 다음과 같이 코드를 입력합니다.

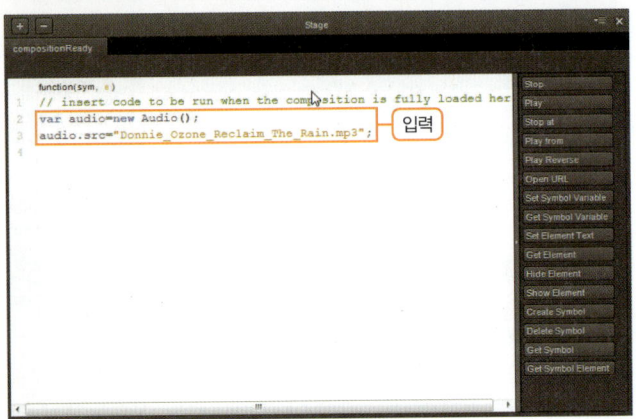

```
2   var audio=new Audio();
3   audio.src="Donnie_Ozone_Reclaim_The_Rain.mp3";
```

Line 2: Audio( )를 생성자로서 호출하여 audio 변수에 대입합니다.
Line 3: 오디오 파일의 URL을 지정합니다.

Tip! 대상의 Z축 높이는 Elements 패널에서 설정할 수 있습니다.

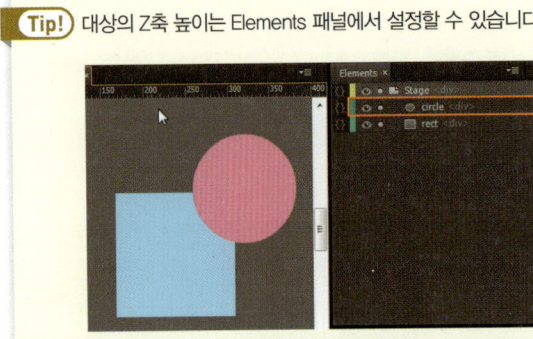

▲ 대상의 Z축 높이가 레이어 순서대로 설정됩니다.

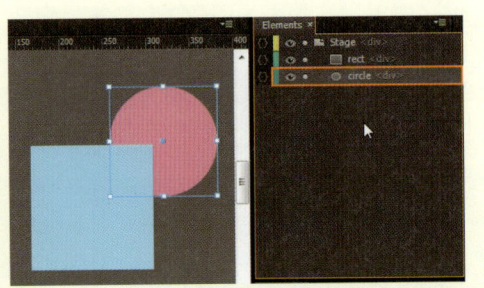

▲ 레이어 순서가 바뀌면 대상의 Z축 높이가 변경됩니다.

02 btn_mc의 play_btn, pause_btn에 click 이벤트 등록하기

01 btn_mc, cd_mc의 대상을 찾기 위해 다음과 같이 코드를 작성합니다.

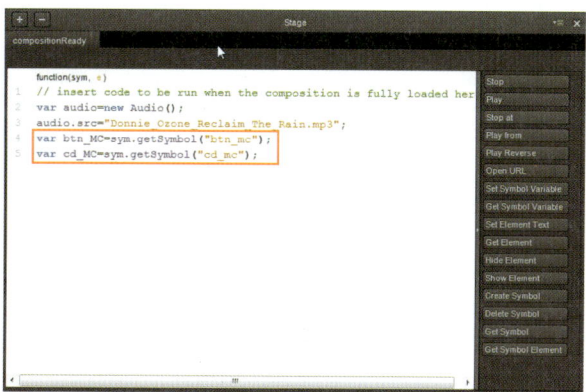

4	`var btn_MC=sym.getSymbol("btn_mc");`
5	`var cd_MC=sym.getSymbol("cd_mc");`

Line 4: btn_MC 변수에 btn_mc 심벌을 대입합니다.
Line 5: cd_MC 변수에 cd_mc 심벌을 대입합니다.

02 btn_mc의 play_btn, pause_btn에 클릭 시 btn_mc의 애니메이션과 cd_mc의 애니메이션이 진행되도록 코드를 다음과 같이 입력합니다.

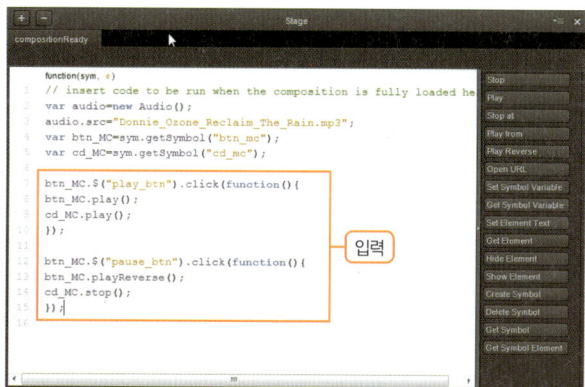

입력

7	`btn_MC.$("play_btn").click(function(){`
8	`btn_MC.play();`
9	`cd_MC.play();`
10	`});`
12	`btn_MC.$("pause_btn").click(function(){`
13	`btn_MC.playReverse();`
14	`cd_MC.stop();`
15	`});`

Line 7, Line 12: play_btn, pause_btn에 click 이벤트를 등록합니다.

Line 8: btn_MC는 심벌 btn_mc를 참조하기 때문에 애니메이션을 진행합니다.

Line 9: cd_MC는 심벌 cd_mc를 참조하기 때문에 애니메이션을 진행합니다.

Line 13: btn_MC는 심벌 btn_mc를 참조하기 때문에 애니메이션을 0:00 프레임으로 되돌립니다.

Line 14: cd_MC는 심벌 cd_mc를 참조하기 때문에 애니메이션을 멈춥니다.

03 [Ctrl]+[Enter]를 누른 후 버튼을 클릭하여 만들어진 인터랙션을 확인합니다.

04 btn_mc의 play_btn, pause_btn에 클릭 시 오디오가 재생되고 멈추게 하기 위하여 다음과 같이 코드를 수정합니다.

7	btn_MC.$("play_btn").click(function(){	
8	audio.play();	추가
9	btn_MC.play();	
10	cd_MC.play();	
11	});	
12		
13	btn_MC.$("pause_btn").click(function(){	
14	audio.pause();	추가
15	btn_MC.playReverse();	
16	cd_MC.stop();	
17	});	

Line 8: audio.play( )를 추가하여 사운드가 재생되게 합니다.

Line 14: audio.pause( )를 추가하여 사운드가 멈추게 합니다.

05 Ctrl + Enter 를 눌러 사운드가 재생되는
지 확인합니다.

Adobe Edge Script Audio()

Tip! 텍스트 요소는 옵션을 통해 HTML 문서
구조 요소를 사용할 수 있습니다. 이 요
소를 통해 마크업의 시맨틱 구조에 접근
할 수 있습니다.

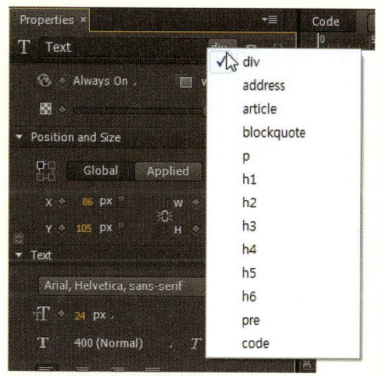

구글 한글 웹 폰트 사용
(http://www.google.com/fonts/
earlyaccess)
구글 웹 폰트 제공 페이지에 접속하여
나눔고딕 폰트를 찾습니다.

Custom 부분에 구글에서 제공하는 웹 폰
트를 연결합니다.

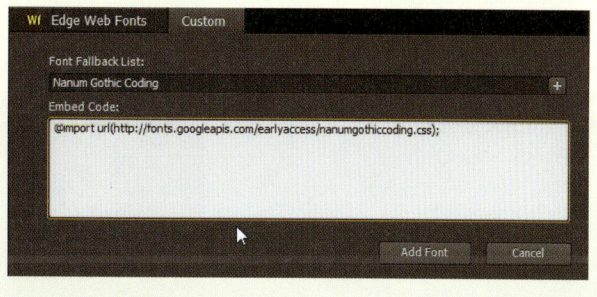

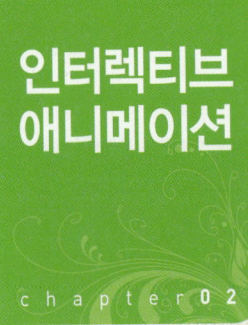
엣지 HTML5 비디오

HTML5에서는 비디오를 웹에 표현할 수 있습니다. 이 API를 이용하여 엣지에서 활용을 하는 방법에 대하여 알아보고 컨트롤하겠습니다. 또한 유튜브 동영상 같은 오픈 영상을 엣지에서 컨트롤하는 방법도 알아보겠습니다.

미리보기 QR코드

미리보기 Part02/10_Video/Pre/youTube/end.html   샘플파일 Part02/10_Video/Sample

01 MP4 파일 재생하기

01 Part02/10_Video/Sample/Mp4/
Mp4.html을 불러옵니다.

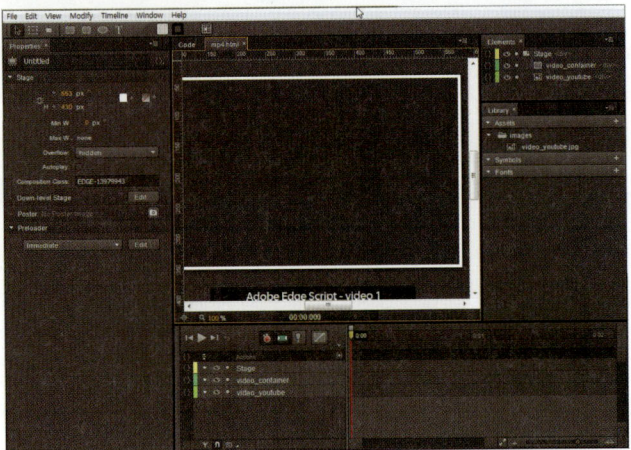

02 스테이지에 video_container를 확인합니다. video_container에 mp4 형태의 동영상을 재생하는 연결 고리입니다.

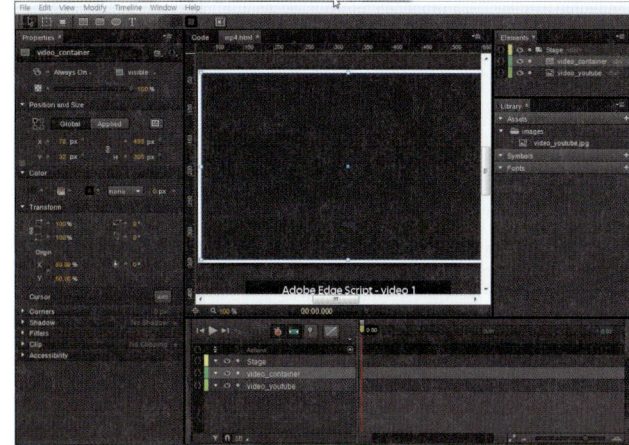

03 스테이지에 Open Action을 활성화합니다.

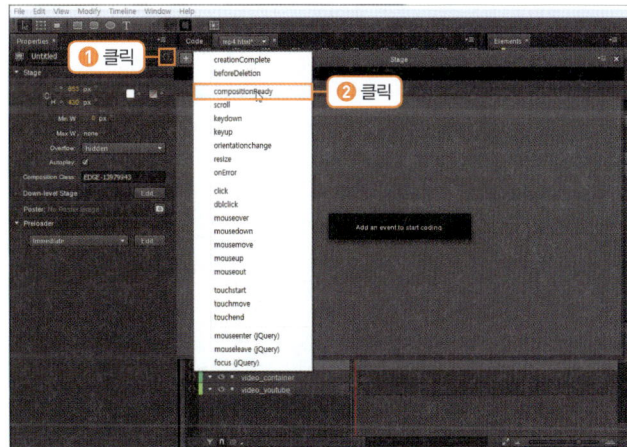

04 비디오를 제어하기 위하여 다음과 같이 코드를 작성합니다.

1	`var vid = $("<video width='495' height='305' controls='controls'>" +`
2	`"<source src='movie.mp4' type='video/mp4' />" +`
3	`"</video>");`
4	`sym.$("video_container").append(vid);`
5	`vid.attr('autoplay','autoplay');`
6	`vid.attr('preload','auto');`

Line 1~3:

- vid 변수를 선언한 후 video 마크업 요소를 대입합니다.
- Src 속성에 비디오 파일의 URL을 지정합니다. width 속성과 heigth 속성은 비디오의 가로, 세로를 나타냅니다.
- Controls은 재생 버튼과 같은 비디오 조작을 위한 ui의 표시 여부를 결정하는 속성입니다.

Line 4:

- append( )는 특정 객체 밑에 사용자가 작성한 객체나 인스턴스를 넣어주는 함수입니다. 스테이지에 있는 video_container에 vid가 가진 video 요소를 부여합니다.

Line 5~6:

- attr( ) 메서드를 이용하여 속성 값을 반환합니다.

05 Ctrl + Enter 를 눌러 동영상 파일이 재생 되는지 확인합니다.

PART 01 | 어도비 엣지 알아보기

PART 02 | 기본 다지기

PART 03 | 실전 예제

02 유튜브 재생하기

01 Part02/10_Video/Sample/YouTube/
YouTube.html을 불러옵니다.

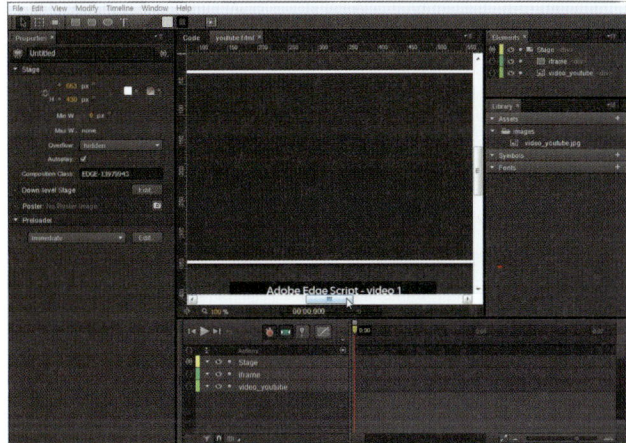

02 스테이지의 iframe을 확인합니다.
iframe에 동영상을 재생하는 연결 고리
입니다.

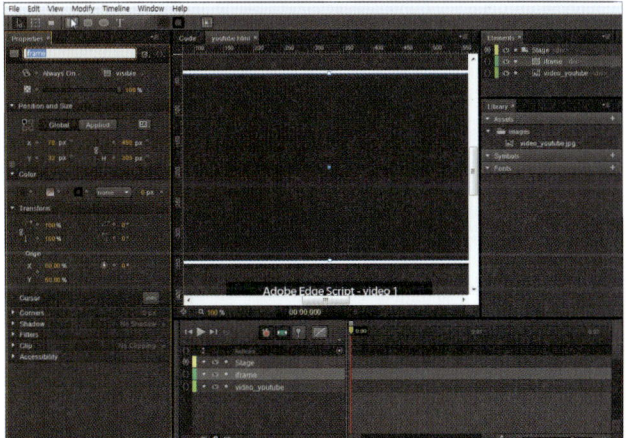

03 스테이지에 Open Action을 활성화합
니다.

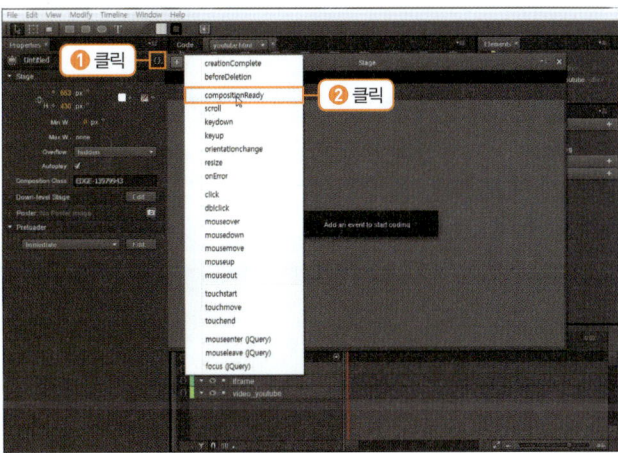

04 비디오를 제어하기 위하여 다음과 같이
코드를 작성합니다.

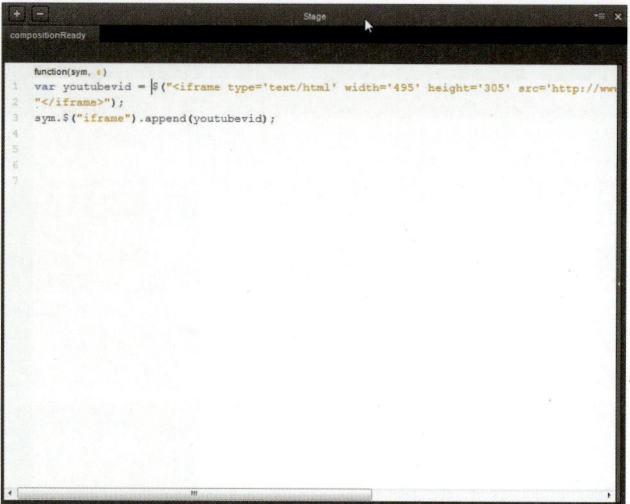

1	`var youtubevid = $("<iframe type='text/html' width='495' height='305' src='http://www.youtube.com/embed/XrDpaUjXKow' frameborder='0'>" +`
2	`"</iframe>");`
3	`sym.$("iframe").append(youtubevid);`

Line 1~2:

- youtubevid 변수를 선언한 후 iframe 마크업 요소를 대입합니다.
- src 속성에 비디오 파일의 URL을 지정합니다. width 속성과 heigth 속성은 비디오의 가로, 세로를 나타냅니다.

Line 3:

- append( )는 특정 객체 밑에 사용자가 작성한 객체 또는 인스턴스를 넣어주는 함수입니다. 스테이지에 있는 iframe에 youtubevid가 가진 iframe 요소를 부여합니다.

05 Ctrl + Enter 를 실행하여 동영상 파일이
재생되는지 확인합니다.

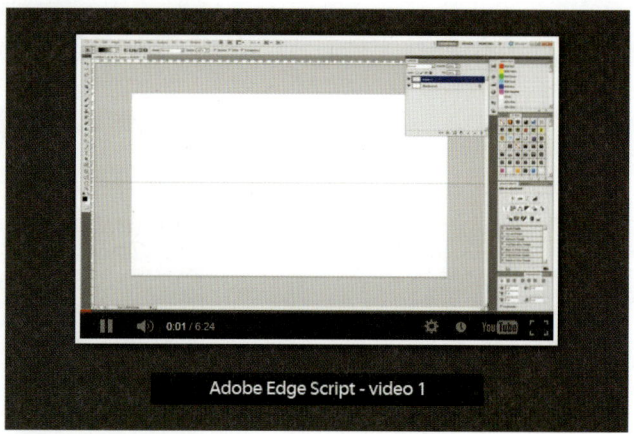

Tip! Static HTML option

Publish 설정에서 Static option을 설정하면 Html 페이지 렌더링 시 Div가 생성됩니다.

[옵션이 설정되지 않은 경우 Html 페이지]

```html
<!DOCTYPE html>
<html>
<head>
<meta http-equiv='Content-Type'
content='text/html;
charset=utf-8'>
<title>ClippingText</title>
<!--Adobe Edge Runtime-->
<meta http-equiv="X-UA-Compatible" content="chrome=IE8">
<script type="text/javascript" charset="utf-8" src="ClippingText_
edgePreload.js"></script>
<style>
.edgeLoad-EDGE-415806110 { visibility:hidden; }
</style>
<!--Adobe Edge Runtime End-->
</head>
<body style="margin:0;padding:0;">
<div id="Stage" class="EDGE-415806110">
</div>
</body>
</html>
```

[옵션이 설정된 경우 Html 페이지]

```html
<!DOCTYPE html>
<html>
<head>
<meta http-equiv='Content-Type' content='text/html;
charset=utf-8'>
<title>ClippingText</title>
<!--Adobe Edge Runtime-->
www.it-ebooks.info
Chapter 10
[ 281 ]
<meta http-equiv="X-UA-Compatible" content="chrome=IE8">
<script type="text/javascript" charset="utf-8" src="ClippingText_
edgePreload.js"></script>
<style>
.edgeLoad-EDGE-415806110 { visibility:hidden; }
</style>
<!--Adobe Edge Runtime End-->
</head>
<body style="margin:0;padding:0;">
<div id="Stage" class="EDGE-415806110">
<div id="Stage_Background" class="edgeLoad-EDGE-415806110"></
div>
<div id="Stage_Extra" class="edgeLoad-EDGE-415806110">using
web standards</div>
<div id="Stage_Purpose" class="edgeLoad-EDGE-415806110">Rich
Motion and Interactivity</div>
<div id="Stage_Logo" class="edgeLoad-EDGE-415806110"></div>
<div id="Stage_Title" class="edgeLoad-EDGE-415806110">Adobe
Edge</div>
</div>
</body>
</html>
```

Part03
실전 예제

이번 파트에서는 다양한 콘텐츠 예제를 구현해보겠습니다. 특히 타임라인 모션과 심벌의 구성을 jQuery로 핸들링하고 마우스에 반응하는 콘텐츠 제작을 통해 실무에서 필요한 스크립트 지식과 구조 설계에 대해 알아보겠습니다.

타임라인을 이용한 텍스트 모션 만들기

이번에는 엣지 애니메이트의 타임라인 애니메이션을 이용하여 텍스트 모션을 제작해 보겠습니다. 가장 먼저 빠른 움직임을 통한 강한 이펙트 모션을 만든 후에 키프레임 구성에 대해 알아보겠습니다.

Preview

HTML5

Text

미리보기 QR코드

 Part03/01_Text/Pre/end.html   Part03/01_Text/Sample

01 EDGE 텍스트 모션 작업하기

01 엣지에서 Part03/01_Text/Sample/ Text.html을 불러옵니다.

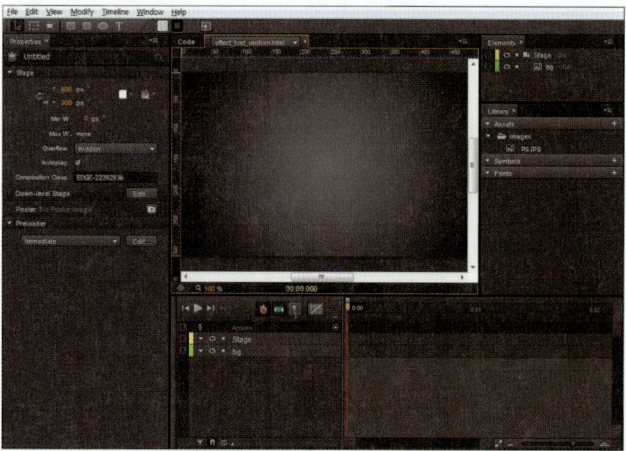

02 메뉴에서 타입 툴을 선택한 후 스테이지를 클릭하면 입력 창이 나타납니다.

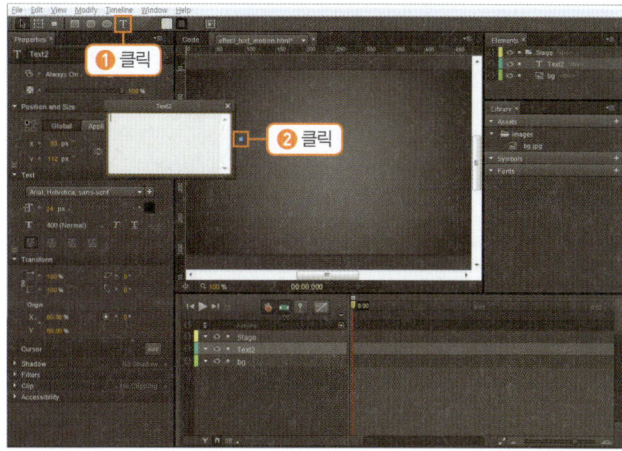

03 입력 창에 'EDGE'라고 입력하여 스테이지에 반영되는지 확인합니다.

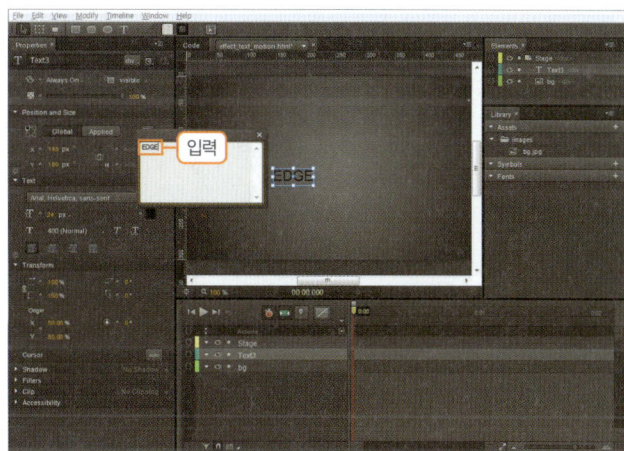

04 텍스트 색상을 흰색으로 바꾸기 위하여 Properties의 텍스트 색상 값을 클릭하여 변경합니다.

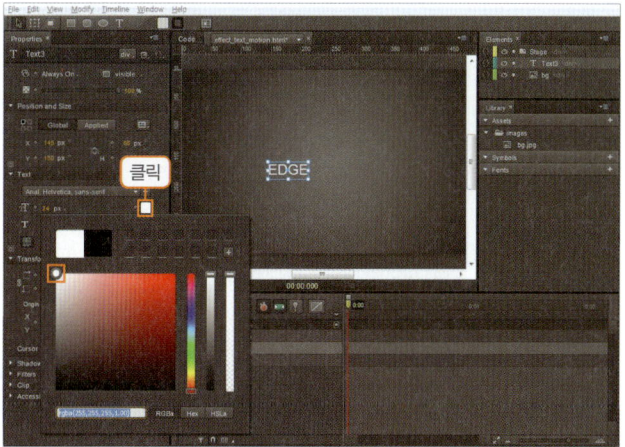

05 굵은 서체로 변경하기 위하여 웹 폰트
를 사용하겠습니다. 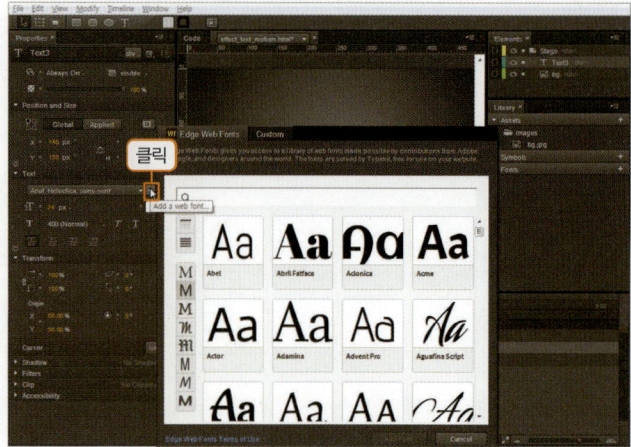 버튼을 클릭합
니다.

06 다음과 같이 서체를 선택합니다. 각자
마음에 드는 서체를 선택해도 무방합
니다.

07 선택한 서체로 변경되는 것을 확인할
수 있습니다.

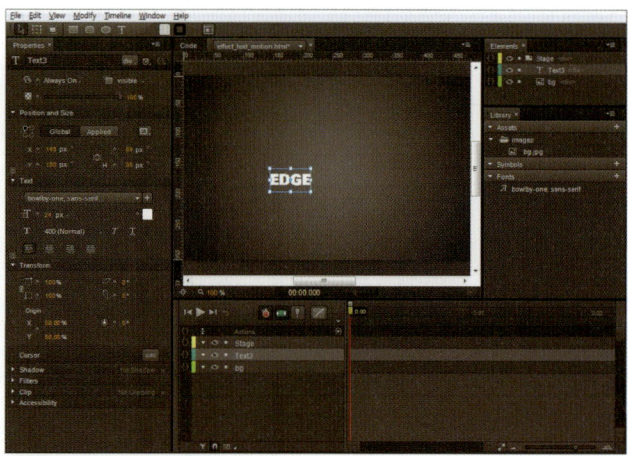

08 레이어의 이름을 'edge'로 바꾼 후 화면의 중앙으로 이동합니다.

09 EDGE 텍스트의 Scale에서 [Add Keyframe]을 클릭합니다. 이때 작업 프레임은 0:00입니다.

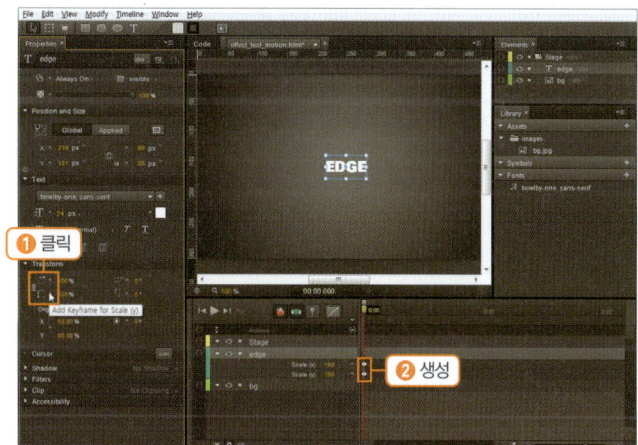

10 모션의 변화를 주기 위하여 0:00.250 프레임과 0:00.500 프레임에 키를 생성합니다.

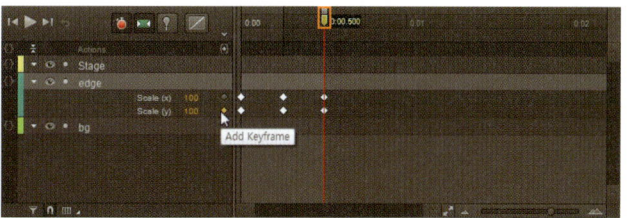

11 각각 키의 Scale(x), Scale(y) 값을 다음과 같이 설정합니다.

▲ [0:00 프레임] Scale(x): 500/Scale(y): 500   ▲ [0:00.250 프레임] Scale(x): 90/Scale(y): 90

12 0:00 프레임, 0:00.250 프레임에 Opacity 속성의 [Add Keyframe]을 클릭합니다.

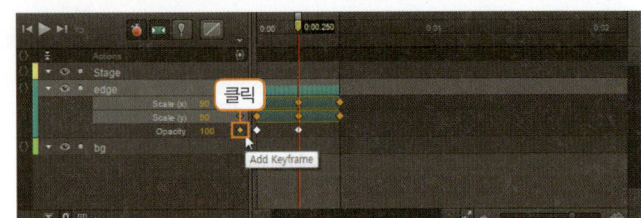

13 0.00 프레임의 Opacity 값을 '0'으로 설정합니다.

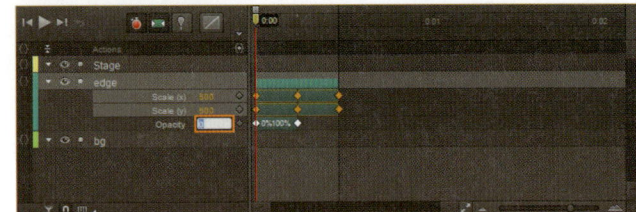

14 Ctrl + Enter 를 눌러 텍스트가 등장하는 모션을 확인합니다.

02 강조 effect 모션 만들기

01 0:00.250 프레임에서 텍스트가 축소되는 느낌을 강조하기 위한 모션을 만들어 보겠습니다. 원형 툴을 클릭하여 다음과 같이 원을 그립니다.

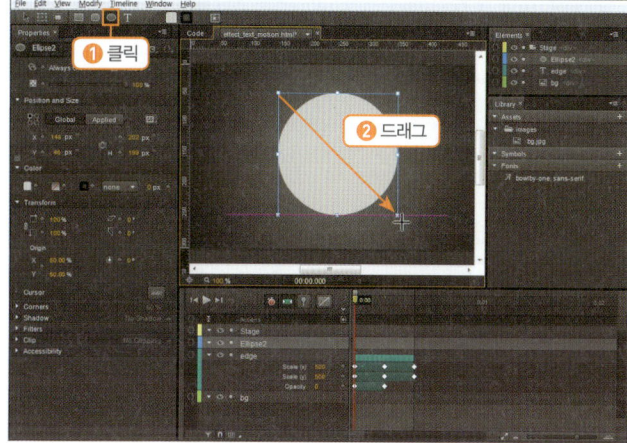

02 생성된 원의 Opacity를 50%로 설정한 후 원의 이름을 'effect'로 변경하고 화면 중앙으로 이동합니다.

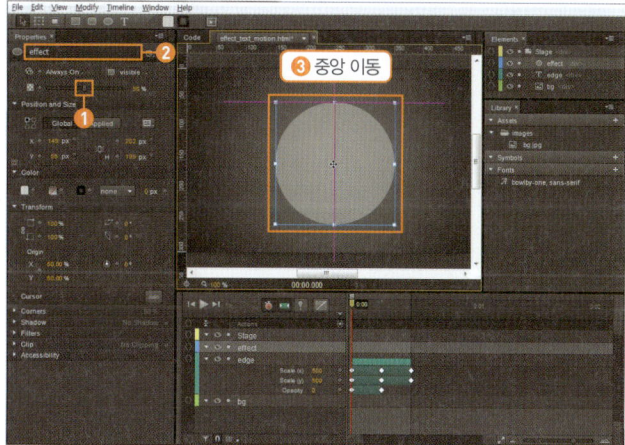

03 0:00.250 프레임과 0:00.500 프레임의 Scale에서 [Add Keyframe]을 클릭합니다.

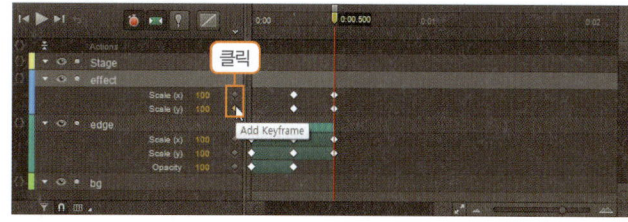

04 0:00.250 프레임과 0:00.500 프레임의 Opacity에서 [Add Keyframe]을 클릭합니다.

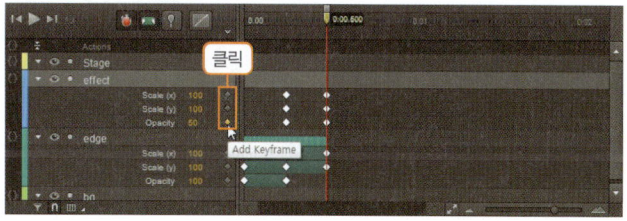

05 0:00.500 프레임에 설정된 키 값을 다
음과 같이 설정합니다.

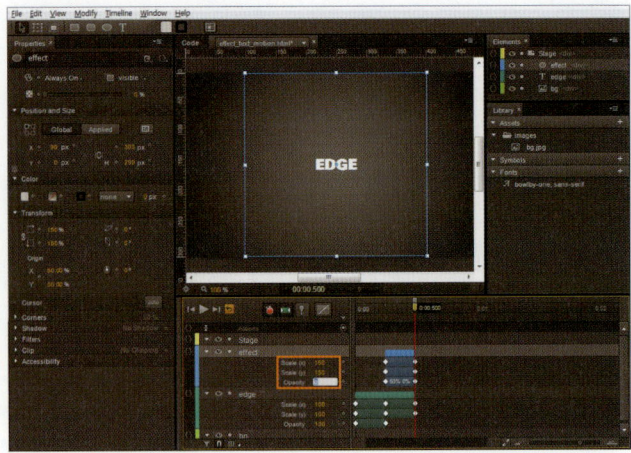

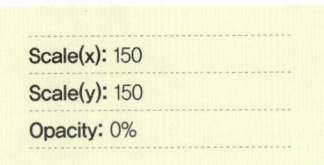

Scale(x): 150
Scale(y): 150
Opacity: 0%

06 처음에는 원이 필요없기 때문에 0:00 프
레임의 Display는 'Off', 0:00.250 프레
임의 Display는 'On'으로 설정합니다.

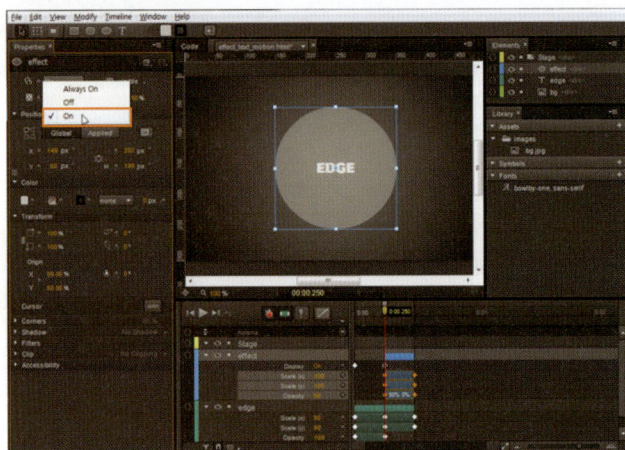

07 effect 레이어에 마우스 오른쪽 버튼을 클
릭하면 나타나는 메뉴에서 [Duplicate]
를 선택합니다.

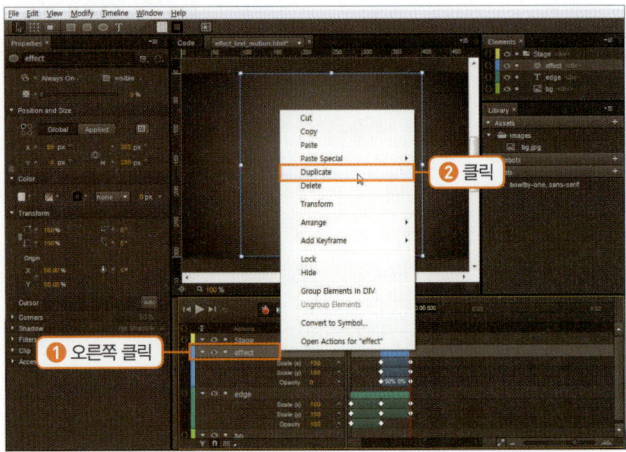

08 effect 모션을 중첩되게 만들기 위하여 effectCopy 레이어의 트랜지션 바를 선택한 후 0:00.350 프레임으로 이동합니다.

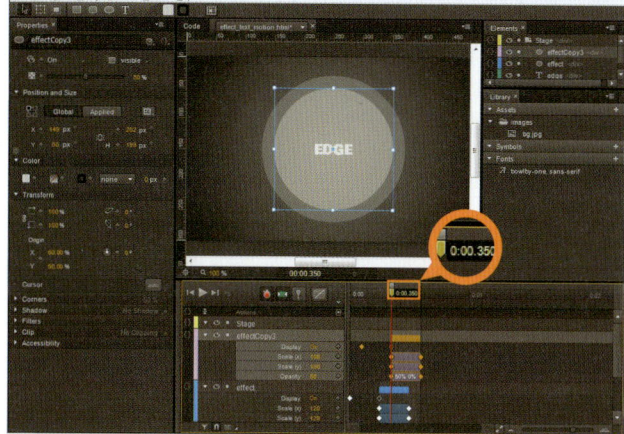

> **Tip!** 모션이 중첩되도록 만들면 되므로 반드시 0:00.350 프레임이 아니어도 상관없습니다.

09 심벌을 만들기 위하여 effect 레이어 2개를 모두 선택한 후 [Modify]-[Convert to Symbol]을 선택합니다.

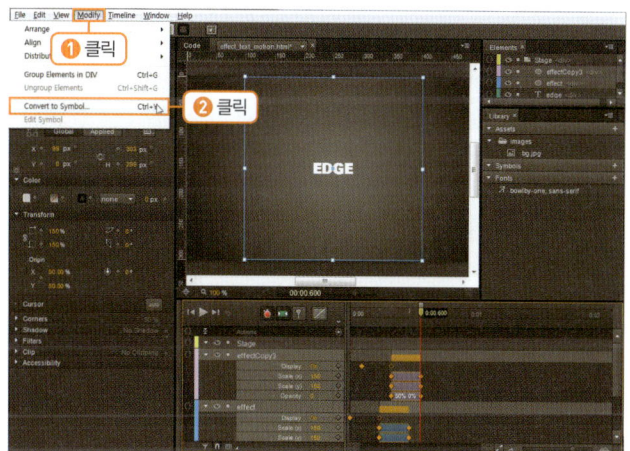

10 [Creat Symbol] 대화상자가 나타나면 effect_G 심벌을 생성합니다.

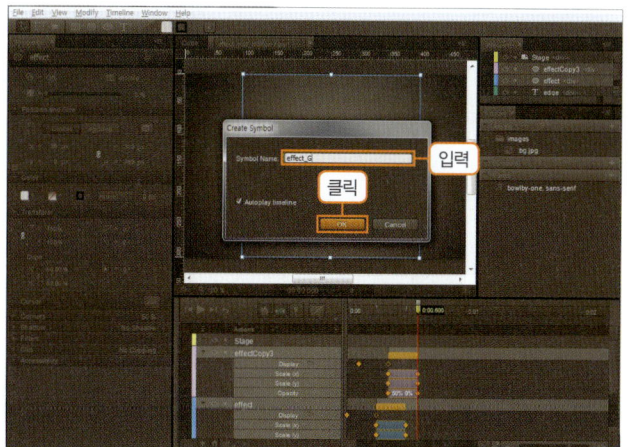

11 타임라인에 effect_G 심벌이 생성된 것을 확인합니다.

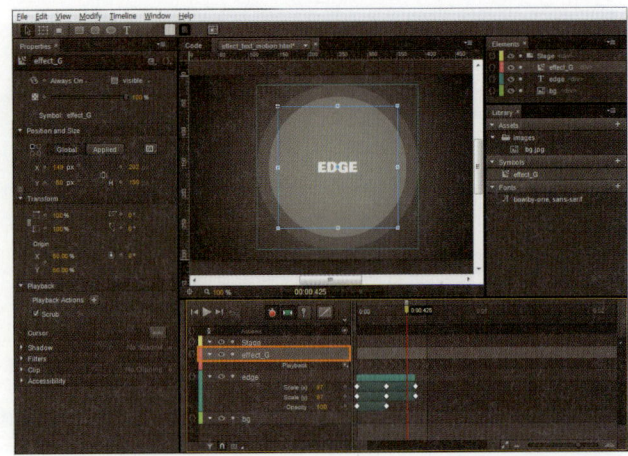

01 메뉴에서 텍스트 툴을 선택한 후 'HTML 5'라는 텍스트를 입력합니다.

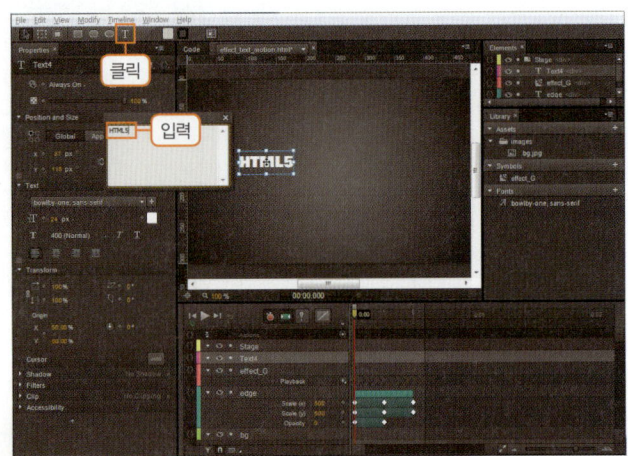

02 텍스트 크기를 '35px'로 변경합니다.

03 HTML5 텍스트를 화면 중앙으로 이동
합니다.

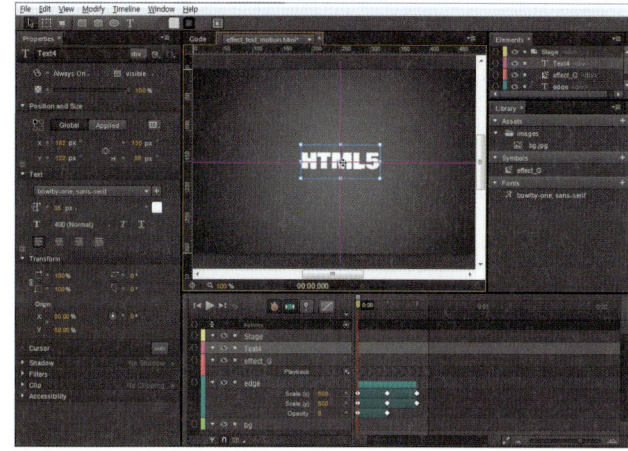

04 0:00.750 프레임과 0:01 프레임에 X 좌
표 키프레임을 각각 생성합니다.

05 0:00.750 프레임의 X 좌표 값을 오른
쪽 화면 영역 바깥쪽으로 이동합니다.

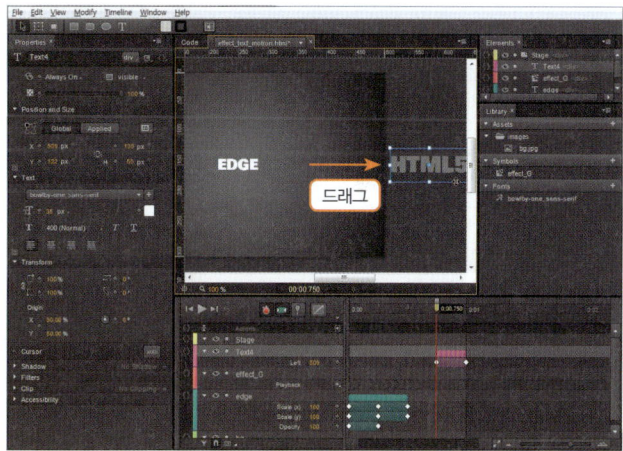

06 모션의 Easing 값을 다음과 같이 설
정합니다.

07 edge 레이어의 텍스트 X 속성에 대하여 0:00.750 프레임, 0:01 프레임에 키프레임을 생성합니다.

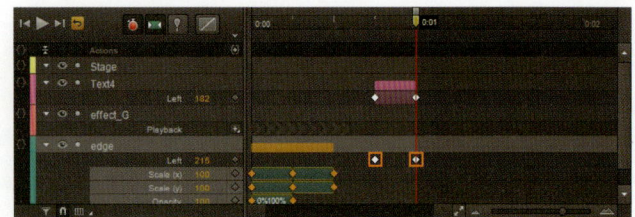

08 0:01 프레임의 edge 오브젝트를 왼쪽 화면의 바깥쪽으로 이동합니다.

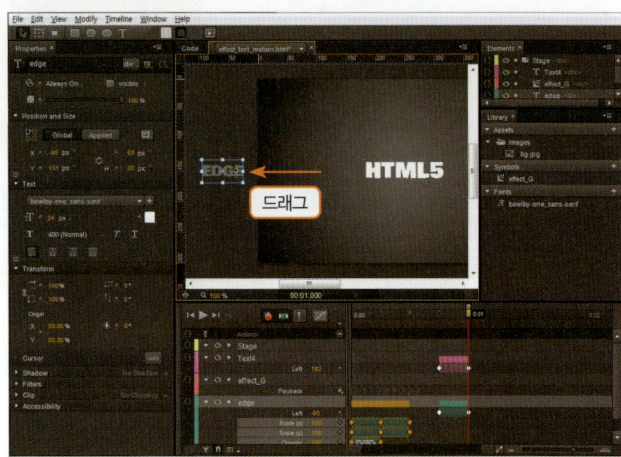

09 Ctrl + Enter 를 눌러 만들어진 모션을 확인합니다.

> **Tip!** 이미지 교체
>
> 선택한 이미지의 Properties에서 Swap 기능을 이용하여 이미지를 교체할 수 있습니다.

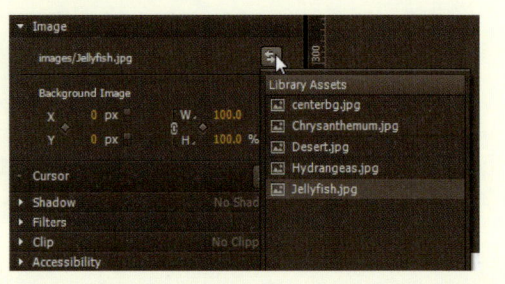

Tip! 튜토리얼 보기

Lessons 패널은 window 메뉴에 있는 기능으로, Adobe edge animate를 사용하는 사용자에게 엣지를 학습할 수 있는 튜토리얼을 제공합니다.

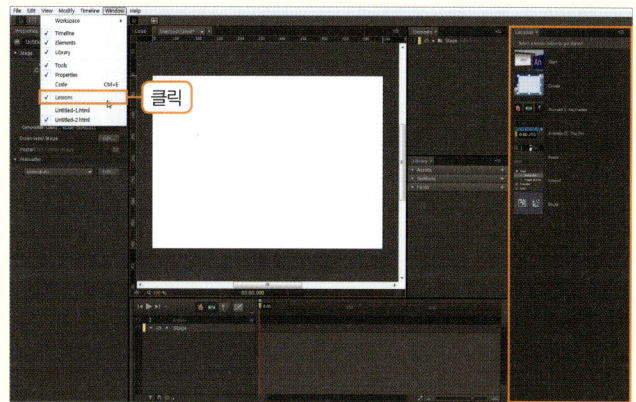

클릭

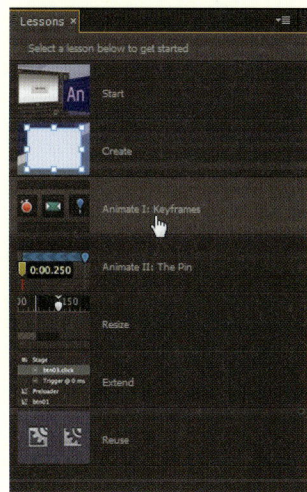

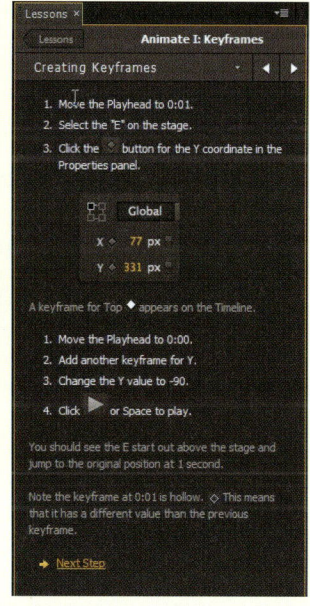

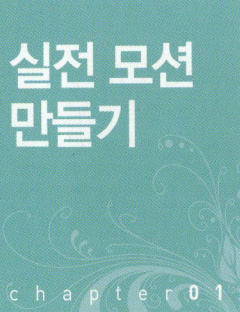
나비 날갯짓
모션 만들기

이번에는 디자인 오브젝트를 이용하여 나비가 날갯짓하는 모션을 만들어 보겠습니다.
자연스러운 느낌을 만드는 방식에 대하여 알아보겠습니다.

Preview

Butterfly

미리보기 QR코드

 Part03/02_Butterfly/Pre/end.html   Part03/02_Butterfly/Sample

01 디자인 오브젝트로 나비 날갯짓 모션 만들기

01 분리된 png 이미지를 이용해 날개의
width 변화로 팔랑거리는 느낌을 만듭
니다.

02 엣지에서 Part03/02_Butterfly/Sample /Butterfly.html을 불러옵니다.

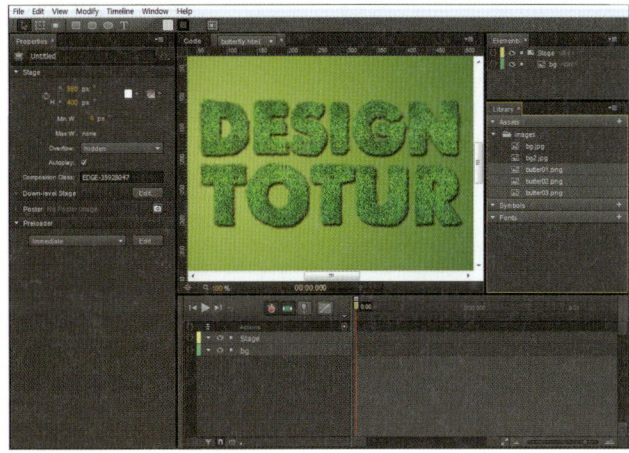

03 라이브러리에서 'butter01.png'를 선택한 후 스테이지로 드래그합니다.

Tip! 라이브러리에 있는 심벌이나 이미지를 스테이지에 드래그하면 복제됩니다.

04 스테이지에 이미지가 복제된 것을 확인할 수 있습니다.

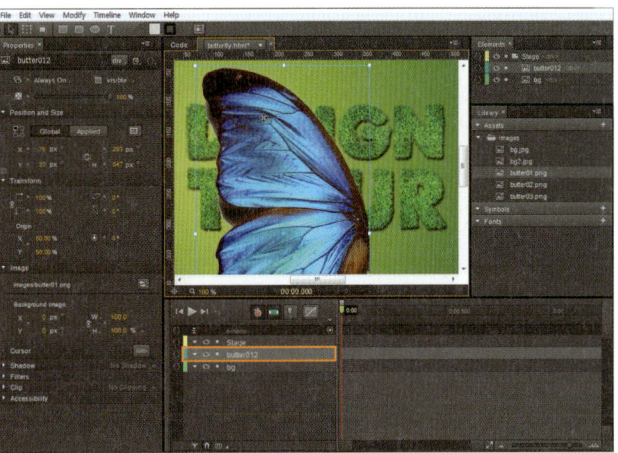

05 심벌을 등록하기 위하여 Ctrl + Y 를 누르고 'left'라는 심벌 이름을 설정합니다.

06 마우스 오른쪽 버튼을 클릭하면 나타나는 메뉴에서 [Edit Symbol "left"]를 선택합니다.

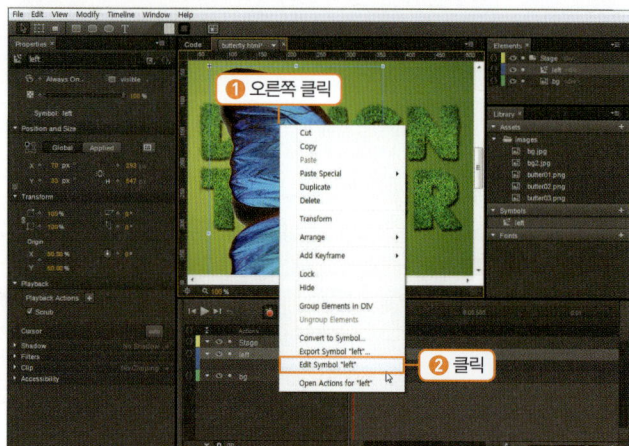

> **Tip!** left는 심벌 등록 시 설정한 심벌명입니다.

07 0:00 프레임, 0:00.250 프레임, 0:00.500 프레임의 Left와 Width 속성에 있는 [Add Keyframe]을 클릭합니다.

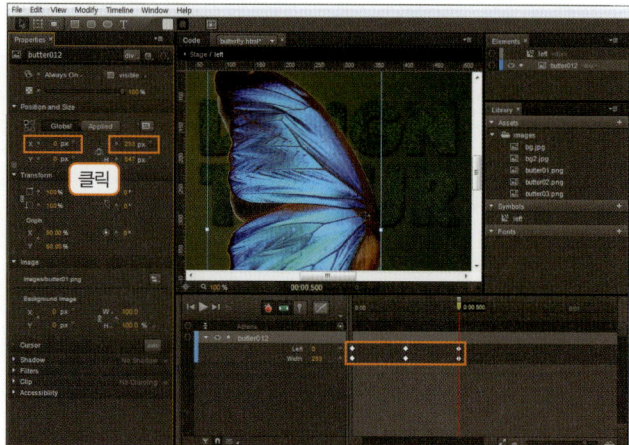

08 0:00.250 프레임의 속성 값을 다음과 같이 변경합니다.

> **Left:** 243
> **Width:** 50

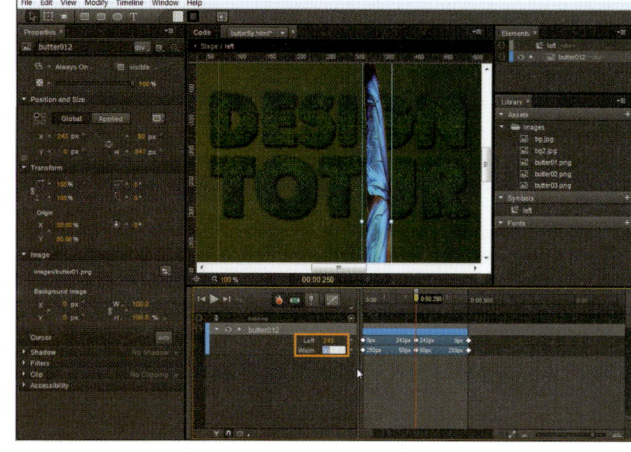

09 좀 더 느낌 있는 모션을 만들기 위하여 0:00 프레임과 0:00.250 프레임 구간에 있는 Left와 Width 속성 프레임에 다음과 같이 Easing 값을 설정하겠습니다.

❶ 구간 선택

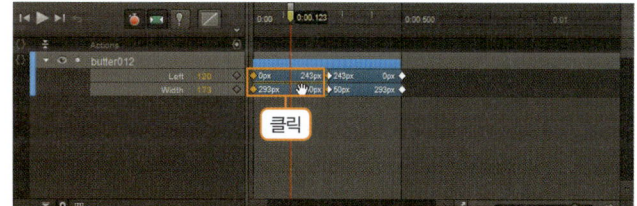

❷ Easing 설정

❸ 확인

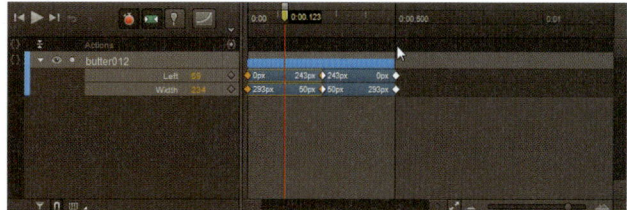

> **Tip!** Easing을 설정할 때에는 각 속성의 트랜지션 구간을 직접 선택해야 합니다.

10 0:00.250 프레임과 0:00.500 프레임
구간에 다음과 같이 Easing 값을 설정
하겠습니다.

1 구간 선택

2 Easing 설정

3 확인

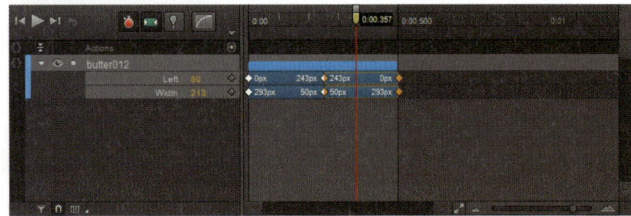

11 모션을 반복하기 위하여 0:00.500 프레
임에서 [Insert Trigger]를 클릭합니다.

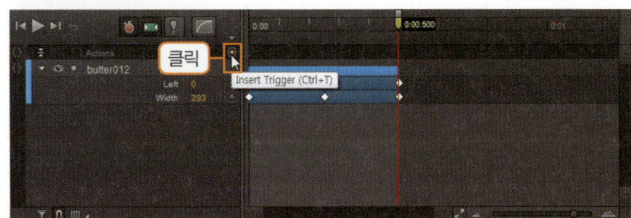

12 Action 창이 나타나면 [Play from]을
클릭하여 스크립트를 자동 완성한 후
'1000'을 '0'으로 변경합니다.

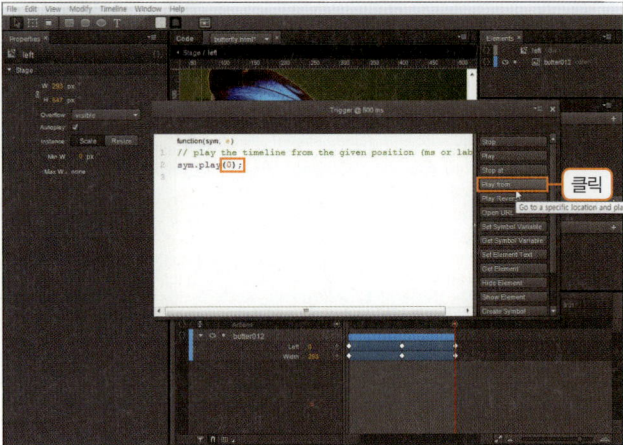

13 Ctrl + Enter 를 눌러 브라우저에서 완성된 모션을 확인합니다.

02 오른쪽 날개 만들기

01 스테이지에서 오른쪽 날개 움직임을 만들기 위하여 Library의 butter03.png 를 드래그합니다.

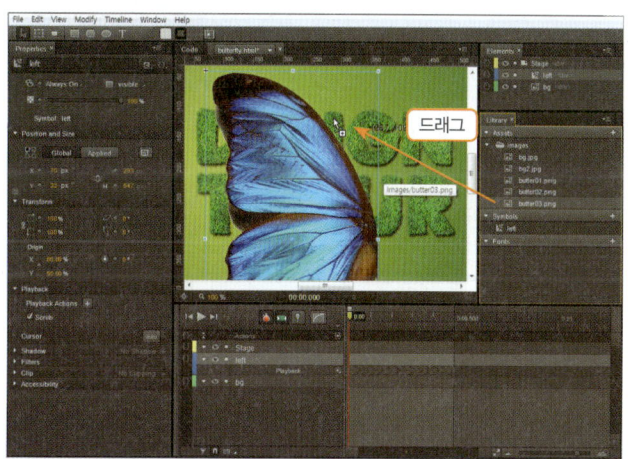

02 스테이지에 이미지가 복제된 것을 확인할 수 있습니다.

03 심벌을 등록하기 위하여 Ctrl+Y를 누른 후 Symbol name에 'right'를 입력합니다.

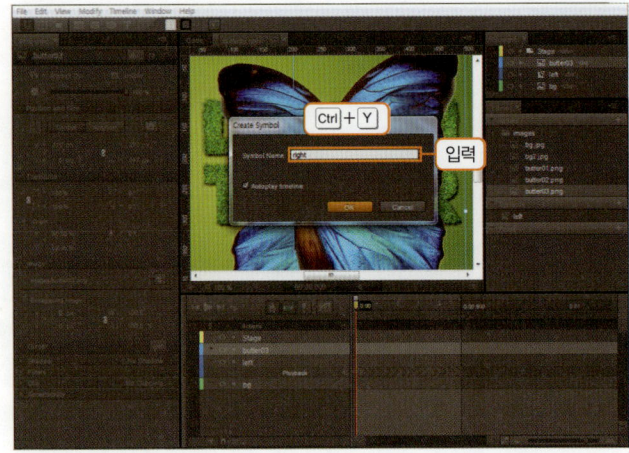

04 right의 모션 편집을 위하여 마우스 오른쪽 버튼을 클릭하면 나타나는 메뉴에서 [Edit Symbol "right"]를 선택합니다.

05 0:00 프레임, 0:00.250 프레임, 0:00.500 프레임의 Left와 Width 속성에 있는 [Add Keyframe]을 클릭합니다.

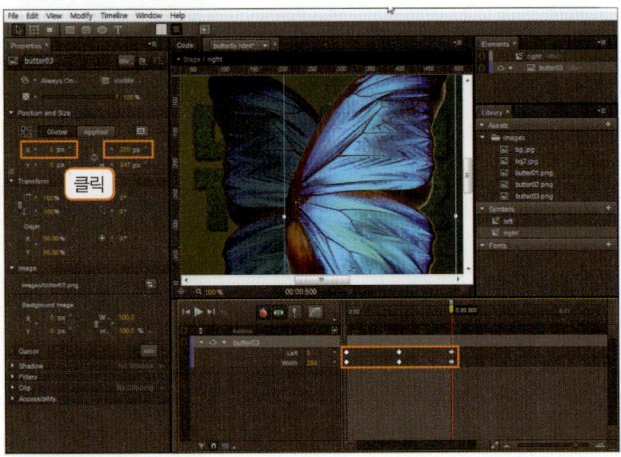

06 0:00.250 프레임에서 다음과 같이 속
성 값을 변경합니다.

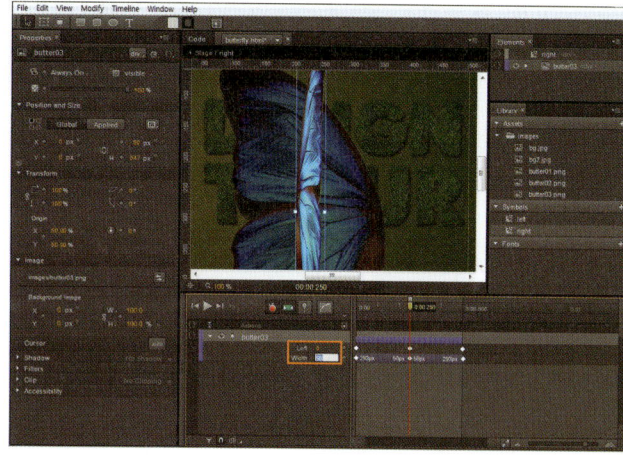

Left: 0
Width: 50

07 좀 더 느낌 있는 모션을 만들기 위하여
0:00 프레임과 0:00.250 프레임에 다
음과 같이 Easing 값을 설정하겠습니다.

❶ **구간 선택**

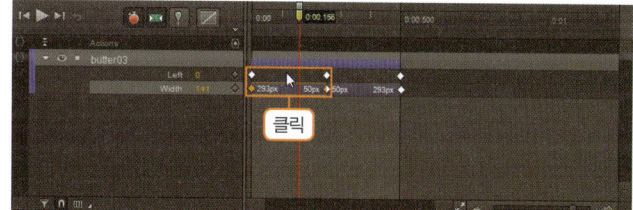

클릭

❷ **Easing 설정**

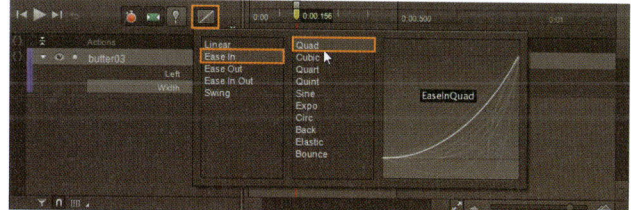

❸ **확인**

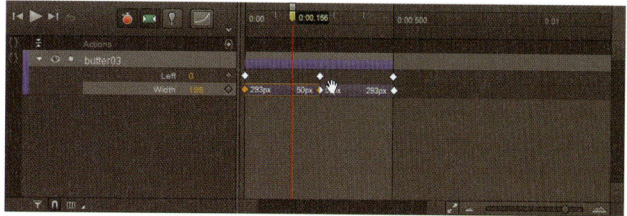

08 0:00.250 프레임과 0:00.500 프레임
에 다음과 같이 Easing 값을 설정하겠
습니다.

❶ 구간 선택

❷ Easing 설정

❸ 확인

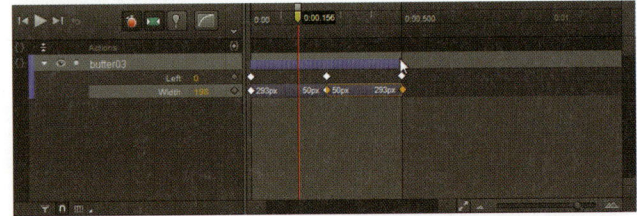

09 모션을 반복하기 위하여 0:00.500 프레
임에서 [Insert Trigger]를 클릭합니다.

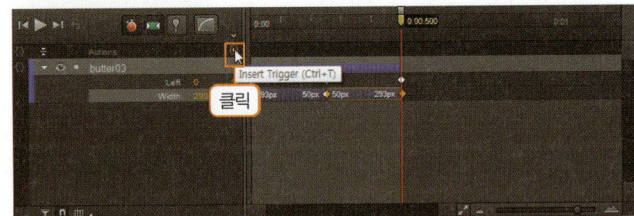

10 Action 창이 나타나면 [Play from]을
클릭하여 스크립트를 자동 완성한 후
'1000'을 '0'으로 변경합니다.

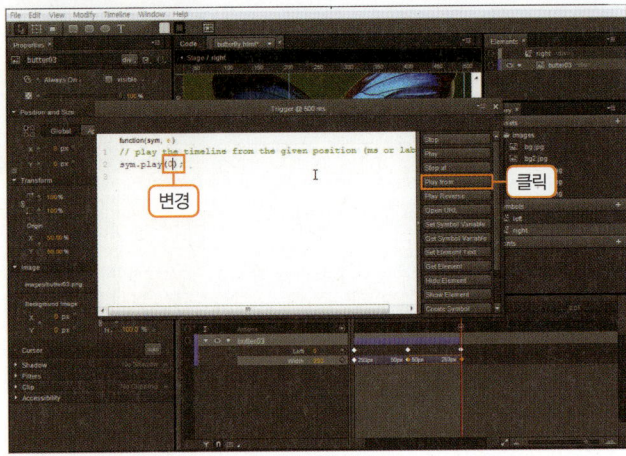

11 Ctrl + Enter 를 눌러 브라우저에서 완성된 모션을 확인합니다.

03 Butterfly 심벌 만들기

01 Library에서 'butter02.png'를 선택한 후 스테이지로 드래그합니다.

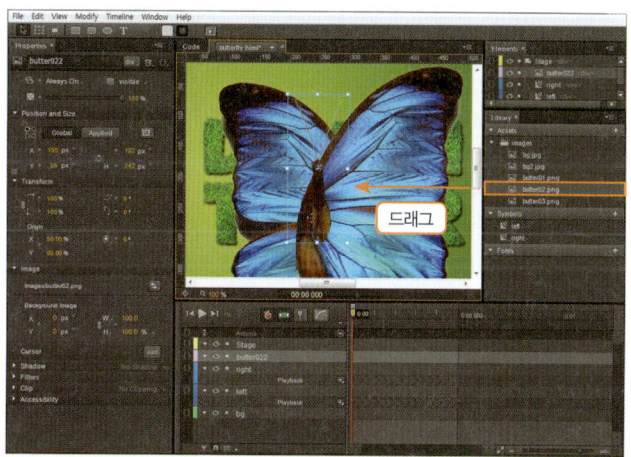

02 left, right, butter 오브젝트를 모두 선택한 후 Ctrl + Y를 눌러 심벌을 등록하고 Symbol Name에 'butterfly'를 입력합니다.

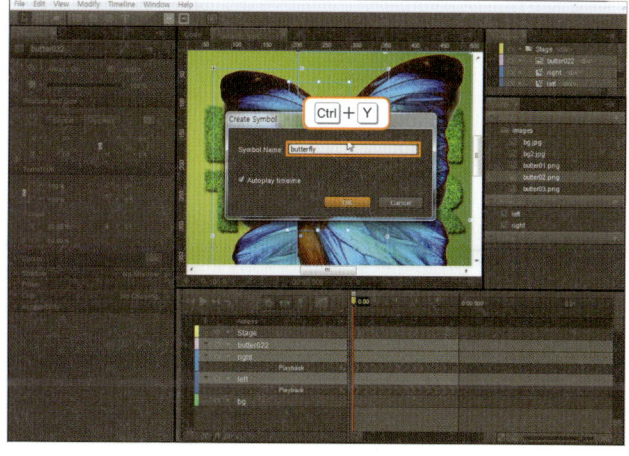

03 마우스 오른쪽 버튼을 클릭하면 나타나
는 메뉴에서 [Edit Symbol "butter"]를
선택합니다.

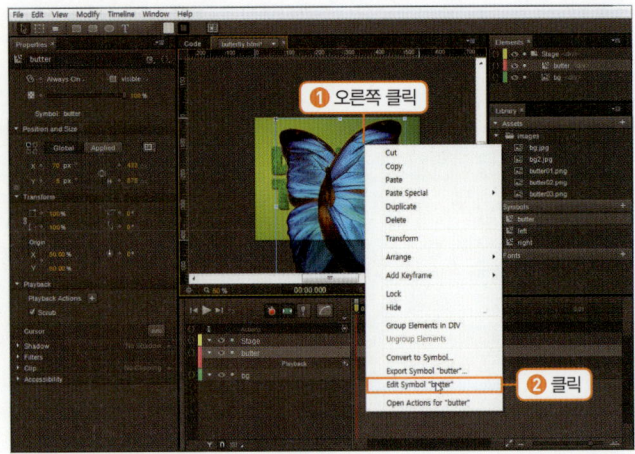

04 보이는 위치를 변경하기 위하여 butter
022 레이어에 마우스 오른쪽 버튼을 클
릭하면 나타나는 메뉴에서 [Arrange] –
[Send to Back]을 선택합니다.

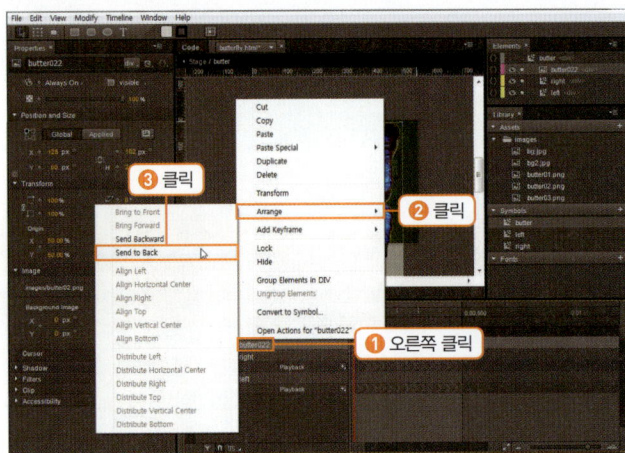

05 오브젝트를 다음과 같이 배치하여 나비
모양을 만듭니다.

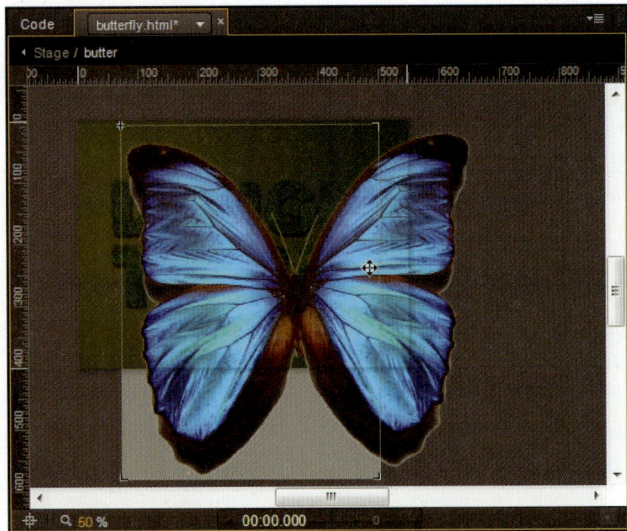

06 Ctrl+Enter를 눌러 브라우저를 통해 모
션을 확인합니다.

07 스테이지의 butterfly를 선택한 후 크기
를 적절하게 조절합니다.

08 Ctrl+Enter를 눌러 브라우저에서 완성
된 모션을 확인합니다.

배트맨 인트로 모션 만들기

이번 예제에서는 애니메이션이 좀 더 긴 인트로 모션을 만들어 보겠습니다. 작업 전에 우선 미리 보기 파일을 브라우저에서 확인한 후 모션의 아이디어 구상 부분을 인지한 상태에서 예제를 만들어야 학습 효과가 있습니다.

미리보기 QR코드

 Part03/03_Batman/Pre/end.html   Part03/03_Batman/Sample

 01 배트맨 마크가 등장하는 모션 만들기

01 Part03/03_Batman/Sample/
Batman.html을 불러옵니다.

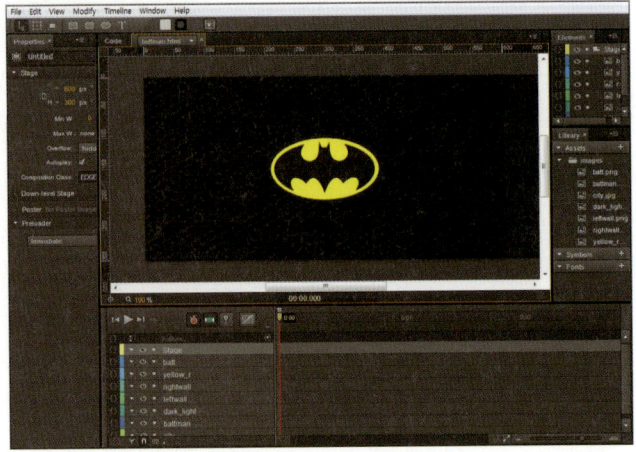

02 batt는 처음에 보일 필요가 없기 때문에 Display를 'Off'로 설정합니다.

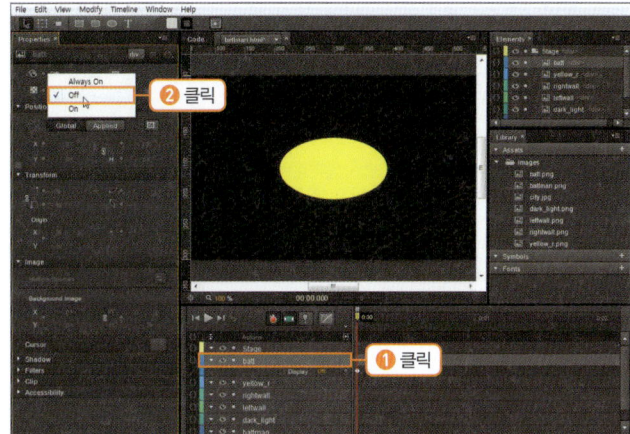

Tip! 이미지나 오브젝트가 레이어에 등록 되는 경우 Display를 이용하여 순차적인 등장을 조정할 수 있습니다.

03 'yellow_r'을 선택한 후 Transform의 Scale(x), Scale(y)에서 [Add Key frame]을 클릭합니다.

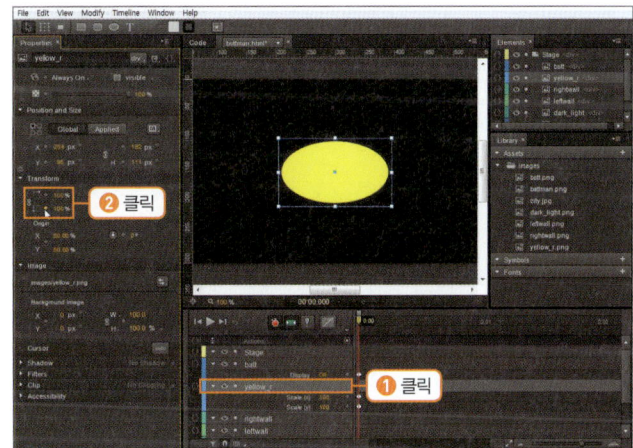

04 0:01 프레임에 키를 생성합니다.

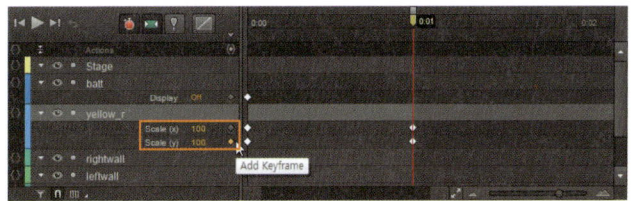

05 0:00 프레임에 Scale(x), Scale(y)를 각각 '10'으로 설정합니다.

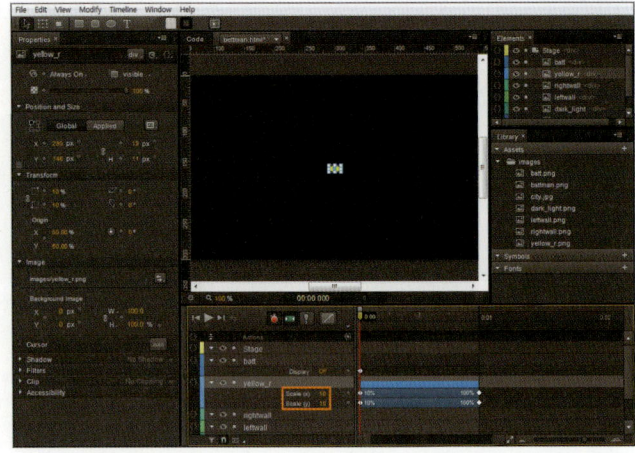

06 Easing 값을 설정하기 위하여 yellow_r 의 트랜지션 바를 선택합니다.

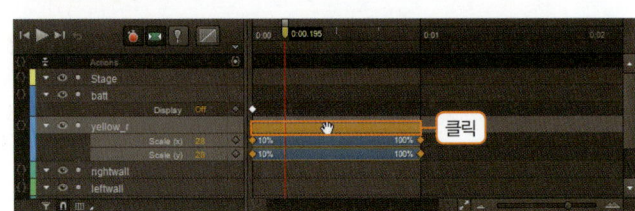

07 Easing 값을 [Ease Out] – [Elastic]으로 설정합니다.

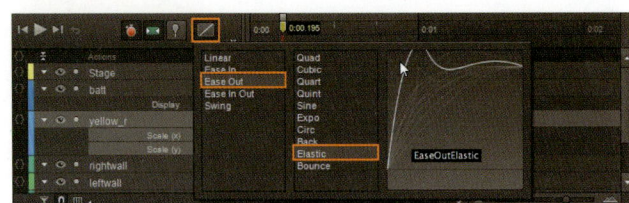

08 배트맨 마크가 나타나도록 하기 위해 0:01 프레임에서 batt의 Display를 'On'으로 변경합니다.

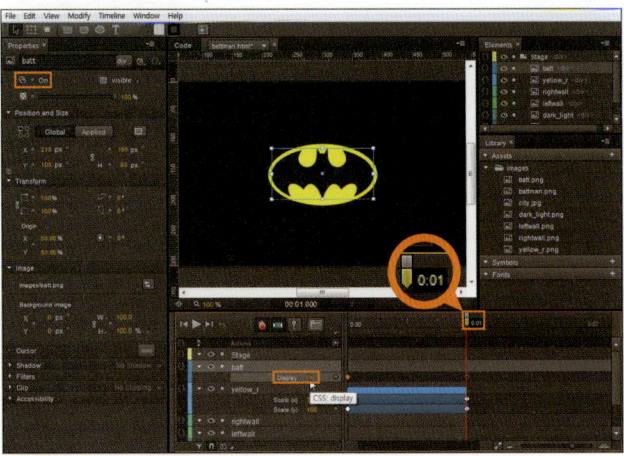

09 0:01 프레임과 0:01.500 프레임의 Transform에서 Scale(x), Scale(y)의 [Add Keyframe]을 클릭합니다.

10 0:01 프레임에 Scale(x), Scale(y) 값 이 화면에 채워지도록 각각 '350'으로 설정합니다.

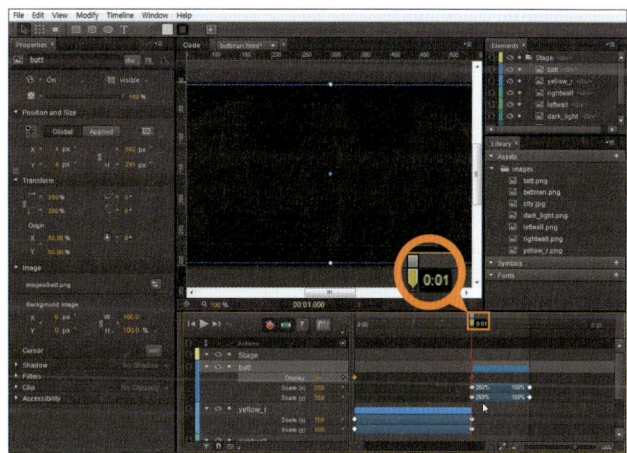

11 batt의 Easing 값을 [Ease Out] – [Back] 으로 설정합니다.

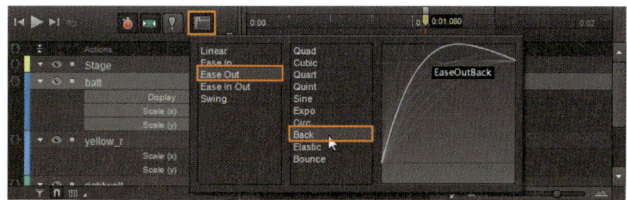

12 Ctrl + Enter 를 눌러 지금까지 만든 모션 을 브라우저에서 확인합니다.

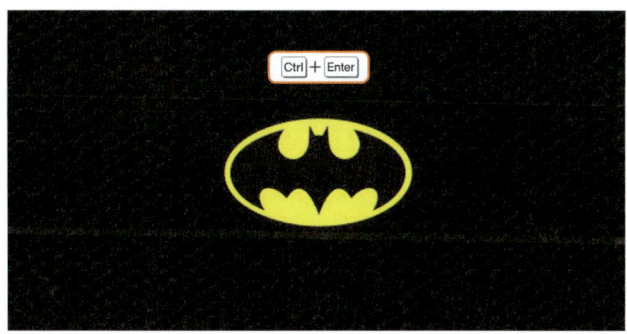

02 배경과 배트맨 마크 확대 모션 만들기

01 배경이 열리는 모션을 만들기 위해 rightwall, leftwall의 Position and Size에 X 속성을 0:01.750 프레임, 0:02.500 프레임에 [Add Keyframe] 을 클릭합니다.

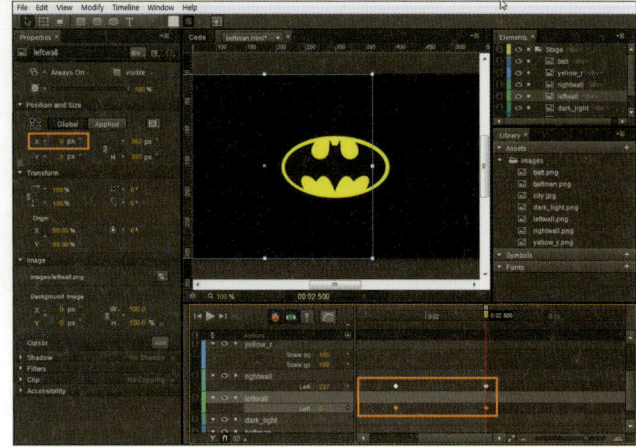

02 양쪽 옆으로 열리는 모션을 만들기 위하여 0:02.500 프레임에서 화면 바깥으로 움직입니다.

03 Easing 값을 설정하기 위하여 rightwall, leftwall의 트랜지션 바를 선택한 후 다음과 같이 설정합니다.

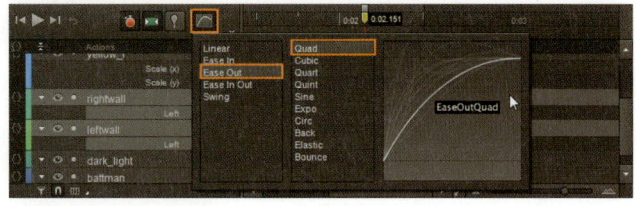

Leftwall: −362

Rightwall: 600

PART 01 어도비 엣지 알아보기

PART 02 기본 다지기

PART 03 실전 예제

04 열리는 모션을 좀더 강조하기 위하여 dark_light와 leftwall 사이에 흰색 박스를 만듭니다.

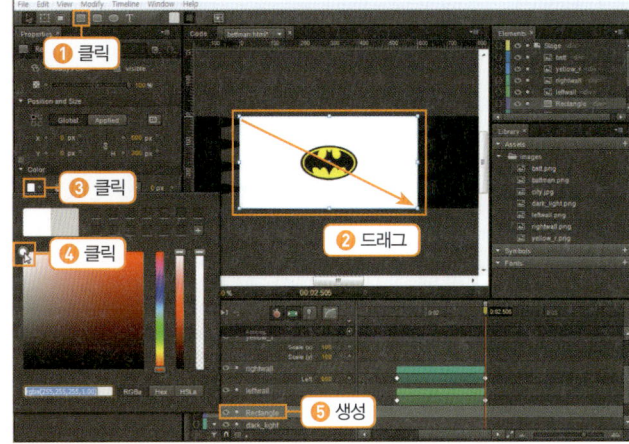

05 엣지에서 새로 생성된 오브젝트는 0:00 프레임부터 보이기 때문에 Display를 이용하여 'Off'로 설정합니다.

06 rightwall, leftwall 양쪽으로 열리는 시점인 0:01.750 프레임에서 Display를 'On'으로 변경합니다.

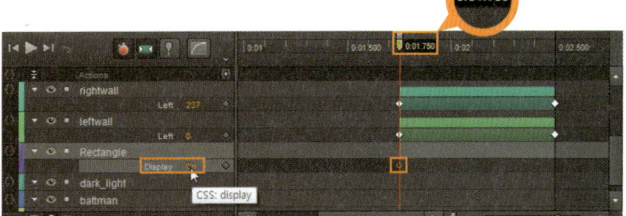

07 원활한 작업을 위하여 rightwall, leftwall 의 레이어 눈 아이콘을 비활성화하겠습니다.

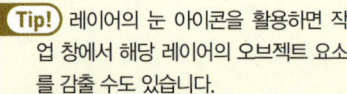

> **Tip!** 레이어의 눈 아이콘을 활용하면 작업 창에서 해당 레이어의 오브젝트 요소를 감출 수도 있습니다.

08 Opacity 속성을 0:01.750 프레임, 0: 02.500 프레임에 [Add Keyframe]을 클릭합니다.

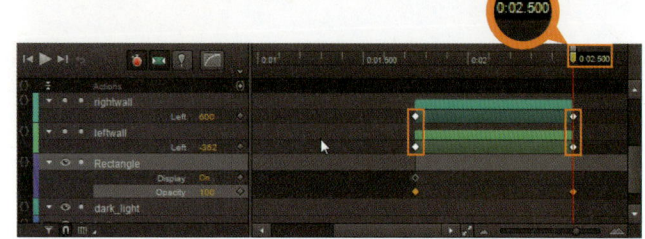

09 0:02.500 프레임 값을 0으로 설정한 후 Display는 'Off'로 설정합니다.

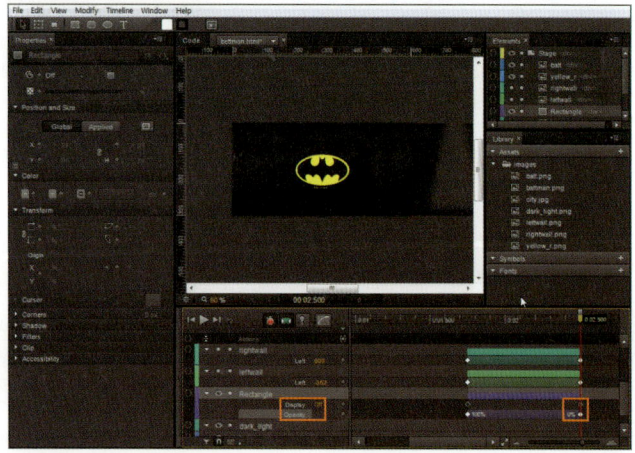

10 rightwall, leftwall 레이어 눈 아이콘을 다시 활성화합니다.

11 [Ctrl]+[Enter]를 눌러 지금까지 만든 모션을 브라우저에서 확인합니다.

12 batt, yellow_r을 선택한 후 Opacity, Scale(x), Scale(y)를 0:02.500 프레임, 0:03 프레임에 각각 [Add Key frame]을 클릭합니다.

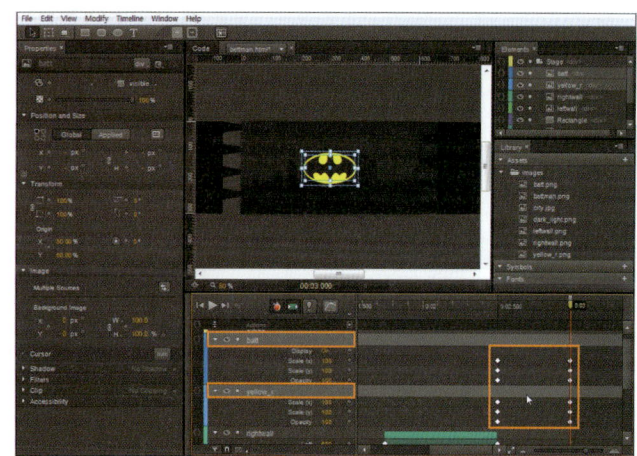

13 0:03 프레임 속성 값을 다음과 같이 설정합니다.

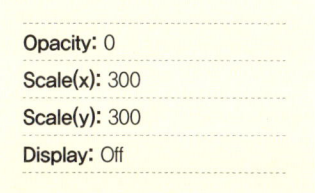

Opacity: 0
Scale(x): 300
Scale(y): 300
Display: Off

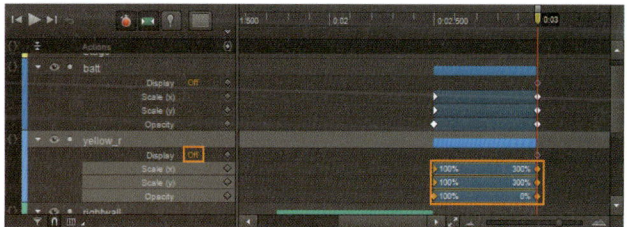

14 화면에 보이는 배트맨은 지금 등장하는 것이 아니기 때문에 0:00 프레임에서 Display를 'Off'로 설정합니다.

15 Ctrl + Enter 를 눌러 지금까지 나온 모션을 브라우저에서 확인합니다.

01 dark_light를 선택한 후 X 속성의 0:03.250 프레임과 0:04 프레임에 각각 [Add Keyframe]을 클릭합니다.

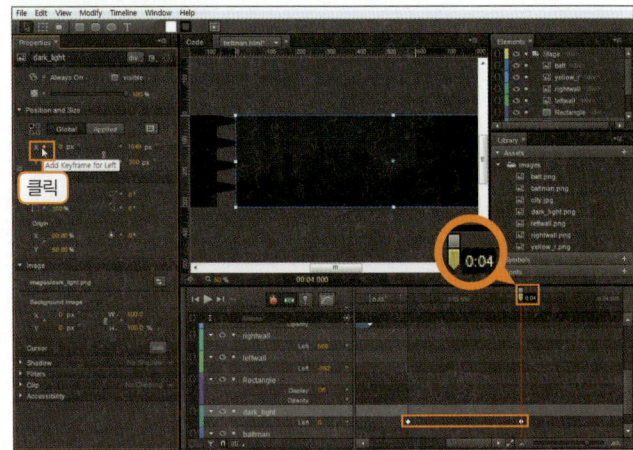

02 0:04 프레임을 다음과 같이 이동합니다.

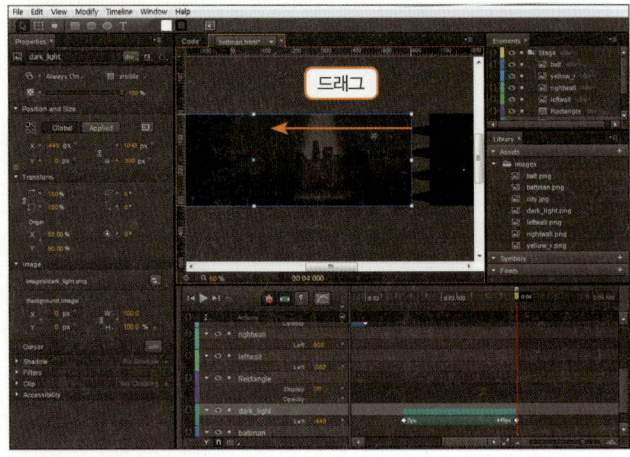

03 Easing 값을 [Ease Out] – [Cubic]으로 설정합니다.

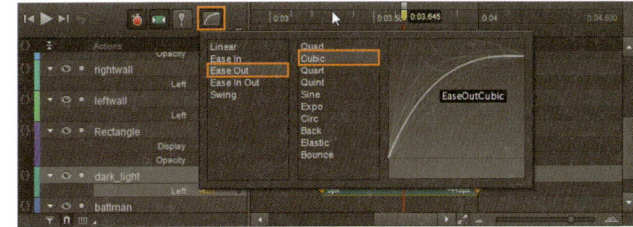

04 아래 배트맨의 애니메이션을 위하여 dark_light 레이어의 자물쇠 아이콘을 클릭합니다.

05 betman 레이어를 선택한 후 0:04.250 프레임과 0:05 프레임의 Y 속성에 있는 [Add Keyframe]을 클릭합니다. 이때 Display는 'On'으로 설정합니다.

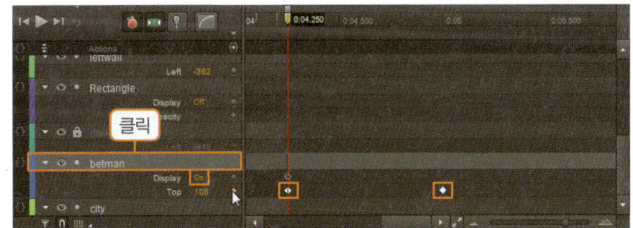

06 0:04.250 프레임의 betman을 화면 위로 이동합니다.

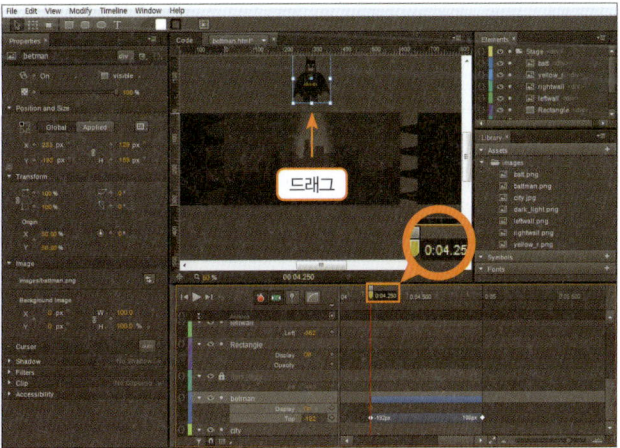

07 Ctrl + Enter 를 눌러 지금까지 만든 모션을 브라우저에서 확인합니다.

08 확대 모션을 만들기 위하여 현재 화면을 캡처하겠습니다. 화면 바깥쪽을 클릭한 후 Properties에서 Poster의 아이콘을 클릭합니다.

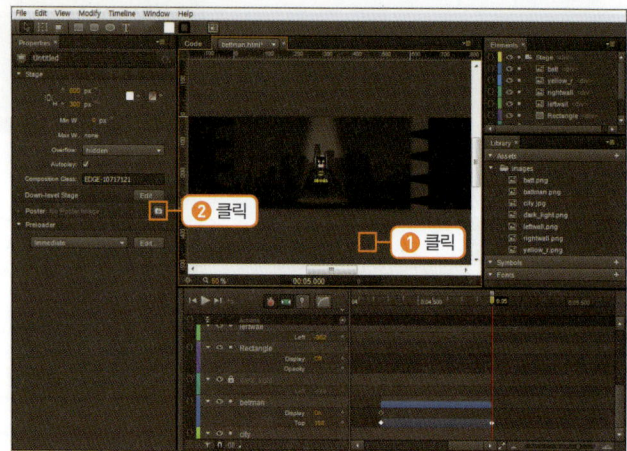

09 [Capture]를 클릭합니다.

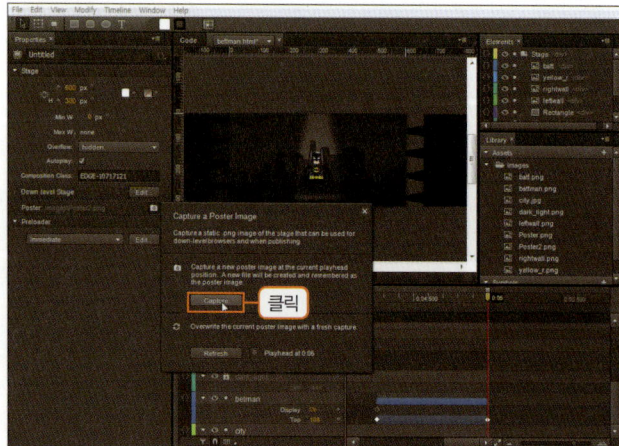

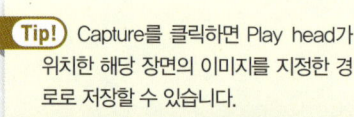
Tip! Capture를 클릭하면 Play head가 위치한 해당 장면의 이미지를 지정한 경로로 저장할 수 있습니다.

10 캡처된 이미지를 임포트하겠습니다. Ctrl+I를 눌러 생성된 Images 폴더 안에 있는 Poster.png를 불러옵니다.

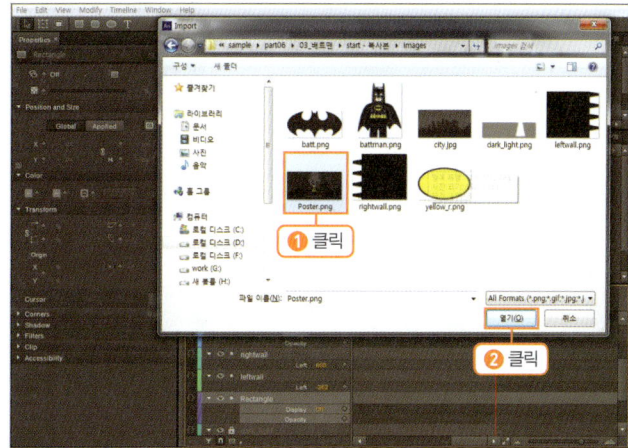

11 Poster는 0:05 프레임부터 필요하고, 그 이전은 보일 필요가 없기 때문에 Display를 0:00 프레임은 'Off', 0:05 프레임은 'On'으로 설정합니다.

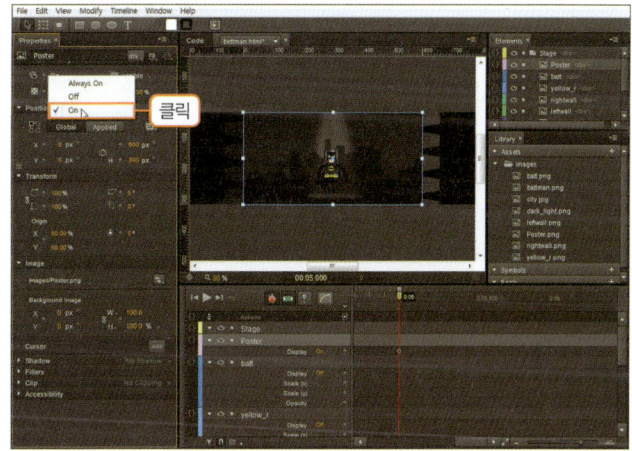

12 Poster 레이어를 Rectangle 레이어 위로 이동하기 위하여 Element 패널에서 드래그하여 이동합니다.

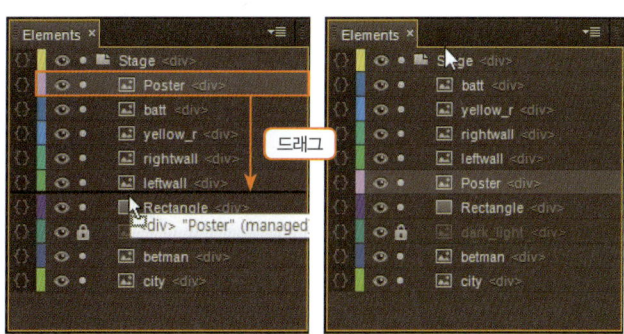

13 확대되는 모션을 만들기 위하여 Scale(x), Scale(y), rotation 속성을 0:05 프레임, 0:05.125 프레임, 0:05.250 프레임, 0:05.375 프레임에 [Add Key frame]을 클릭합니다.

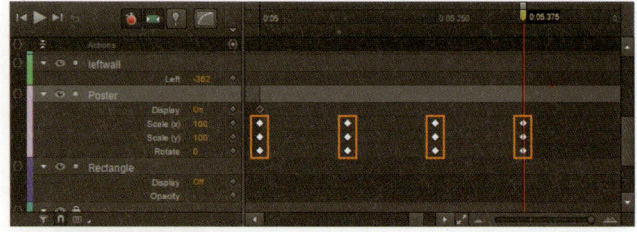

14 각 프레임별 속성 값을 다음과 같이 설정합니다.

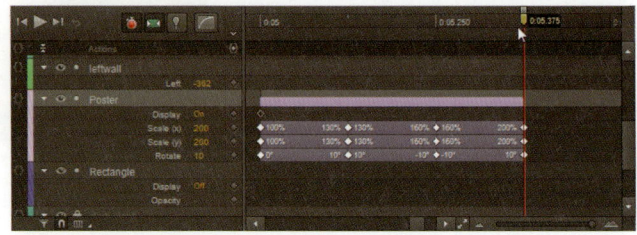

	0:05 프레임	0:05.125 프레임	0:05.250 프레임	0:05.375 프레임
Scale(x)	100	130	160	200
Scale(y)	100	130	160	200
rotation	0	10	-10	10

15 벽이 다시 닫히는 모션을 만들기 위하여 rightwall, leftwall의 0:05.375 프레임, 0:05.500 프레임에 X 속성을 [Add Keyframe]을 클릭합니다.

16 0:05.500 프레임의 속성 값을 다음과 같
이 설정하여 모션을 마무리하겠습니다.

> rightwall: 237
>
> leftwall: 0

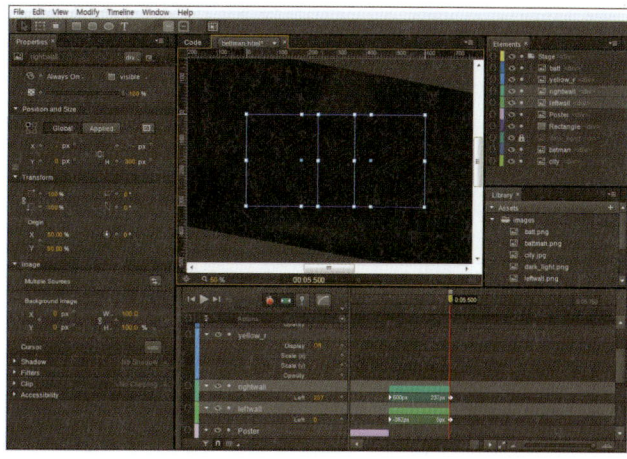

17 Ctrl + Enter 를 눌러 지금까지 만든 모션
을 브라우저에서 확인합니다.

Tip! **한글 네이밍 오류**

엣지에서 Id나 심벌에 대한 네이밍을 정하는 경우나 영문이 아닌 한글일 때 오류가 발생합니다.

[id 값 한글 오류]   [심벌 한글 등록 오류]

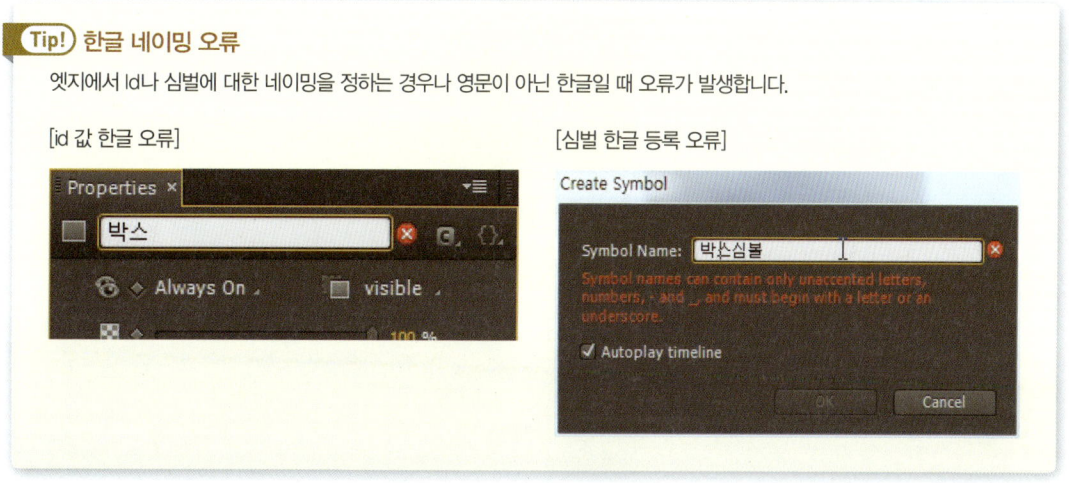

다양하고 감각적인
트리 모션 만들기

이번에는 복잡하고 다양한 모션을 만들기 위한 방법에 대해 알아보겠습니다. 심벌을
2중으로 감싸는 방법으로 효과적인 모션을 만들 수 있습니다.

Preview

TREE

Tree

미리보기 QR코드

미리보기 Part03/04_Tree/Pre/end.html   샘플파일 Part03/04_Tree/Sample

01 텍스트 등장 모션 만들기

01 Part03/04_Tree/Sample/Tree.html
을 불러옵니다.

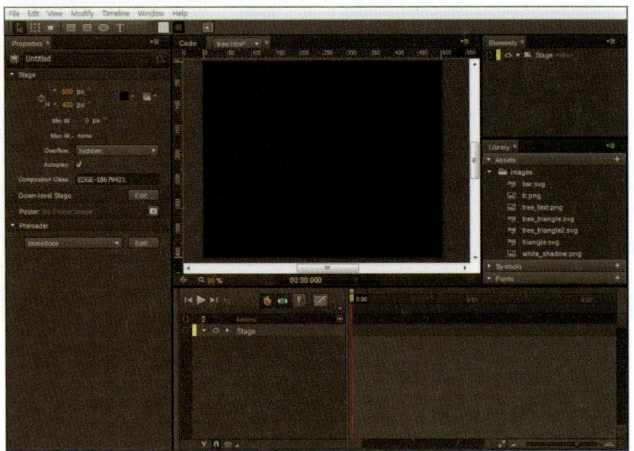

02 Library에서 tree_text.png와 white_
shadow.png를 스테이지에 드래그합
니다.

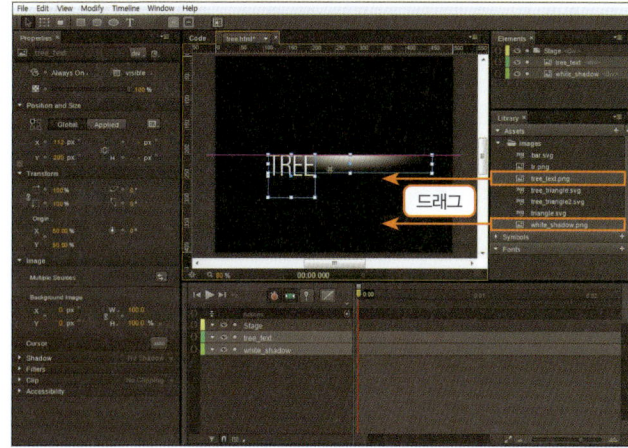

03 다음과 같이 화면 중앙 하단에 오브젝트
를 배치합니다.

04 tree_text를 선택한 후 X 속성의 0:00
프레임과 0:02 프레임에 [Add Key
frame]을 클릭합니다.

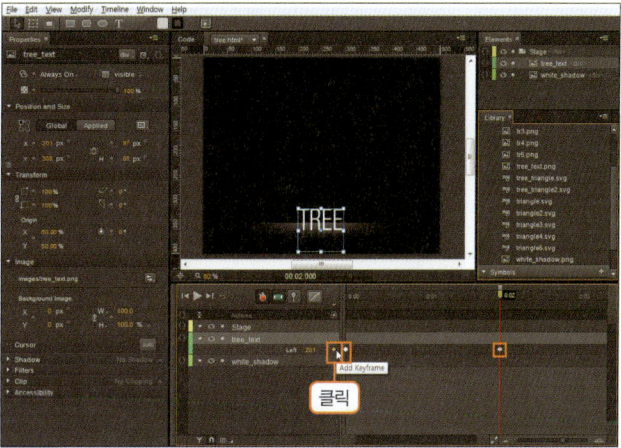

05 0:00 프레임에 있는 tree_text를 왼쪽
화면 바깥으로 이동합니다.

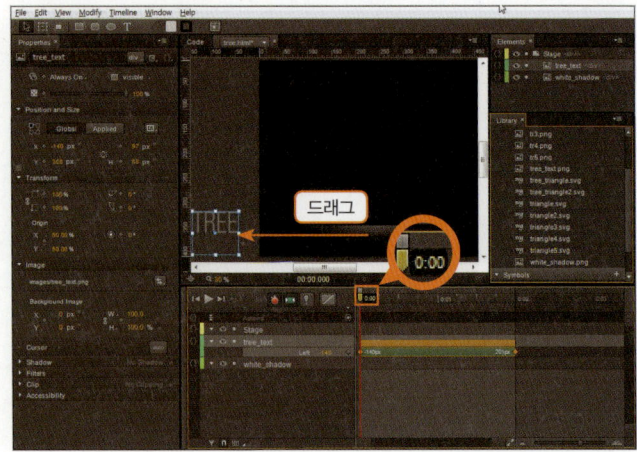

06 Easing 값을 [Ease Out] – [Elastic]으
로 설정합니다.

07 0:02.500 프레임에서 메뉴의 박스를
선택한 후 다음과 같이 세로가 긴 박
스를 만듭니다. 박스의 Width는 3px,
Height는 400px로 설정합니다. Color
는 흰색을 선택합니다.

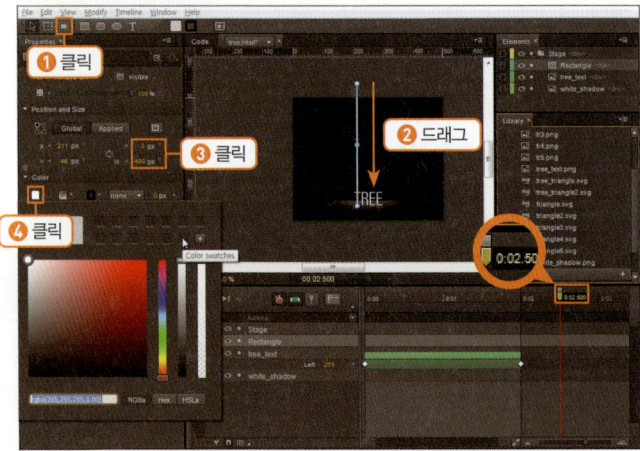

08 만들어진 라인을 tree_text에 다음과 같이 배치합니다.

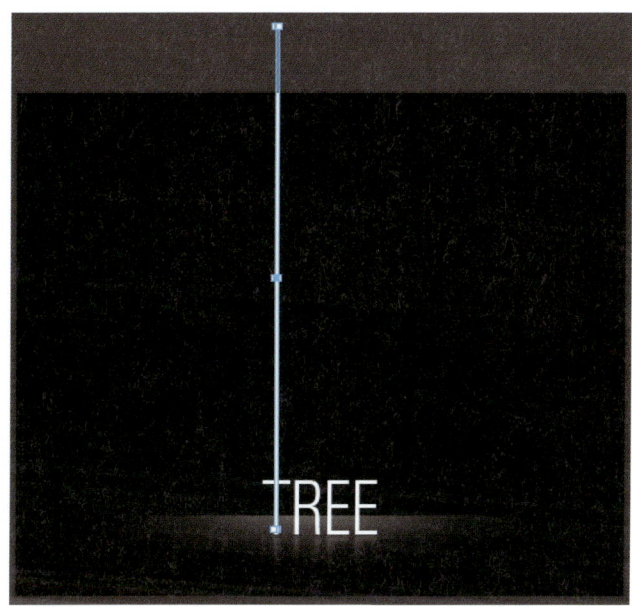

09 라인이 아래에서 위로 올라가는 느낌을 만들기 위하여 Clip 속성을 이용합니다. 0:02.500 프레임, 0:03.500 프레임의 Clip 속성에서 [Add Keyframe]을 클릭합니다.

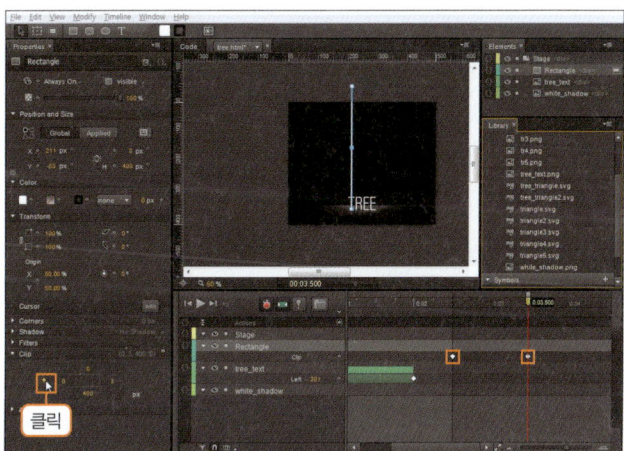

10 Clip을 이용하여 아래에서 위로 만들어지는 느낌을 만들기 위하여 0:02.500 프레임의 설정 값을 다음과 같이 만듭니다.

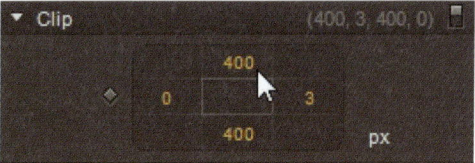

11 Easing 값을 [Ease Out]-[Quad]로 설정합니다.

12 Ctrl + Enter 를 눌러 브라우저에서 만들어진 모션을 확인합니다.

02 파티클 모션 불러오기

01 ymbols 패널의 ➕ 아이콘을 클릭합니다.

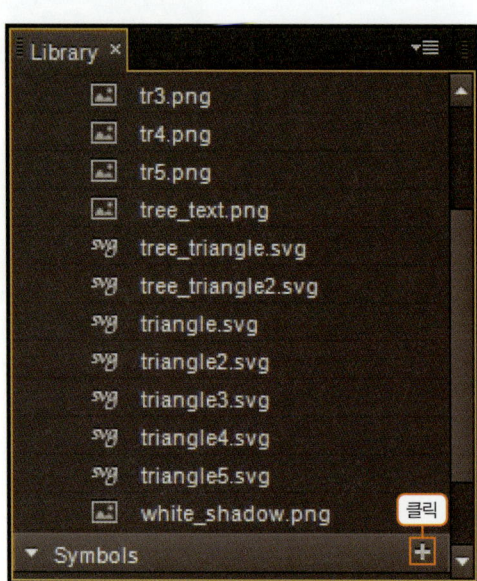

02 images 폴더의 trangle_g.ansym을
선택합니다.

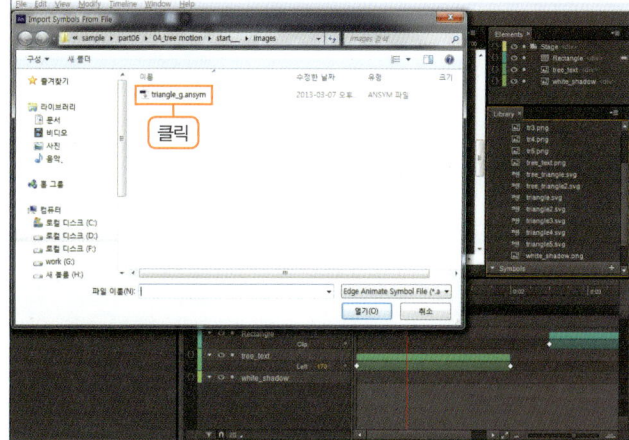

03 Symbols 패널에 triangle_g, triangle
_scale 심벌이 생성된 것을 확인합니다.

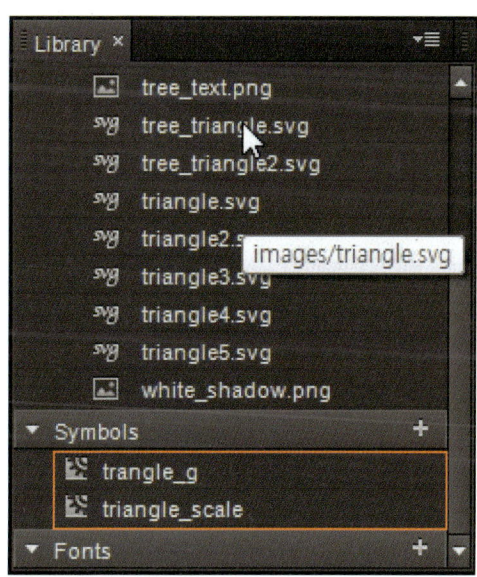

04 trangle_g 심벌을 스테이지에 드래그
하여 가져오겠습니다.

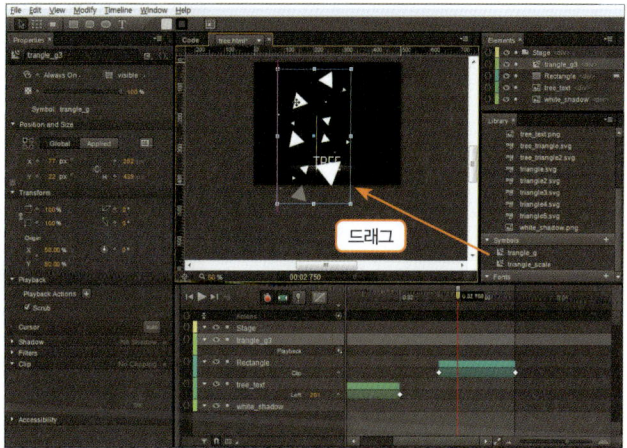

05 trangle_g 심벌은 0:02.750 프레임
에서 play되도록 만들어져야 합니다.
0:00 프레임에서 Playback을 stop으
로 설정합니다.

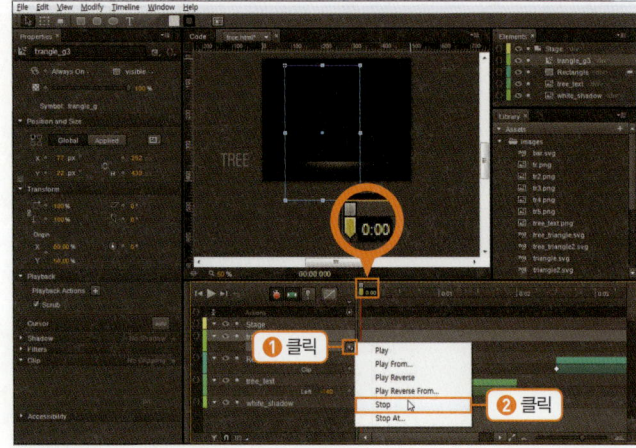

06 trangle_g 심벌의 Display를 'Off'로 설
정합니다.

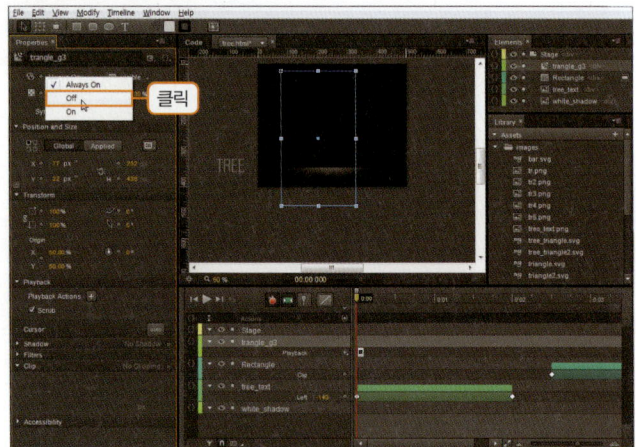

07 0:02.750 프레임에서 Display를 'On'
으로 설정합니다.

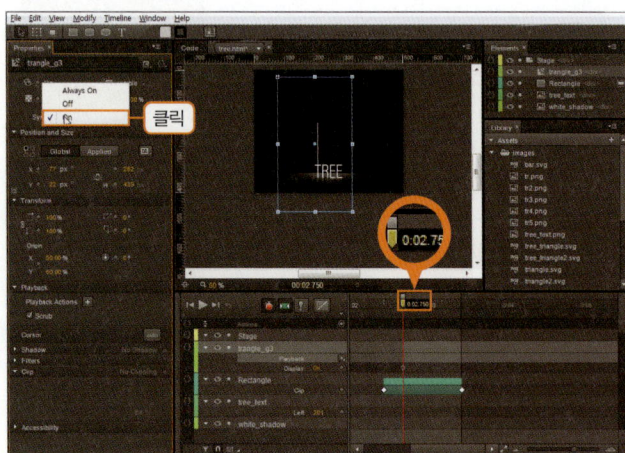

08 Playback의 설정을 Play로 만듭니다.

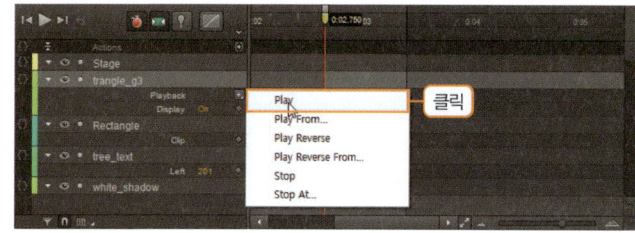

09 trangle_g 심벌의 모션이 재생되는 것을 확인할 수 있습니다.

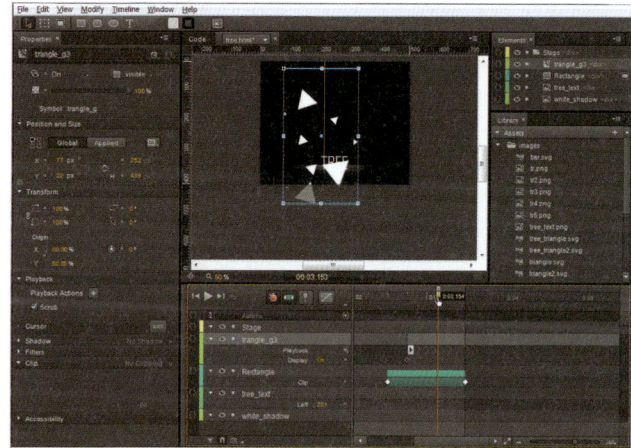

10 trangle_g 심벌을 다음과 같이 좀 더 상단으로 이동합니다.

11 key가 자동으로 생성된 부분을 선택한
후 Delete를 눌러 지웁니다.

12 0:02.750 프레임과 0:03.750 프레임에
Scale(x), Scale(y) 속성을 [Add Key
frame]을 클릭합니다.

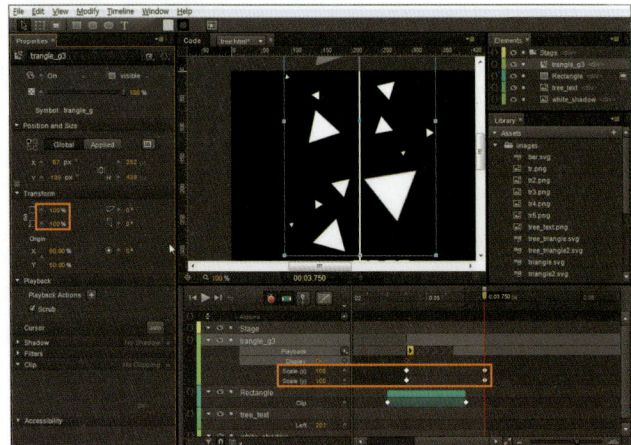

13 생성된 키프레임에 다음과 같이 설정
합니다.

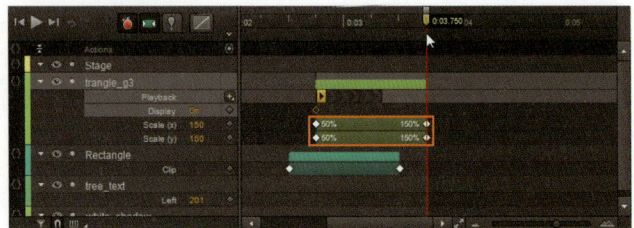

	0:02.750 프레임	0:03.750 프레임
Scale(x)	50	150
Scale(y)	50	150

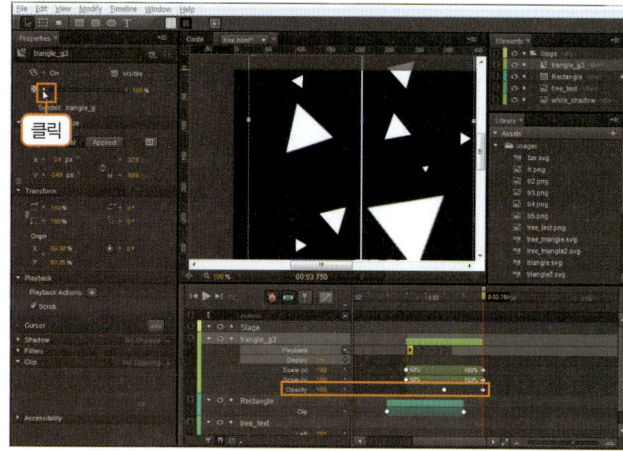

14 0:03.250 프레임과 0:03.750 프레임의 Opacity에서 [Add Keyframe]을 클릭합니다.

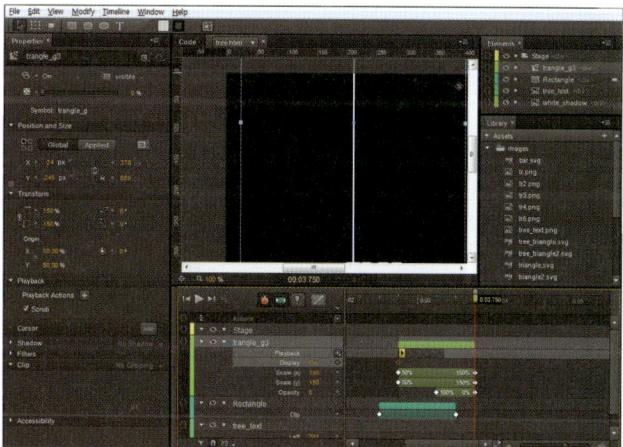

15 0:03.750 프레임에 Opacity 값을 '0'으로 설정합니다.

16 Ctrl + Enter 를 눌러 지금까지 만든 모션을 확인합니다.

실전 모션 만들기

실전 효과 만들기

03 나무 모션 만들기

01 tree 심벌을 임포트하겠습니다. Symbol 의 ➕ 를 클릭하여 'tree.ansym' 파일 을 불러옵니다.

> **Tip!** .ansym 확장자 파일은 엣지에서 심 벌을 다른 작업 창에서 가져올 수 있도록 외부에 저장한 파일입니다.

02 tree 심벌을 화면으로 드래그합니다.

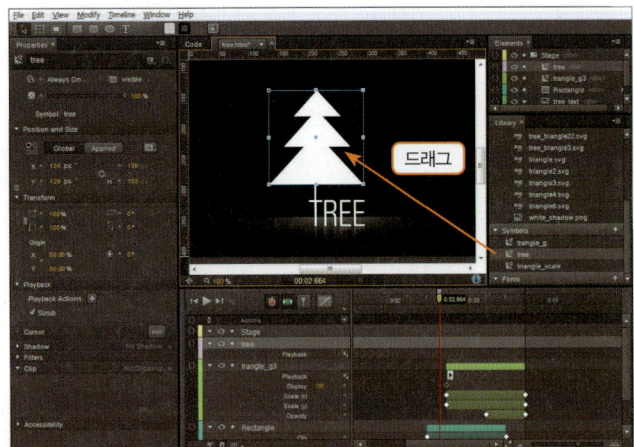

03 trangle_g 심벌과 마찬가지로 tree 심벌의 0:00 프레임에 Playback은 'stop', Display는 'Off'로 설정합니다.

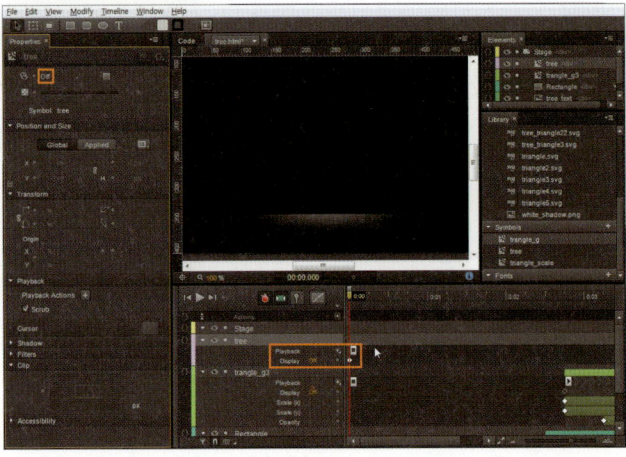

PART 01 ｜ 어도비 엣지 알아보기

PART 02 ｜ 기본 다지기

PART 03 ｜ 실전 예제

04 0:02.500 프레임에서 Playback은 'Play', Display는 'On'으로 설정합니다.

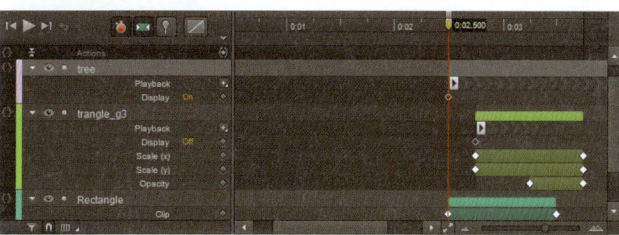

05 0:02.500 프레임과 0:04.500 프레임 의 Y 속성에 [Add Keyframe]을 클릭 합니다.

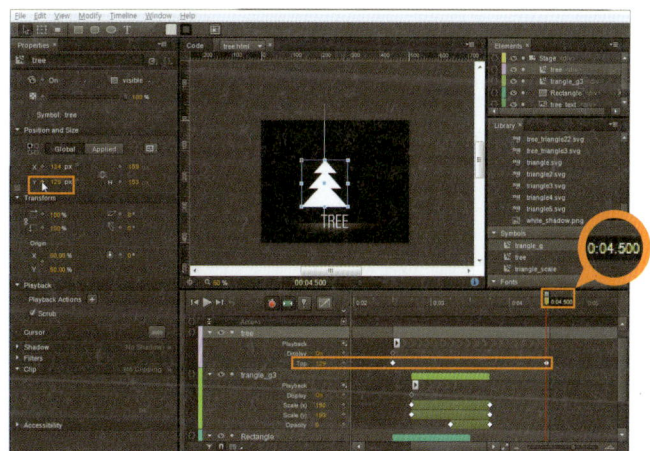

06 0:04.500 프레임의 위치를 상단 영역 으로 이동합니다.

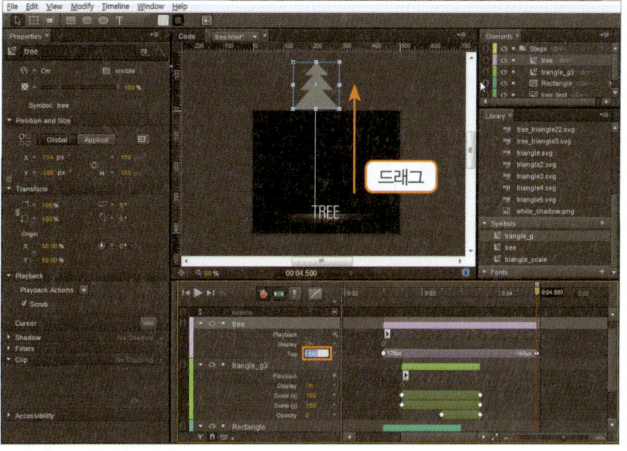

07 0:02.500 프레임 값은 '180'으로 설정
합니다.

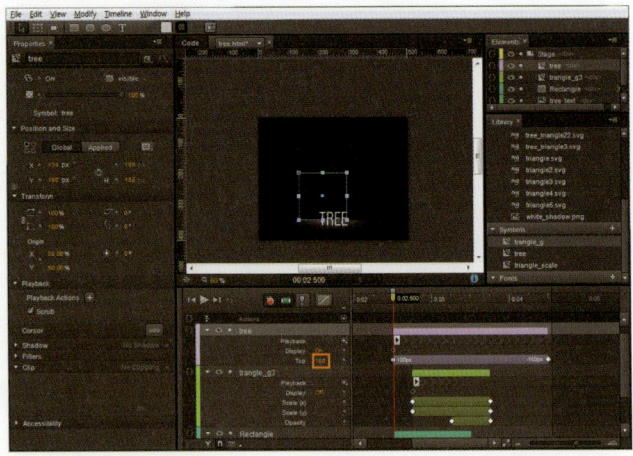

08 Easing 값을 [Ease Out]−[Cubic]으
로 설정합니다.

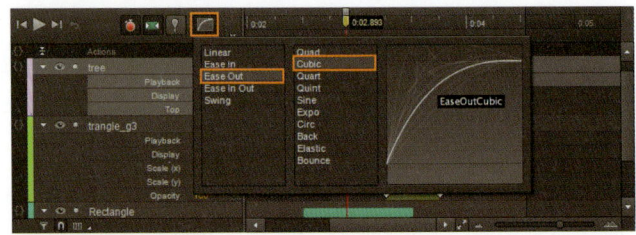

09 전체 심벌을 등록하기 위하여 모든 레이
어를 선택합니다.

10 Ctrl + Y 를 눌러 Symbol Name에
'tree_motion'을 입력합니다.

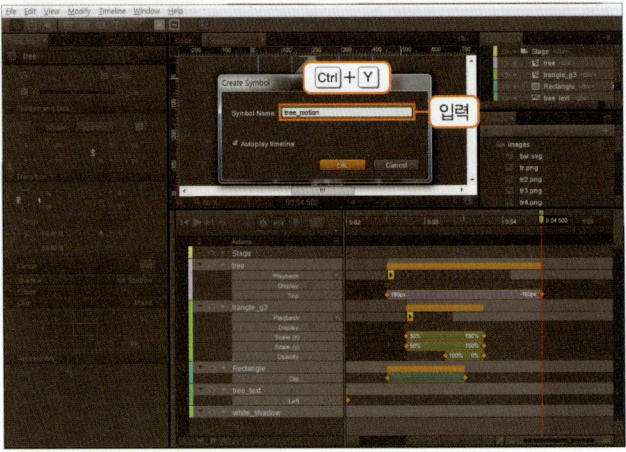

11 tree_motion 심벌의 0:03 프레임과 0:05 프레임의 Y 속성에 [Add Key frame]을 클릭합니다.

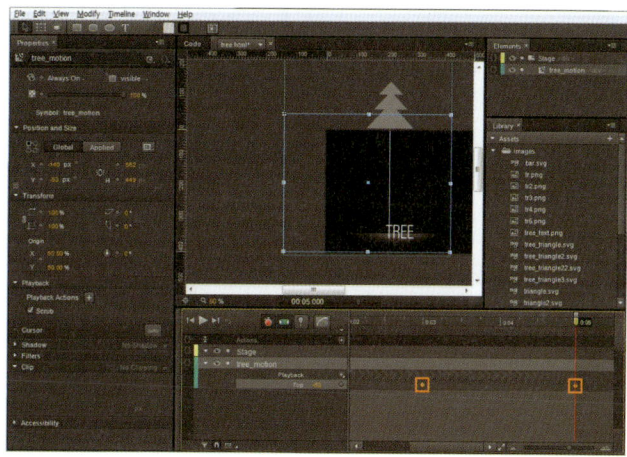

12 0:05 프레임에 있는 오브젝트를 하단으로 이동하여 카메라 무빙 효과를 만듭니다.

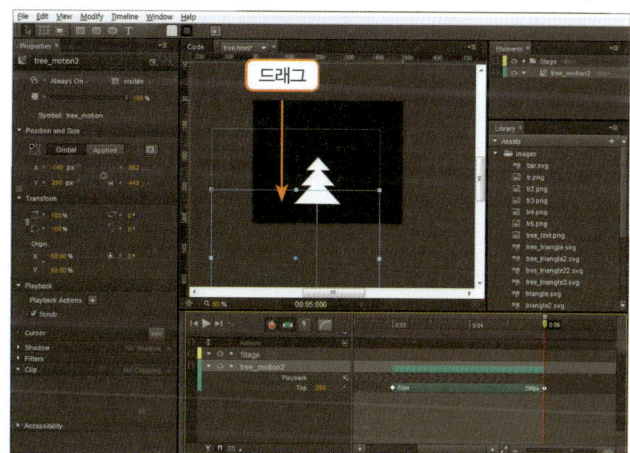

13 Ctrl + Enter 를 눌러 완성된 모션을 확인합니다.

마우스 오버
인터랙션 콘텐츠

콘텐츠를 구성하다 보면 디자인 측면이나 정보 전달에서 많은 정보를 포함하는 경우가 있습니다. 마우스가 해당하는 영역에 오버되면 2차 정보가 나타나는 것이 그 대표적인 예입니다. 마우스 이번에는 오버의 경우 이벤트 처리 방식에 대해 알아보겠습니다.

미리보기 QR코드

미리보기 Part03/05_Mouse/Pre/end.html   **샘플파일** Part03/05_Mouse/Sample

---

01   소스 분석

01 Part03/05_Mouse/Sample/Mouse.
html을 열어보면 오브젝트 비주얼이 세팅되는 모션이 만들어져 있습니다.

02 영역의 마우스 오버 효과를 주기 위한 투명한 버튼 영역이 있습니다. left_btn, right_btn 레이어를 확인합니다.

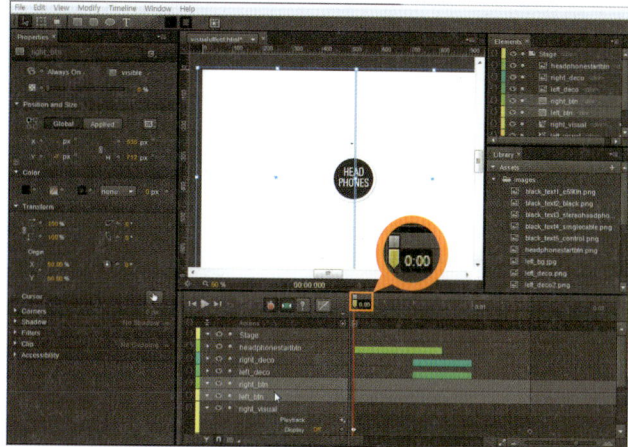

03 0:00.750에 있는 right_visual과 left_visual의 Edit 창으로 이동하여 텍스트가 등장하는 애니메이션을 확인합니다.

02 버튼 이벤트 만들기

01 Part03/05_Mouse/Sample/Mouse. html을 불러옵니다. left_btn을 선택한 후 [Open Action]을 클릭하고 [mouseover]를 선택합니다.

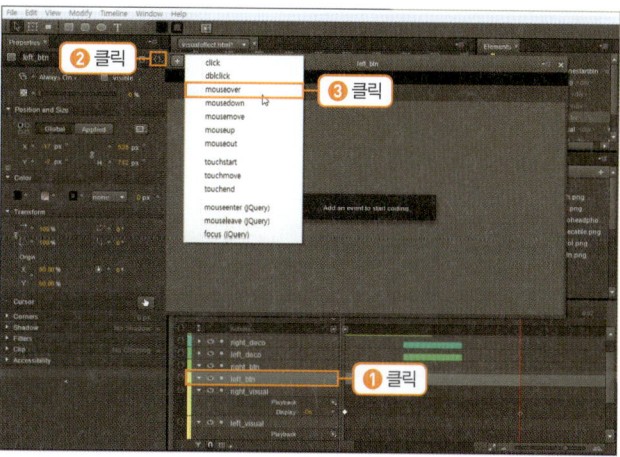

02 mouseover 이벤트 액션 창에 다음과
같이 스크립트를 입력합니다.

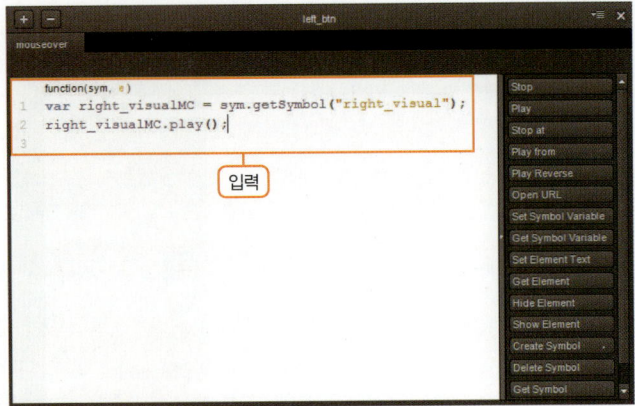

1	`var right_visualMC = sym.getSymbol("right_visual");`
2	`right_visualMC.play();`

line 1: getSymbol( ) 함수를 이용하여 변수 right_visualMC의 타임라인에 있는 심벌인 right_visual을 대입합니
다. right_visualMC로 right_visual 심벌을 제어할 수 있습니다.

line 2: right_visualMC의 애니메이션을 재생합니다.

03 right_btn을 선택한 후 [Open Action]
을 클릭하고 [mouseover]를 선택합
니다.

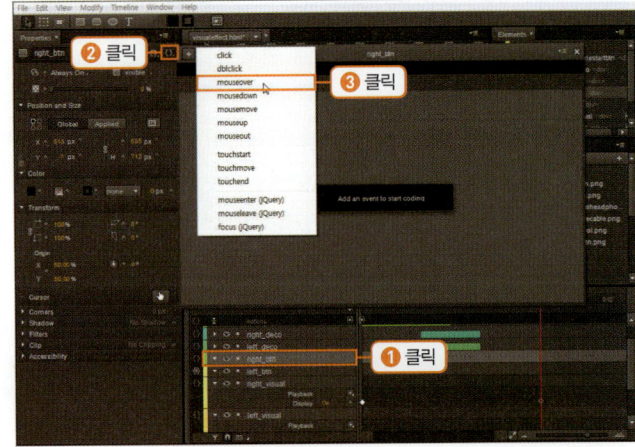

04 mouseover 이벤트 액션 창에 다음과
같이 스크립트를 입력합니다.

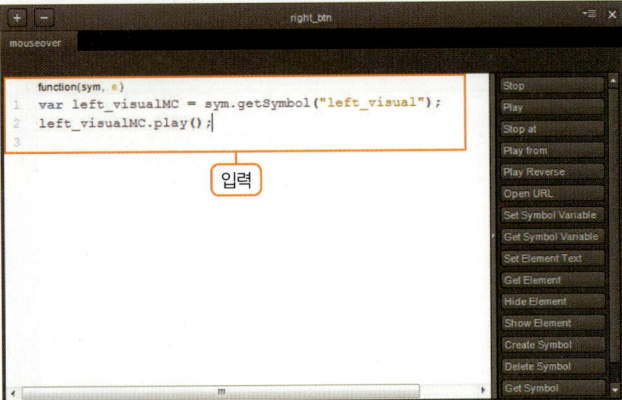

```
1   var left_visualMC = sym.getSymbol("left_visual");
2   left _visualMC.play();
```

line 1: getSymbol( ) 함수를 이용하여 변수 left_visualMC의 타임라인에 있는 심벌인 left_visual을 대입합니다.
left_visualMC로 left_visual 심벌을 제어할 수 있습니다.

line 2: left _visualMC의 애니메이션을 재생합니다.

05 Ctrl + Enter 를 눌러 마우스 오버 시 효과
를 확인합니다.

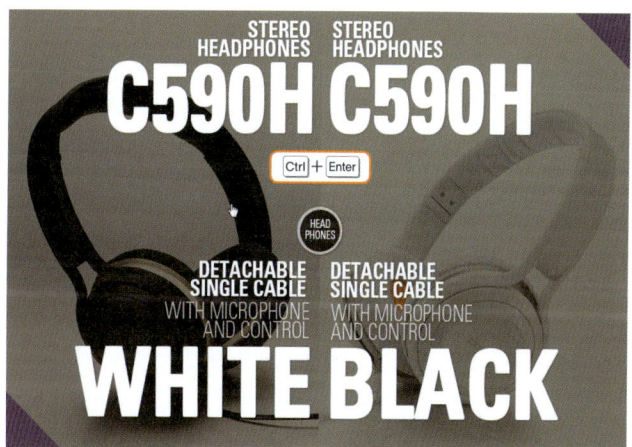

06 left_btn에 마우스 오버 시 left_visual은
프레임이 반대로 애니메이션되도록 만
들어 보겠습니다. 다음과 같이 스크립
트를 추가합니다.

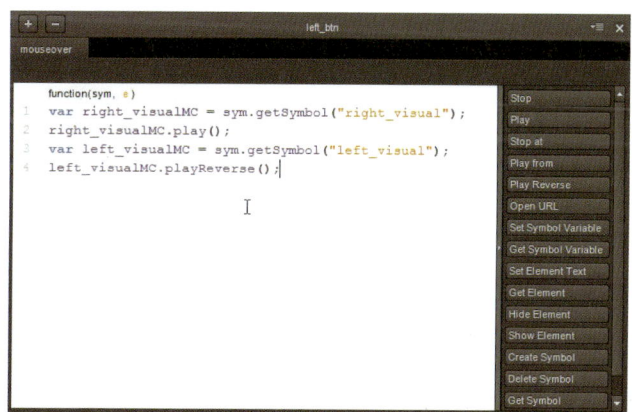

```
3   var left_visualMC = sym.getSymbol("left_visual");
4   left_visualMC.playReverse();
```

line 3: getSymbol( ) 함수를 이용하여 변수 left_visualMC의 타임라인에 있는 심벌인 left_visual을 대입합니다.
left_visualMC로 left_visual 심벌을 제어할 수 있습니다.

line 4: left _visualMC의 애니메이션을 반대로 애니메이션하기 위하여 playReverse( ); 함수를 실행합니다.

07 right_btn에 마우스 오버 시 right_
visual은 프레임이 반대로 애니메이션
되도록 만들어 보겠습니다. 다음과 같
이 스크립트를 추가합니다.

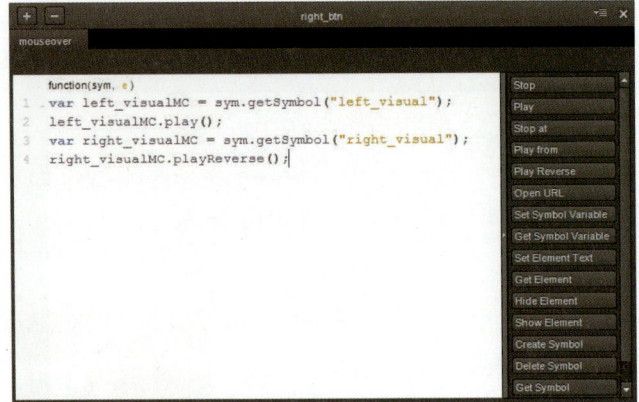

3	`var right_visualMC = sym.getSymbol("right_visual");`
4	`right_visualMC.playReverse();`

line 3: getSymbol( ) 함수를 이용하여 변수 right_visualMC의 타임라인에 있는 심벌인 right_visual을 대입합니
다. right_visualMC로 right_visual 심벌을 제어할 수 있습니다.

line 4: right_visualMC의 애니메이션을 반대로 애니메이션하기 위하여 playReverse( ); 함수를 실행합니다.

08 Ctrl + Enter 를 눌러 over 효과를 확인
합니다.

03 변수를 이용하여 오버 시 오류 해결하기

01 콘텐츠를 확인해보면 콘텐츠 영역 안에서는 오류 없이 잘 작동하는 것을 알 수 있습니다.
하지만 콘텐츠 영역 바깥쪽으로 마우스가 이동을 했다가 다시 콘텐츠 영역으로 이동하면 오류가 발생합니다.

02 스테이지에서 [Open Action]을 클릭한 후 [compositionReady]를 선택합니다.

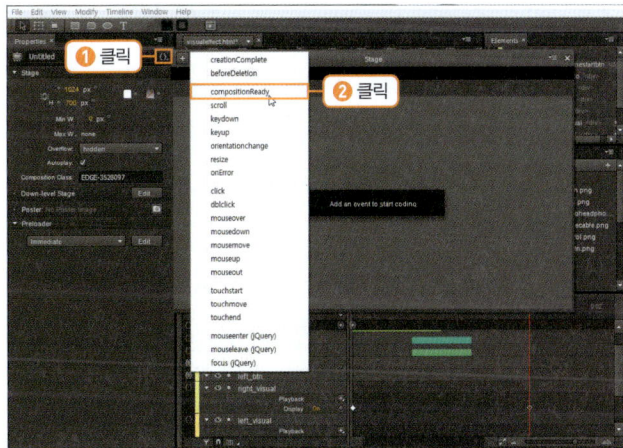

03 compositionReady 스크립트에 다음과 같이 스크립트를 만듭니다.

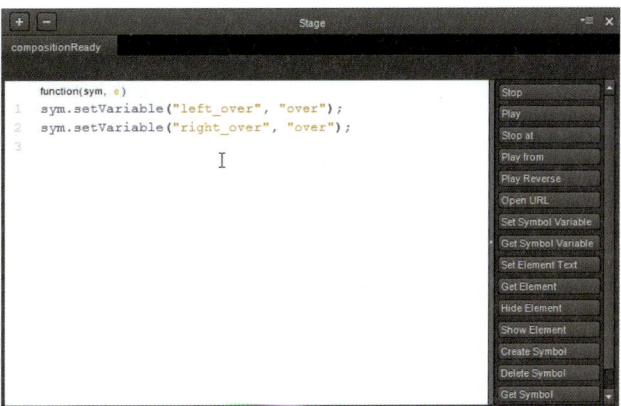

1	```sym.setVariable("left_over", "over");```
2	```sym.setVariable("right_over", "over");```

line 1: setVariable 함수를 이용하여 left_over 변수를 선언하고 변수 값에 over를 대입합니다.
line 2: setVariable 함수를 이용하여 right_over 변수를 선언하고 변수 값에 over를 대입합니다.

04 left_btn 스크립트를 다음과 같이 수정
합니다.

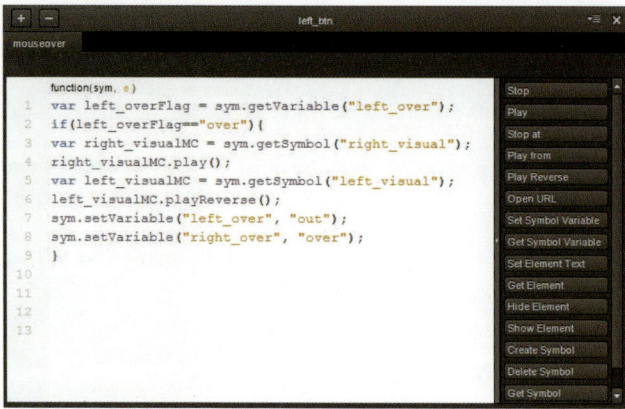

1	`var left_overFlag = sym.getVariable("left_over");`
2	`if(left_overFlag=="over"){`
3	`var right_visualMC = sym.getSymbol("right_visual");`
4	`right_visualMC.play();`
5	`var left_visualMC = sym.getSymbol("left_visual");`
6	`left_visualMC.playReverse();`
7	`sym.setVariable("left_over", "out");`
8	`sym.setVariable("right_over", "over");`
9	`}`

line 1: left_btn에서 스테이지에서 선언한 변수 값을 받아오기 위해 getVariable( ) 함수로 left_overFlag에 값을
연결합니다.
line 2~9: 조건문을 이용하여 left_overFlag가 마우스 오버인 경우 line 3~8을 실행합니다.
line 7~8: left_btn에 마우스가 오버하는 경우 setVariable 함수를 이용하여 left_over는 out, right_over는 over
변수를 대입합니다.

05 right_btn의 스크립트를 다음과 같이
수정합니다.

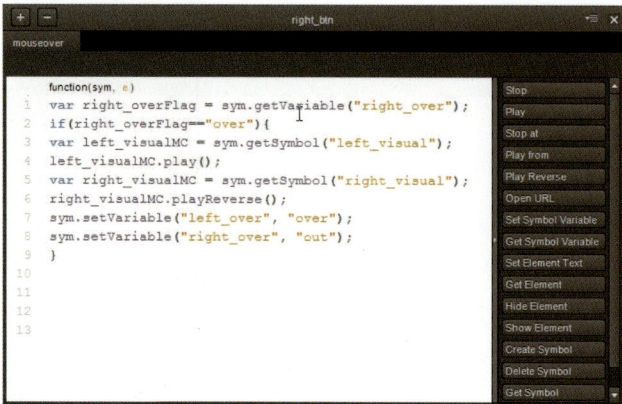

```
1  var right_overFlag = sym.getVariable("right_over");
2  if(right_overFlag=="over"){
3  var left_visualMC = sym.getSymbol("left_visual");
4  left_visualMC.play();
5  var right_visualMC = sym.getSymbol("right_visual");
6  right_visualMC.playReverse();
7  sym.setVariable("left_over", "over");
8  sym.setVariable("right_over", "out");
9  }
```

line 1: right_btn에서 스테이지에서 선언한 변수 값을 받아오기 위해 getVariable( ) 함수로 right_overFlag에 값을 연결합니다.

line 2~9: 조건문을 이용하여 right_overFlag가 over인 경우, line 3~8을 실행합니다.

line 7~8: left_btn에 마우스가 오버하는 경우 setVariable 함수를 이용하여 left_over에는 over, right_over는 out 변수를 대입합니다.

06 Ctrl + Enter 를 눌러 확인합니다.

실전 효과 만들기

chapter 02

jQuery로 슬라이딩 내비게이션 만들기

이번 예제에서는 jQuery의 animate를 이용하여 슬라이딩 내비게이션을 만들어 보겠습니다. 슬라이딩 내비게이션 기법은 플래시 시절부터 많이 사용해 온 콘텐츠 제작 방식입니다. 특히 한정된 페이지에서 여러 가지 정보를 별도의 페이지 이동 없이 보여 줄 수 있기 때문에 공간을 효율적으로 사용할 수 있습니다.

Preview

미리보기 QR코드

 Part03/06_Slide/Pre/end.html   Part03/06_Slide/Sample

01 소스 분석

01 앞으로 제작할 콘텐츠에 대한 이해를 돕기 위해 완성된 "Part03/06_ Slide/ Sample/Slide.html"을 실행해 어떻게 작동하는지 확인해보겠습니다.
콘텐츠 구현을 위한 원리를 분석해보면 다음과 같습니다. 각 메뉴를 오버하면 해당 이미지가 좌우로 슬라이딩되면서 배치됩니다.

02 img_g 심벌에 4개의 이미지가 가로로
배치되어 있는 것을 확인합니다.

03 스테이지에 btn0, btn1, btn2, btn3이
있는 것을 확인합니다.

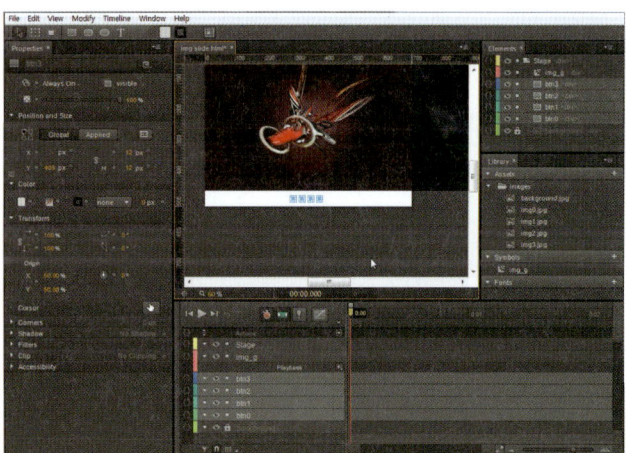

02 코드 작업하기

01 Part03/06_Slide/Sample/Slide.html
을 불러옵니다. 스테이지에서 [Open
Action]을 클릭하여 [composition
Ready]를 선택합니다.

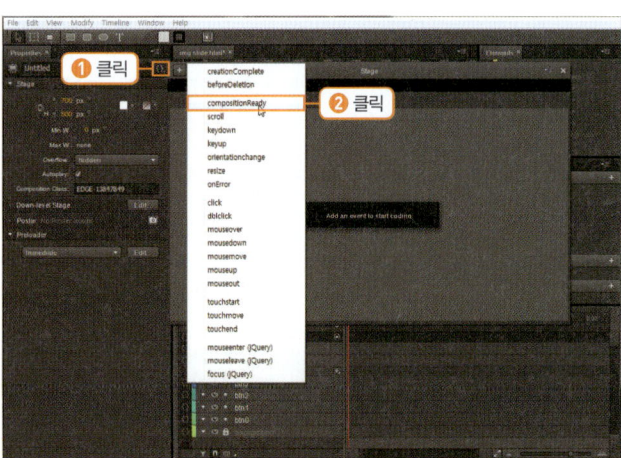

02 compositionReady 이벤트에 다음과 같이 스크립트를 작성합니다.

1	`yepnope(`
2	`{`
3	`nope:[`
4	`'jquery-ui-1.10.1.custom.min.js'`
5	`],`
6	`complete: init`
7	`}`
8	`);`
9	`function init (){`
10	
11	`sym.$('btn0').mouseover(function(){`
12	`    $(this).stop().animate({"background-color":"red"},300);`
13	`    sym.$("img_g").stop().animate({left:0},1000,"easeOutExpo")`
14	`});`
15	`sym.$('btn0').mouseout(function(){`
16	`    $(this).stop().animate({"background-color":"#c0c0c0"},300);`
17	`});`
18	`sym.$('btn1').mouseover(function(){`
19	`    $(this).stop().animate({"background-color":"#red"},300);`
20	`    sym.$("img_g").stop().animate({left:-700},1000,"easeOutExpo")`
21	`});`
22	`sym.$('btn1').mouseout(function(){`
23	`    $(this).stop().animate({"background-color":"#c0c0c0"},300);`
24	`});`
25	`sym.$('btn2').mouseover(function(){`
26	`    $(this).stop().animate({"background-color":"red"},300);`

27	`        sym.$("img_g").stop().animate({left:-1400},1000,"easeOutExpo")`
28	`    });`
29	`    sym.$('btn2').mouseout(function(){`
30	`        $(this).stop().animate({"background-color":"#c0c0c0"},300);`
31	`    });`
32	`    sym.$('btn3').mouseover(function(){`
33	`        $(this).stop().animate({"background-color":"red"},300);`
34	`        sym.$("img_g").stop().animate({left:-2100},1000,"easeOutExpo")`
35	`    });`
36	`    sym.$('btn3').mouseout(function(){`
37	`        $(this).stop().animate({"background-color":"#c0c0c0"},300);`
38	`    });`
39	`}`

line 1~8: 엣지에서 외부 자바스크립트를 사용하기 위한 방법입니다.

`yepnope(`
`{`
`nope:[`
`'자바스크립트 경로'`
`],`
`complete:` 실행 함수
`}`

line 11~17: btn0에 마우스를 오버하거나 아웃할 때 이벤트를 만듭니다.

line 12: $(this)는 마우스 오버되는 btn0을 의미합니다. animate( ) 함수를 이용하여 btn0이 0.3초 동안 빨간색으로 바뀝니다.

line 13: btn0에 마우스 오버 시 심벌 img_g의 X 좌표를 0으로 이동합니다. 이때 1초 동안 easeOutExpo의 Easing 값으로 이동하도록 옵션을 설정합니다.

line 16: btn0에 마우스가 아웃되면 btn0의 색상 값을 #c0c0c0로 변경합니다.

line 18~38: line 11~17처럼 btn1, btn2, btn3에 이벤트 효과를 동일하게 주고 각 위치가 btn1은 −700, btn2은 −1400, btn3은 −2100으로 이동하도록 left 속성 값을 설정합니다.

03 Ctrl + Enter 를 눌러 마우스 오버 시 애니메이션을 확인합니다.

💡 **여기서 잠깐! jQuery 살펴 보기**

animate( ) 함수

```
.animate( properties [, duration ] [, easing ] [, complete ] )
```

properties: 움직임을 만드는 CSS속성
duration: 애니메이션 시간
easing: 애니메이션의 가·감속 조정
complete: 애니메이션의 모두 멈춘 후에 실행될 콜백 함수

매개 변수는 4가지입니다.

```
.animate({fontSize:"2em"},3000)
```

3초 동안 폰트 요소를 현재 크기에서 2배로 애니메이션합니다.

자세한 사항은 http://api.jquery.com/animate를 참고하시면 됩니다.

03 for문을 이용하여 최적화하기

01 스크립트 코드를 보면 btn0~3까지 버
튼명이 바뀌고 동일한 코드가 반복되
는 것을 확인할 수 있습니다. 이를 최
적화하기 위하여 for문(반복문)을 사용
합니다. 이때 Array 오브젝트를 이용
하여 다음과 같이 스크립트를 수정하
겠습니다.

```
function(sym, e)
{
yepnope(
{
nope:[
'jquery-ui-1.10.1.custom.min.js'
],
complete: init
}
);
function init (){
var posArray=new Array();
posArray=[0,-700,-1400,-2100];
for(var i=0;i<4;i++){
  sym.$('btn'+i).mouseover(function(){
    $(this).stop().animate({"background-color":"red"},300);
      var num=$(this)[0].getAttribute("id").substring(9,10);
      sym.$("img_g").stop().animate({left:posArray[num]},1000,"easeOutExpo")
  });
  sym.$('btn'+i).mouseout(function(){
    $(this).stop().animate({"background-color":"#c0c0c0"},300);
  });
}
}
```

1	`yepnope(`
2	`{`
3	`nope:[`
4	`'jquery-ui-1.10.1.custom.min.js'`
5	`],`
6	`complete: init`
7	`}`
8	`);`
9	`function init (){`
10	`var posArray=new Array();`
11	`posArray=[0,-700,-1400,-2100];`
12	`for(var i=0;i<4;i++){`
13	`  sym.$('btn'+i).mouseover(function(){`
14	`    $(this).stop().animate({"background-color":"red"},300);`
15	`      var num=$(this)[0].getAttribute("id").substring(9,10);`
16	`    sym.$("img_g").stop().animate({left:posArray[num]},1000,"easeOutExpo")`
17	`});`
18	`sym.$('btn'+i).mouseout(function(){`
19	`    $(this).stop().animate({"background-color":"#c0c0c0"},300);`
20	`});`
21	`}`
22	`}`

line 10~11: posArray 변수를 선언하고 Array( ) 객체를 선언합니다. posArray에 0, −700, −1400, −2100 값을 순서대로 설정합니다.
- **btn0을 오버 시 posArray[0]:** 0
- **btn1을 오버 시 posArray[1]:** −700
- **btn2를 오버 시 posArray[2]:** −1400
- **btn3을 오버 시 posArray[3]:** −2100

line 12 ~22: btn0~btn3까지 버튼을 오버와 아웃하는 경우에 이벤트는 for문을 통하여 적용합니다.

line 15: btn0 오버 시 생성되는 Id 값을 반환하여 텍스트 부분을 제외한 숫자 부분만 num 변수에 대입합니다. substring( )의 자세한 내용은 http://www.w3schools.com/jsref/jsref_substring.asp를 참고하세요.

line 16: 오버 시 설정된 num 값을 받아서 posArray[num]의 배열 값을 반환하고 애니메이션을 만듭니다.

02 Ctrl + Enter 를 눌러 좌우로 슬라이딩되는 콘텐츠를 확인합니다.

04 2×2 크기 슬라이드하기

01 가로와 세로로 구성된 이미지를 슬라이딩하겠습니다. 이런 경우, 애니메이션 큐를 이용하여 left 속성 실행 후 top 속성이 제어됩니다.

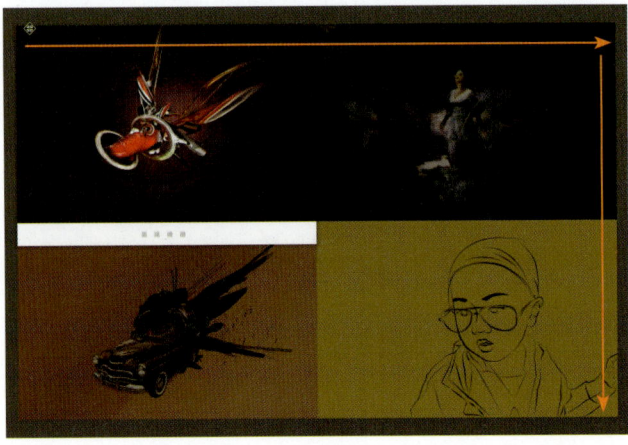

02 Part03/06_Slide/Sample/Slide2.
html을 불러와 스크립트를 다음과 같이
작성합니다.

1	yepnope(
2	{
3	nope:[
4	'jquery-ui-1.10.1.custom.min.js'
5	],
6	complete: init
7	}
8	);
9	function init (){
10	var posArray=new Array();
11	posArray=[[0,0],[-700,0],[0,-448],[-700,-448]];
12	for(var i=0;i<4;i++){
13	sym.$('btn'+i).click(function(){
14	$(this).stop().animate({"background-color":"red"},300);
15	var num=$(this)[0].getAttribute("id").substring(9,10);
16	sym.$("img_g").stop(true,false);
17	sym.$("img_g").animate({left:posArray[num][0]},1000,"easeOutExpo");
18	sym.$("img_g").animate({top:posArray[num][1]},1000,"easeOutExpo")
19	});
20	sym.$('btn'+i).mouseover(function(){
21	$(this).stop().animate({"background-color":"red"},300);
22	});
23	sym.$('btn'+i).mouseout(function(){
24	$(this).stop().animate({"background-color":"#c0c0c0"},300);

```
25    });
26  }
27  }
```

line 11: 각각의 좌표 값을 이중 배열로 설정합니다.

	Left	Top
posArray[0][0]	0	0
posArray[1][1]	-700	0
posArray[2][0]	0	-448
posArray[3][1]	-700	-448

line 16: stop(true,false);를 설정하여 애니메이션 중간에 이벤트가 발생하면 현재 재생 효과는 정지하고 나머지
효과도 모두 삭제합니다.

line 17~18: line 17의 효과부터 진행된 후 line 18의 효과가 완성됩니다. 즉, left 속성이 이동한 후 top 속성이 이
동합니다.

03 Ctrl + Enter 를 눌러 브라우저에서 완성
된 콘텐츠를 확인합니다.

Tip! Accessibility 기능

엣지에는 생성된 이미지나 객체에 대해서 Title 및 Tap Index를 제공할 수 있는 기능이 있기 때문에 접근성에 필요한 요소를 만들어 줄 수 있습니다. 이미지에 대한 설명과 Tab으로 포커싱되는 것을 확인할 수 있습니다.

프로퍼티의 Accessibility에서 Title에 해당 이미지의 설명을 하고, Tab index를 부여합니다.

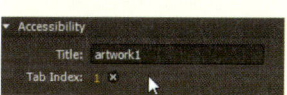

▲ 첫 번째 이미지

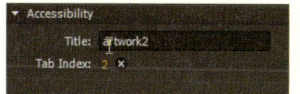

▲ 두 번째 이미지

브라우저에서 확인하면 마우스 오버 시 이미지에 대한 설명과 Tab으로 포커싱되는 것을 확인할 수 있습니다.

화면 크기에
반응하는 모션 만들기

사이트 구성 시 사용자에게 여러 가지 정보를 전달해야 하는 경우가 있습니다. 특히
제품 등을 소개하는 콘텐츠는 비주얼이나 텍스트 요소에 대한 움직임 등을 고려하면
서 설계해야 합니다. 이번에는 버튼에 반응하는 비주얼 요소들과 화면이 리사이징되
는 것에 반응하는 모션을 만들어 보겠습니다.

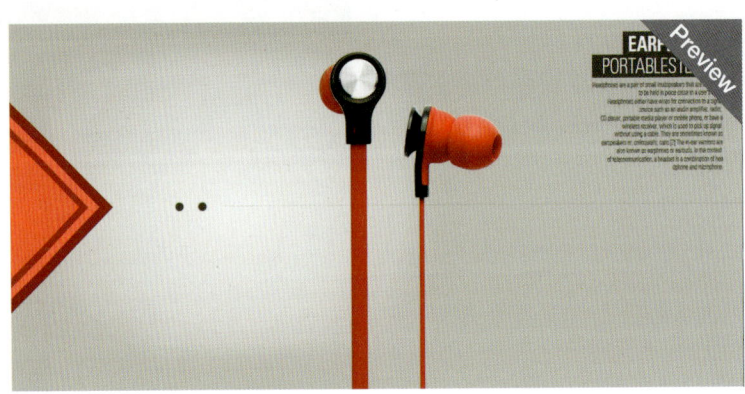

미리보기 QR코드

미리
보기 Part03/07_Size/Pre/end.html   샘플
파일 Part03/07_Size/Sample

01 소스 분석

01 앞으로 제작할 콘텐츠에 대한 이해를 돕
기 위해 완성된 "Part03/07_Size/Pre/
end.html" 파일을 실행해 어떻게 작동
하는지 확인해보겠습니다.
콘텐츠 구현을 위한 원리를 분석해보
면 다음과 같습니다. 버튼 클릭 시 헤
드폰 비주얼과 텍스트가 부드럽게 움
직이면서 등장하고 삼각형 모션이 실
행됩니다.

02 브라우저의 크기가 변경되면 해당하는
크기에 맞추어 오브젝트의 위치를 변경
합니다.

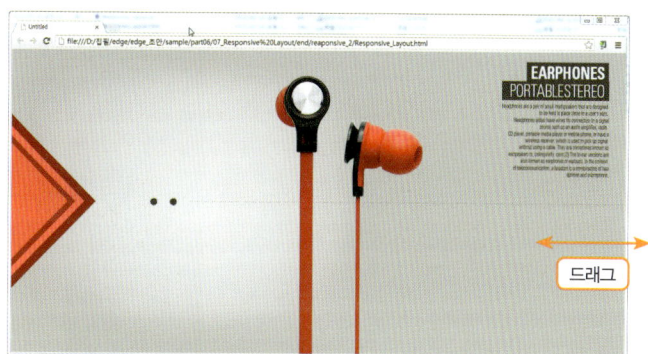

드래그

02 삼각형 디자인 모션 제어하기

01 삼각형을 가진 모션을 제어합니다. 버튼과 삼각형 오브젝트 간의 제어 관계는 다음과 같습니다.

btn1을 클릭 시

black_triangleMC는 모션을 연출합니다.
red_triangleMC는 모션을 0 프레임에서 멈추게 합니다.

btn2를 클릭 시

black_triangleMC는 모션을 0 프레임에서 멈추게 합니다.
red_triangleMC는 모션을 연출합니다.

02 Part03/07_Size/Sample/Size.html을
불러 스테이지에서 [compositionReady]
를 선택하여 스크립트 창을 활성화합
니다.

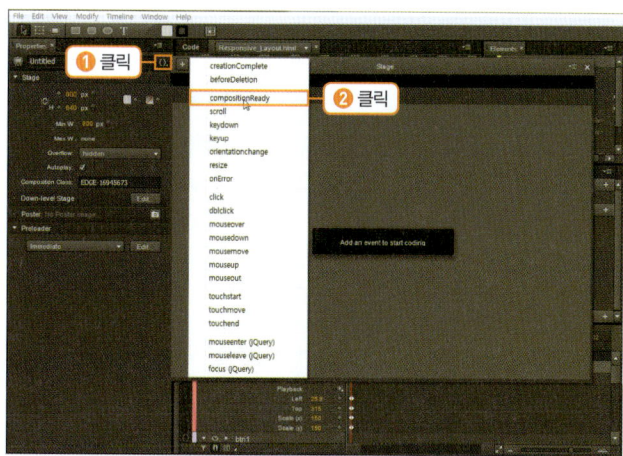

03 버튼을 제어하기 위하여 다음과 같이 스크립트를 작성합니다.

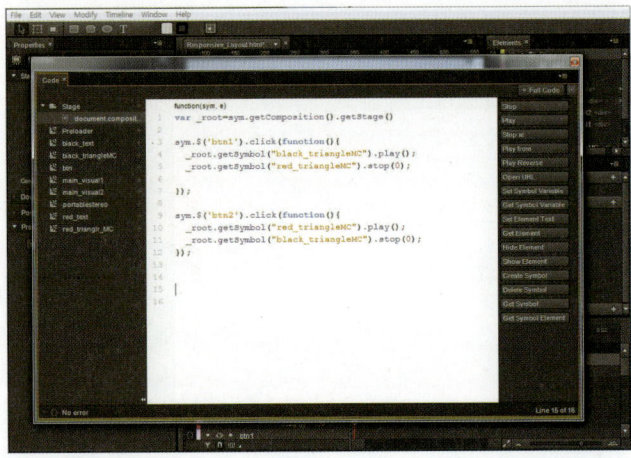

1	`var _root=sym.getComposition().getStage()`
2	
3	`sym.$('btn1').click(function(){`
4	`_root.getSymbol("black_triangleMC").play();`
5	
6	`_root.getSymbol("red_triangleMC").stop(0);`
7	`});`
8	
9	`sym.$('btn2').click(function(){`
10	`_root.getSymbol("red_triangleMC").play()`
11	`_root.getSymbol("black_triangleMC").stop(0);`
	`});`

line 1: _root 변수를 선언하고 스테이지에 있는 다른 심벌에 접근을 하기 위하여 경로를 설정한 것을 _root 변수에 대입합니다.

line 3: btn1을 클릭하면 line 4~5를 실행합니다.

line 4~5: getSymbol 메서드로 black_triangleMC를 접근하여 애니메이션을 재생합니다. getSymbol 메서드로 red_triangleMC를 접근하여 애니메이션을 0 프레임에서 멈추게 합니다.

line 8: btn2를 클릭하면 line 9~10을 실행합니다.

line 9~10: getSymbol 메서드로 black_triangleMC를 접근하여 애니메이션을 0 프레임에서 멈추게 합니다. getSymbol 메서드로 red_triangleMC를 접근하여 애니메이션을 재생합니다.

04 Ctrl + Enter 를 눌러 버튼에 적용한 이벤트를 확인합니다.

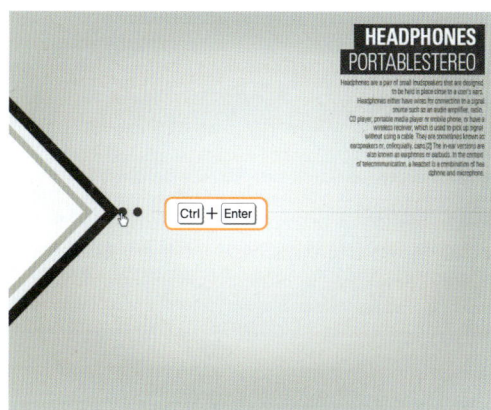 

03 Text, Visual 움직임 제어하기

01 animate( ) 함수로 top 속성에 변화를 주어 부드럽게 움직이도록 합니다.

btn1 클릭 시
black_text를 20px로 이동합니다.
red_text를 660px로 이동합니다.

btn2 클릭 시
black_text를 −620px로 이동합니다.
red_text를 20px로 이동합니다.

02 움직임을 버튼으로 제어하기 위해 다음
과 같이 코드를 추가합니다.

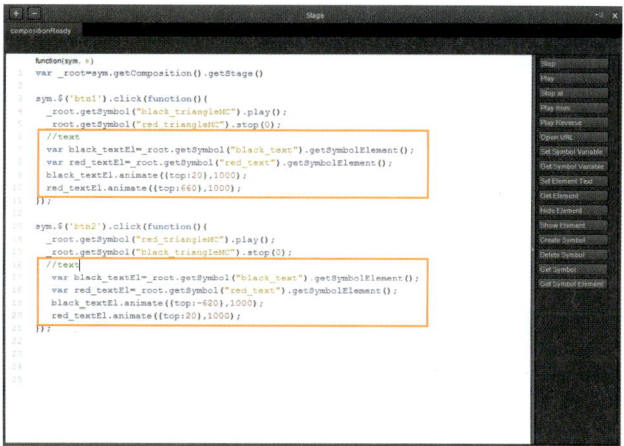

1	`var _root=sym.getComposition().getStage()`	
2		
3	`sym.$('btn1').click(function(){`	
4	`_root.getSymbol("black_triangleMC").play();`	
5	`_root.getSymbol("red_triangleMC").stop(0);`	
6	`//text`	추가
7	`    var black_textEl=_root.getSymbol("black_text").getSymbolElement();`	추가
8	`    var red_textEl=_root.getSymbol("red_text").getSymbolElement();`	추가
9	`    black_textEl.animate({top:20},1000);`	추가
10	`    red_textEl.animate({top:660},1000);`	추가
11	`});`	
12		
13	`sym.$('btn2').click(function(){`	
14	`_root.getSymbol("red_triangleMC").play()`	
15	`_root.getSymbol("black_triangleMC").stop(0);`	
16	`//text`	추가
17	`    var black_textEl=_root.getSymbol("black_text").getSymbolElement();`	추가
18	`    var red_textEl=_root.getSymbol("red_text").getSymbolElement();`	추가
19	`    black_textEl.animate({top:-640},1000);`	추가
20	`    red_textEl.animate({top:20},1000);`	추가
21	`});`	

line 7~8: _root.getSymbol("black_text") 대상에 getSymbolElement( ) 메서드를 선언하여 _root.getSymbol("black_text")의 속성에 접근합니다(getSymbolElement( )를 선언하지 않으면 animate에 속성 값을 제대로 인식하지 못합니다). 이것을 black_textEl라는 변수에 대입합니다.

line 9~10: animate( ) 함수에 속성을 top으로 설정하고 각각의 위치 값을 대입합니다. 1초 동안 요소의 높이 위치를 각각 20px과 660px로 애니메이션합니다.

line 16~17: line 7~8에 있는 내용을 btn2가 클릭 시 제어할 수 있도록 한 번 더 선언합니다.

line 18~19: animate( ) 함수에 속성을 top으로 설정한 후 각각의 위치 값을 대입합니다. 1초 동안 요소의 높이 위치를 각각 −640px과 20px로 애니메이션합니다.

03 Ctrl + Enter 를 눌러 버튼에 추가된 이벤트를 확인합니다.

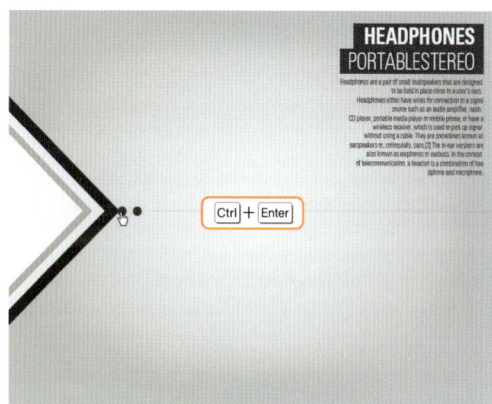 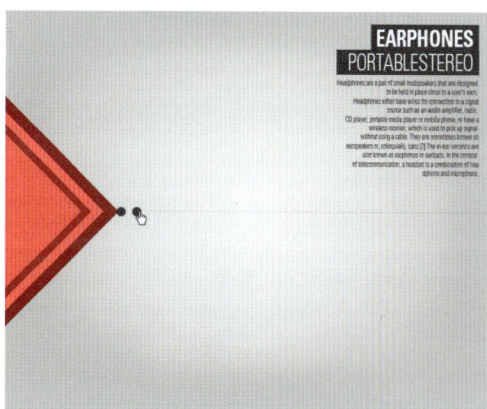

04 Visual 움직임 제어하기

01 animate( ) 함수로 left 속성에 변화를 주어 부드럽게 움직이도록 합니다.

btn1클릭 시

main_visual1을 214px로 이동합니다.
main_visual2를 840px로 이동합니다.

btn2클릭 시

main_visual1을 840px로 이동합니다.
main_visual2를 214px로 이동합니다.

02 버튼으로 움직임을 제어하기 위해 다음
과 같이 코드를 추가합니다.

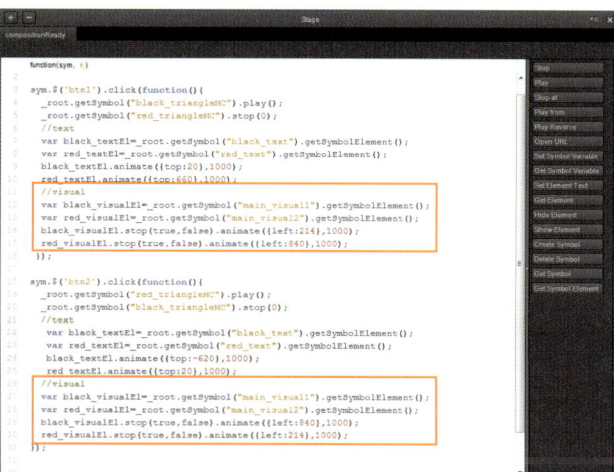

btn1 부분 추가 코드

11	`//visual`
12	`var black_visualEl=_root.getSymbol("main_visual1").getSymbolElement();`
13	`var red_visualEl=_root.getSymbol("main_visual2").getSymbolElement();`
14	`black_visualEl.stop(true, false).animate({left:214},1000);`
15	`red_visualEl.stop(true, false).animate({left:840},1000);`

line 12~13: main_visual1과 main_visual2의 요소에 접근하기 위하여 getSymbolElement( )를 적용하고 각각 black_visualEl, red_visualEl 변수에 대입합니다.

line 14~15: animate( ) 함수를 적용하여 left 속성을 제어합니다. stop(true, false)는 애니메이션이 움직이는 도중 다른 버튼을 클릭하면 클릭한 시점에서 애니메이션을 되돌리는 역할을 합니다.

btn2 부분 추가 코드

26	`//visual`
27	`var black_visualEl=_root.getSymbol("main_visual1").getSymbolElement();`
28	`var red_visualEl=_root.getSymbol("main_visual2").getSymbolElement();`
29	`black_visualEl.stop(true, false).animate({left:840},1000);`
30	`red_visualEl.stop(true, false).animate({left:214},1000);`

line 27~28: main_visual1과 main_visual2의 요소에 접근하기 위하여 getSymbolElement( )를 적용하고 각각 black_visualEl, red_visualEl 변수에 대입합니다.

line 29~30: animate( ) 함수를 적용하여 left 속성을 제어합니다. black_visualEl는 840으로 red_visualEl은 214 로 1초 동안 애니메이션을 합니다.

03 Ctrl + Enter 를 눌러 버튼에 추가된 이벤트를 확인합니다.

05 화면 크기의 변화에 맞춰 요소 제어하기

Edge에서는 반응형 콘텐츠를 손쉽게 제작할 수 있습니다. Edge에서 제공하는 방식의 제작 기법을 제작해보고, 여러 가지 문제점을 해결하는 방법에 대해 알아보겠습니다.

01 스테이지의 넓이를 %로 변경한 후 최소 크기를 설정합니다.

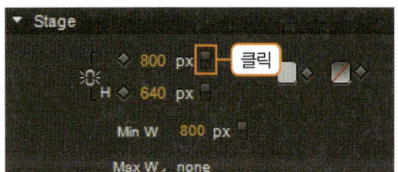
▲ 클릭 전 화면

▲ % 클릭 후 화면

02 black_text 오브젝트의 X 속성을 오른쪽 기준으로 변경합니다.

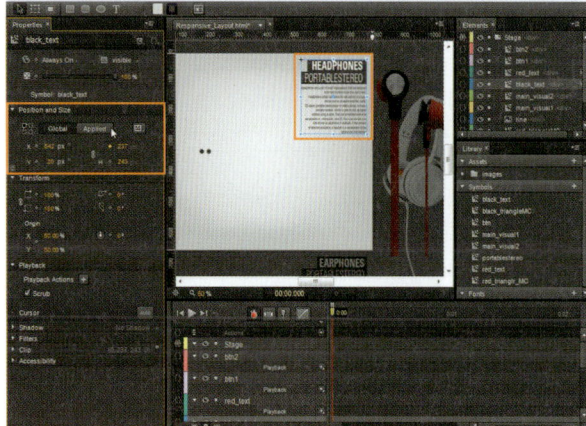

03 red_text 오브젝트의 X 속성을 오른쪽 기준으로 %를 변경합니다.

04 같은 방식으로 line, btn1, btn2의 값을 %로 변경합니다. 오른쪽을 기준으로 설정합니다.

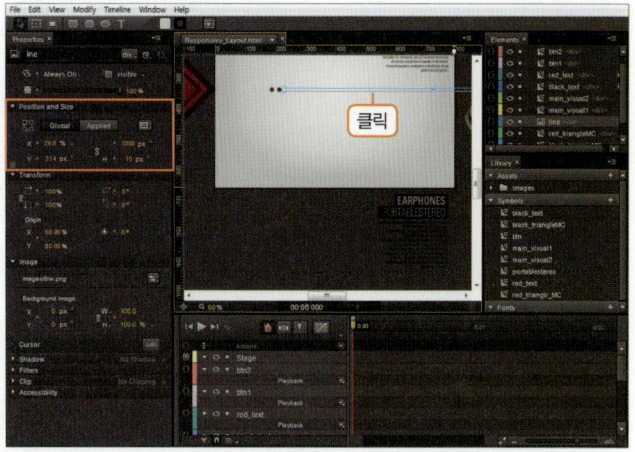

▲ line

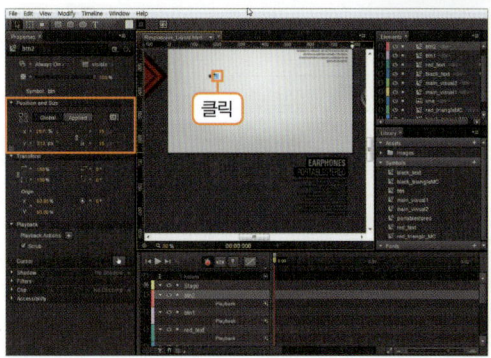

▲ btn2

▲ btn1

05 main_visual1과 main_visual2의 X 속성 값을 %로 설정합니다.

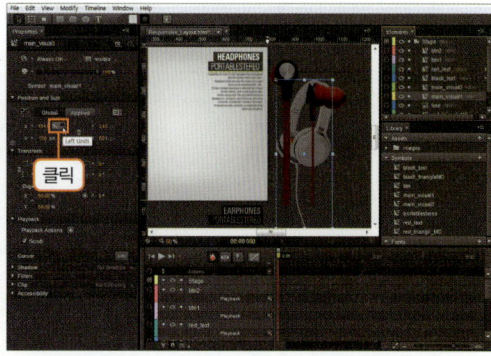

▲ main_visual2

▲ main_visual1

06 Ctrl + Enter 를 눌러 브라우저 크기에 따라 변하는지 확인합니다.

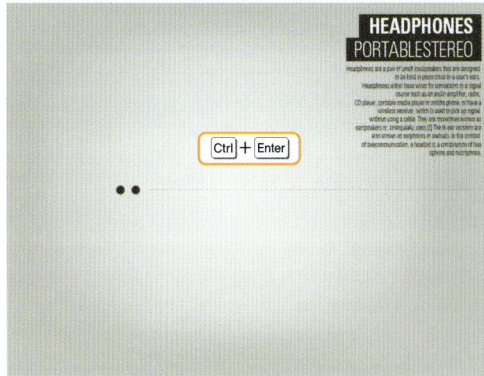

07 버튼을 클릭하면 모든 비주얼이 화면에 나타나는 문제점이 발생합니다. 이 문제를 해결해보겠습니다.

08 브라우저의 넓이에 맞춰 비주얼들의 위치가 변경되어야 합니다. 클릭했을 때 비주얼이 화면 중앙에 나타나면 다른 비주얼은 화면 영역 바깥으로 이동해야 합니다.

jquery에서는 $(window).width( )를 이용하여 화면의 크기를 손쉽게 구할 수 있습니다.
그리고 resize( ) 함수를 이용하여 화면이 변경되면 정보를 갱신할 수 있습니다.
이 두 가지를 이용하여 위치가 고정된 비주얼의 애니메이션을 개선해보겠습니다.
기존의 스크립트를 다음과 같이 변경합니다.

1	`var _root=sym.getComposition().getStage()`	
2	`var getvisualX=$(window).width();`	추가
3	`sym.$('btn1').click(function(){`	
4	`_root.getSymbol("black_triangleMC").play();`	
5	`_root.getSymbol("red_triangleMC").stop(0);`	
6	`//text`	
7	`var black_textEl=_root.getSymbol("black_text").getSymbolElement();`	
8	`var red_textEl=_root.getSymbol("red_text").getSymbolElement();`	
9	`black_textEl.animate({top:20},1000);`	
10	`red_textEl.animate({top:660},1000);`	

11	`//visual`	
12	`var black_visualEl=_root.getSymbol("main_visual1").getSymbolElement();`	
13	`var red_visualEl=_root.getSymbol("main_visual2").getSymbolElement();`	
14	`black_visualEl.stop(false,true).animate({left:$(window).width()/2-100},1000);`	변경
15	`red_visualEl.stop(false,true).animate({left:getvisualX},1000);`	변경
16	`});`	
17		
18	`sym.$('btn2').click(function(){`	
19	`  _root.getSymbol("red_triangleMC").play();`	
20	`  _root.getSymbol("black_triangleMC").stop(0);`	
21	`  //text`	
22	`  var black_textEl=_root.getSymbol("black_text").getSymbolElement();`	
23	`  var red_textEl=_root.getSymbol("red_text").getSymbolElement();`	
24	`  black_textEl.animate({top:-620},1000);`	
25	`  red_textEl.animate({top:20},1000);`	
26	`  //visual`	
27	`  var black_visualEl=_root.getSymbol("main_visual1").getSymbolElement();`	
28	`  var red_visualEl=_root.getSymbol("main_visual2").getSymbolElement();`	
29	`  black_visualEl.stop(false,true).animate({left:getvisualX},1000);`	변경
30	`  red_visualEl.stop(false,true).animate({left:$(window).width()/2-100},1000);`	변경
31	`});`	

line 2: 변수 getvisualX를 선언하고 $(window).width( )의 브라우저 넓이를 저장합니다.

line 14~15, 29~30: 기존에 고정이었던 위치 값을 브라우저 크기에 대입하여 유동적으로 변경합니다.

09 Ctrl + Enter 를 눌러 확인합니다.

10 브라우저에서 확인하면 처음 화면 크기에 맞추어 콘텐츠의 위치가 지정되지만, 여전히 브라우저의 크기에 따라 실시간으로 반영되지는 않습니다. 따라서 resize( ) 함수를 이용하여 변화되는 크기를 실시간으로 제어하겠습니다. 다음과 같이 스크립트를 추가합니다.

1	`var _root=sym.getComposition().getStage()`	
2	`var getvisualX=$(window).width();`	
3	`var nowFlag`	추가
4	`$(window).resize(function() {`	추가
5	`  var window_X=$(window).width()`	
6	`  getvisualX=window_X+400;`	추가
7	`  var black_visualEl=_root.getSymbol("main_visual1").getSymbolElement();`	추가
8	`  var red_visualEl=_root.getSymbol("main_visual2").getSymbolElement();`	추가
9	`  if(nowFlag=="btn1"){`	추가
10	`  black_visualEl.stop(false,true).animate({left:$(window).width()/2-100},500);`	추가
11	`red_visualEl.stop(false,true).animate({left:getvisualX},1000);`	추가
12	`}else if(nowFlag=="btn2"){`	추가
13	`  black_visualEl.stop(false,true).animate({left:getvisualX},1000);`	추가
14	`  red_visualEl.stop(false,true).animate({left:$(window).width()/2-100},500);`	추가
15	`  }`	추가
16	`});`	추가
17	`sym.$('btn1').click(function(){`	
18	`nowFlag="btn1";`	추가
19	`_root.getSymbol("black_triangleMC").play();`	
20	`  _root.getSymbol("red_triangleMC").stop(0);`	
21	`  //text`	
22	`  var black_textEl=_root.getSymbol("black_text").getSymbolElement();`	
23	`  var red_textEl=_root.getSymbol("red_text").getSymbolElement();`	
24	`  black_textEl.animate({top:20},1000);`	
25	`  red_textEl.animate({top:660},1000);`	
26	`  //visual`	
27	`  var black_visualEl=_root.getSymbol("main_visual1").getSymbolElement();`	
28	`  var red_visualEl=_root.getSymbol("main_visual2").getSymbolElement();`	

29	`black_visualEl.stop(false,true).animate({left:$(window).` `width()/2-100},1000);`	
30	`red_visualEl.stop(false,true).animate({left:getvisualX},1000);`	
30	`});`	
32		
33	`sym.$('btn2').click(function(){`	
34	`nowFlag="btn2";`	추가
35	`_root.getSymbol("red_triangleMC").play();`	
36	`_root.getSymbol("black_triangleMC").stop(0);`	
37	`//text`	
38	`var black_textEl=_root.getSymbol("black_text").getSymbolElement();`	
39	`var red_textEl=_root.getSymbol("red_text").getSymbolElement();`	
40	`black_textEl.animate({top:-620},1000);`	
41	`red_textEl.animate({top:20},1000);`	
42	`//visual`	
43	`var black_visualEl=_root.getSymbol("main_visual1").` `getSymbolElement();`	
44	`var red_visualEl=_root.getSymbol("main_visual2").getSymbolElement();`	
45	`black_visualEl.stop(false,true).animate({left:getvisualX},1000);`	
46	`red_visualEl.stop(false,true).animate({left:$(window).` `width()/2-100},1000);`	
47	`});`	

line 3: resize( ) 함수 실행 시 btn1과 btn2를 구분하여 비주얼에 애니메이션 이벤트를 만들어야 합니다. 조건문에서 이를 구분하기 위한 변수로 nowFlag를 선언합니다. nowFlag에 담기는 변수 값은 btn1과 btn2 클릭 시 설정합니다.

line 4~16: resize( ) 함수를 선언합니다. 브라우저의 크기가 변동되면 line 4~16의 이벤트가 실행됩니다.

line 5: 변수 window_X를 선언하고 $(window).width( )를 통하여 브라우저가 리사이징되면 브라우저의 넓이 값이 window_X에 대입됩니다.

line 6: 변수 getvisualX를 선언하고 line 5에서 대입되는 window_X 값에 +400으로 합해진 값이 getvisualX에 대입됩니다. 400의 값을 더하는 이유는 리사이징 바깥쪽에 있는 비주얼이 화면에 보이지 않도록 하기 위해서입니다.

line 7~8: getSymbolElement( ) 함수를 선언한 후 main_visual1과 main_visual2의 요소에 접근하여 left 속성을 제어할 수 있게 합니다.

line 9~16: nowFlag 함수가 btn1인 경우, line 10~11에 있는 이벤트 애니메이션을 실행합니다. nowFlag 함수가 btn2인 경우, line 13~14에 있는 이벤트 애니메이션을 실행합니다.

line 18: btn1을 클릭하면 nowFlag에 btn1을 대입합니다.

line 34: btn2를 클릭하면 nowFlag에 btn2를 대입합니다.

11 Ctrl + Enter 를 눌러 확인합니다.

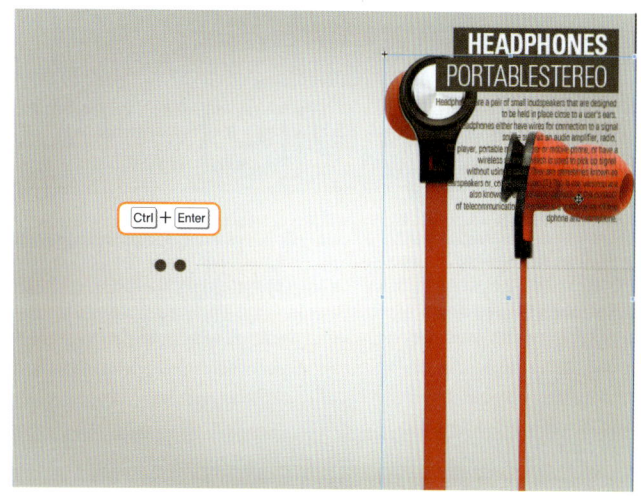

12 현재까지 만들어진 콘텐츠를 브라우저에서 확인하면 왼쪽의 비주얼 이미지가 설정 위치로 이동하는 애니메이션이 나타납니다. 이 부분을 다음과 같이 스크립트에 추가하여 수정하겠습니다.

4	
5	`setFun=function(){`
6	`  var black_visualEl=_root.getSymbol("main_visual1").getSymbolElement();`
7	`  var red_visualEl=_root.getSymbol("main_visual2").getSymbolElement();`
8	`  black_visualEl.css({left:getvisualX+400});`
9	`  red_visualEl.css({left:getvisualX+400});`
10	`  }`
11	`setFun();`
12	

line 5: setFun 함수를 선언합니다.

line 6~9: setFun( ) 함수가 실행되면 비주얼 이미지가 화면 영역 바깥쪽에 위치합니다.

line 11: setFun( )을 실행합니다.

13 Ctrl + Enter 를 눌러 확인합니다.

마우스에 반응하는
메인 비주얼 만들기

이번에는 사이트 마우스를 클릭하면 해당 비주얼로 슬라이딩되고 움직임이 멈춘 후
애니메이션이 실행되는 콘텐츠 제작에 대해 알아보겠습니다.

Visual

미리보기 QR코드

미리보기 Part03/08_Visual/Pre/end.html   샘플파일 Part03/08_Visual/Sample

01   내비게이션의 버튼 애니메이션 만들기

01 마우스 오버 시 보이는 애니메이션을 위
해 navi 심벌의 타임라인에 있는 navi_
btn0, navi_btn1, navi_btn2의 애니메
이션을 만들어 보겠습니다. 화면 중앙
에 있는 navi를 더블클릭하여 화면을
navi의 타임라인으로 이동합니다.

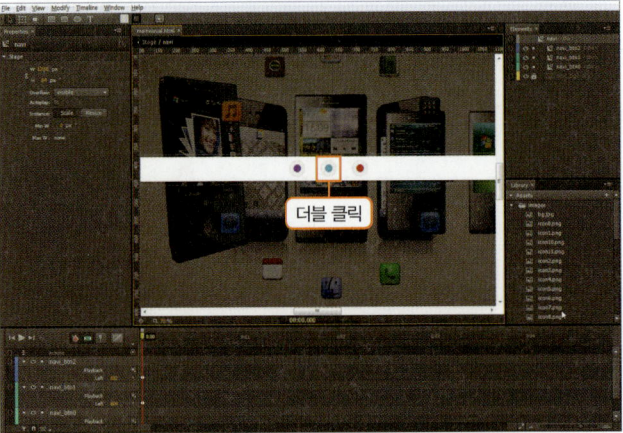

더블 클릭

02 navi_btn0의 타임라인으로 이동하기 위해 navi_btn0를 오른쪽 마우스로 클릭합니다. 메뉴 창이 활성화되면 [Edit Symbol "navi_btn0"]을 클릭합니다.

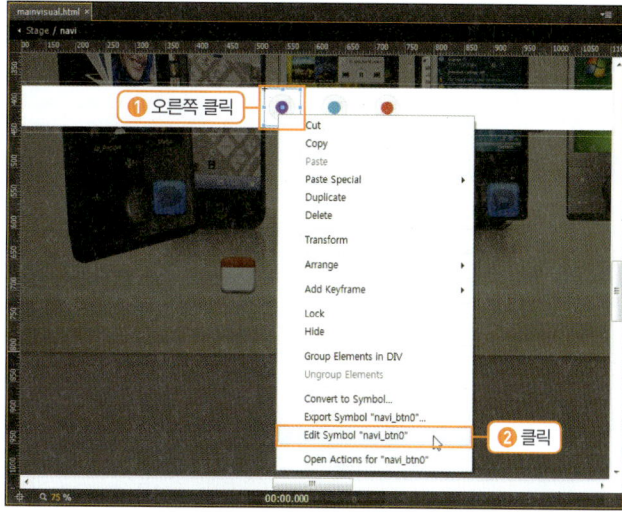

03 마우스 오버 시 애니메이션을 만들기 위해 over_btn0를 선택한 후 [Properties]-[Transform]의 Scale 속성을 Add Keyframe합니다.

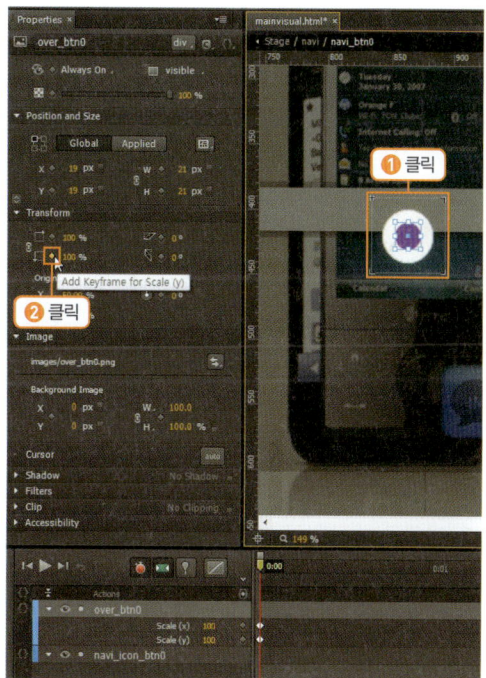

04 타임라인의 Toggle pin을 클릭하여 활성화한 후 Toggle pin을 0:01초로 이동합니다.

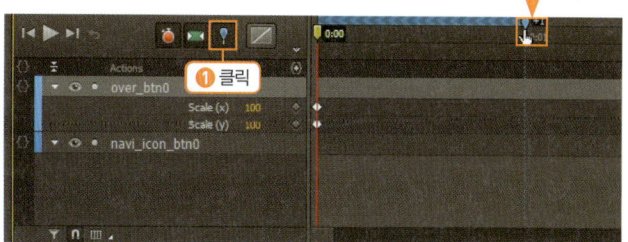

05 0:01 프레임에서 Scale(x), Scale(y) 값을 0으로 각각 설정합니다.

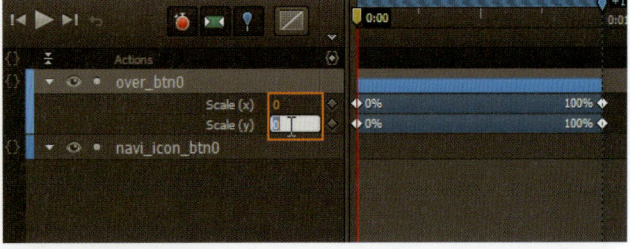

Tip! Toggle pin을 활성화했기 때문에 키 값이 자동적으로 0~100%로 변합니다.

06 트랜지션 바를 선택한 후 Easing 값을 그림처럼 설정합니다.

 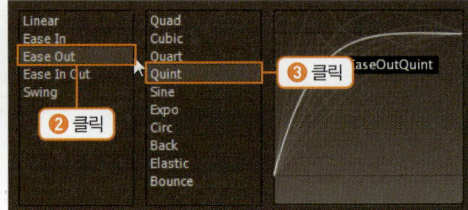

07 타임 라인에서 Toggle pin을 클릭하여 비활성화합니다.

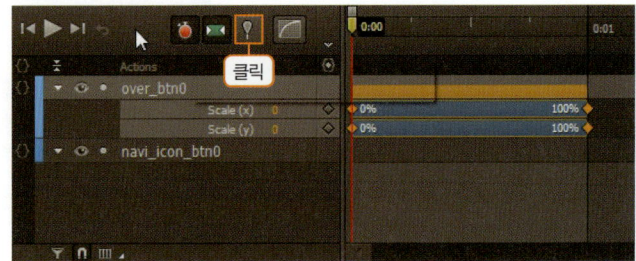

08 01~07 과정을 반복하여 navi_btn1, navi_btn2도 동일하게 만들어줍니다.

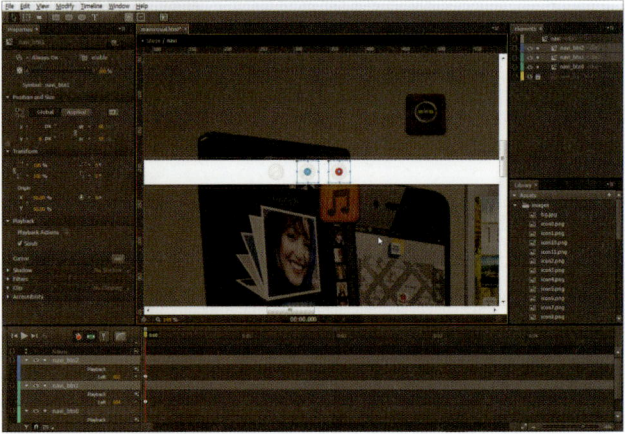

02 navi 인터랙션을 위한 스크립트 만들기

01 Ctrl + E 를 눌러 코딩 창을 활성화합니다.

02 왼쪽 Stage 옆에 있는 ➕ 버튼을 클릭하여 이벤트 패널을 활성화한 후 [Event]-[compositionReady]를 선택합니다.

03 다음과 같이 Code 창이 세팅됩니다.

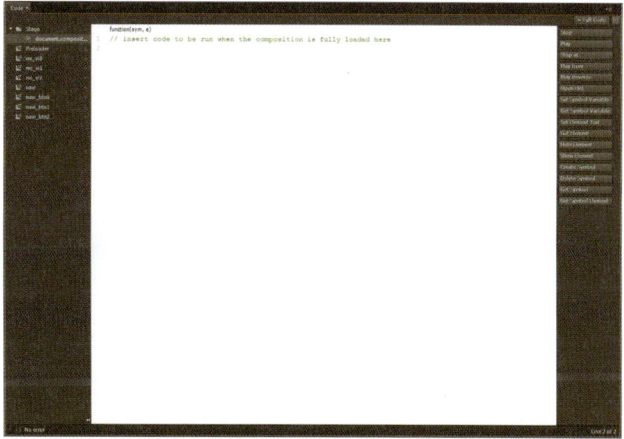

04 navi에 마우스를 올려놓으면 opacity 속성이 변할 수 있도록 제어하기 위해 다음과 같이 코딩합니다.

1	`//////////////////////////////////////////////////////////////////////////` `/////`
2	`//nvai 오버 시`
3	
4	`sym.$('navi').stop().animate({opacity:0},1500)`
5	
6	`function naviInter(flag){`
7	`    if(flag=="over"){`
8	`        //console.log("오버 입니다.");`
9	`    sym.$('navi').stop().animate({opacity:1},1000)`
10	`    }else{`
11	`    //console.log("아웃 입니다.");`
12	`    sym.$('navi').stop().animate({opacity:0},500)`
13	`    }`
14	`}`
15	
16	`sym.$('navi').mouseover(function(){`
17	`naviInter("over");`
18	`});`
19	`sym.$('navi').mouseout(function(){`
20	`    naviInter("out");`
21	`});`

line 1~3: 코드 구분을 위해 주석 처리를 합니다.

line 4: 무비 실행 시 navi의 opacity를 '0'으로 설정하여 애니메이션 효과를 줍니다.

line 6~14: naviInter 함수를 만들어 보겠습니다. 함수의 매개 변수 flag를 만들어 flag에 over가 대입되면 navi 의 opacity 속성 값을 '1'로 설정하여 화면에 나타나는 효과를 줍니다. flag에 out이 대입되면 navi의 opacity 속성 값을 '0'으로 설정하여 화면에 나타나는 효과를 줍니다. 이때 jQuery의 animate( )를 사용합니다.

line 16~18: navi에 마우스 오버 시 naviInter 함수를 실행하고 인자 값에 "over"를 대입하여 sym.$('navi').stop(). animate({opacity:1},1000)를 실행할 수 있도록 합니다.

line 19~21: navi에 마우스 오버 시 naviInter 함수를 실행하고 인자 값에 "out"를 대입하여 sym.$('navi').stop(). animate({opacity:0},1000)를 실행할 수 있도록 합니다.

05 [Ctrl] + [Enter]를 실행하여 브라우저에서 효과를 확인합니다.

▲ 페이지 로딩 시 navi가 사라집니다.

▲ 화면 중앙에 마우스 오버 시 navi가 나타납니다.

▲ 영역 바깥쪽으로 마우스 이동 시 navi가 사라집니다.

06 navi 심벌의 navi_btn0, navi_btn1, navi_btn2 심벌에 마우스 오버, 아웃 시 인터랙션을 위해 다음과 같이 스크립트를 추가합니다.

1	`////////////////////////////////////////////////////////////////////////////`
2	`//nvai 오버 시`
3	
4	`sym.$('navi').stop().animate({opacity:0},1500)`
5	
6	`function naviInter(flag){`
7	`    if(flag=="over"){`
8	`    //console.log("오버 입니다.");`
9	`    sym.$('navi').stop().animate({opacity:1},1000)`
10	`    }else{`
11	`    //console.log("아웃 입니다.");`
12	`    sym.$('navi').stop().animate({opacity:0},500)`
13	`    }`
14	`}`

15	
16	`sym.$('navi').mouseover(function(){`
17	`naviInter("over");`
18	`});`
19	`sym.$('navi').mouseout(function(){`
20	`        naviInter("out");`
21	`});`
22	
23	`//////////////////////////////////////////////////////////////////////////` `/////`
24	`//nvai_btn 오버 시`
25	`sym.getSymbol('navi').$('navi_btn0').mouseover(function(){`
26	`        sym.getSymbol('navi').getSymbol('navi_btn0').play();`
27	`});`
28	`sym.getSymbol('navi').$('navi_btn0').mouseout(function(){`
29	`        sym.getSymbol('navi').getSymbol('navi_btn0').playReverse();`
30	`});`
31	`sym.getSymbol('navi').$('navi_btn1').mouseover(function(){`
32	`        sym.getSymbol('navi').getSymbol('navi_btn1').play();`
33	`});`
34	`sym.getSymbol('navi').$('navi_btn1').mouseout(function(){`
35	`        sym.getSymbol('navi').getSymbol('navi_btn1').playReverse();`
36	`});`
37	`sym.getSymbol('navi').$('navi_btn2').mouseover(function(){`
38	`        sym.getSymbol('navi').getSymbol('navi_btn2').play();`
39	`});`
40	`sym.getSymbol('navi').$('navi_btn2').mouseout(function(){`
41	`        sym.getSymbol('navi').getSymbol('navi_btn2').playReverse();`
42	`});`

line 25~27: navi 심벌 안에 있는 navi_btn0을 오버 시 navi_btn0의 타임라인 애니메이션을 play시킵니다.
이때 play( ) 함수는 엣지에서 제공하는 API이기 때문에 대상 선택 시 getSymbol( )을 이용해야 합니다. sym.getSymbol('navi').getSymbol('navi_btn0').play( );

line 28~30: navi 심벌 안에 있는 navi_btn0을 아웃 시 navi_btn0의 타임라인 애니메이션을 반대로 play시킵니다. 이때 playReverse( ) 함수는 엣지에서 제공하는 API이기 때문에 대상 선택 시 getSymbol( )을 이용해야 합니다.

line 31~42: sym.getSymbol('navi').getSymbol('navi_btn0').playReverse( );
이와 같은 방식으로 navi_btn1, navi_btn2에 스크립트를 만듭니다.

07 버튼에 마우스 오버 시 효과를 확인하기 위해 Ctrl + Enter 을 실행합니다.

03 mc_vi0 애니메이션 만들기

01 Stage에 mc_vi0의 레이어에 자물쇠를
클릭하여 해제합니다.

02 mc_vi0 심벌을 선택한 후 오른쪽 마
우스를 클릭하여 메뉴 창이 활성화되면
[Edit Symbol "mc_vi0"]을 클릭합니다.

03 vi0_img1 심벌과 vi0_img2 심벌을 선택한 후 [Properties]-[Position and Size]에 X 속성을 Add Keyframe 합니다.

04 Toggle pin을 활성화한 후 0:01 프레임으로 이동합니다.

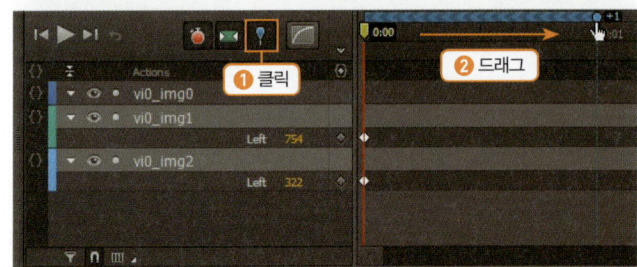

05 vi0_img1 심벌과 vi0_img2 심벌을 그림처럼 vi0_img0 심벌과 뒤로 이동하여 애니메이션을 만듭니다.

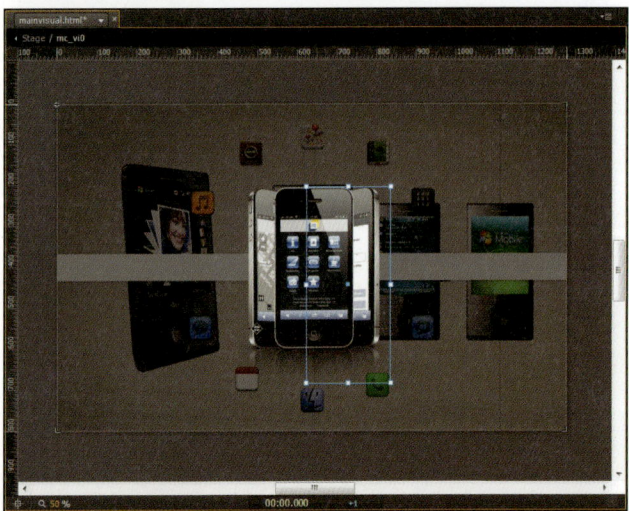

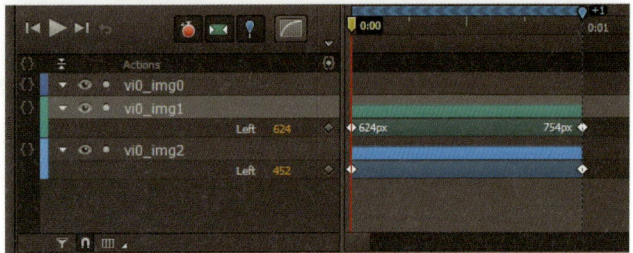

▲ 타임라인에 트랜지션 프레임이 생성된 것을 확인합니다.

06 Toggle pin을 해제한 후 Play head를 0:00.500으로 이동합니다.

07 vi0_img1 심벌과 vi0_img2 심벌을 선택한 후 [Properties]-[Transform]에 Scale 속성을 Add Keyframe하고 Scale 값을 각각 '80'으로 설정합니다.

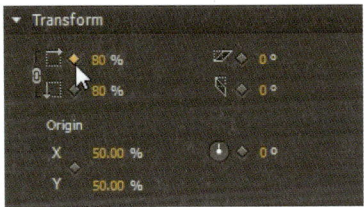

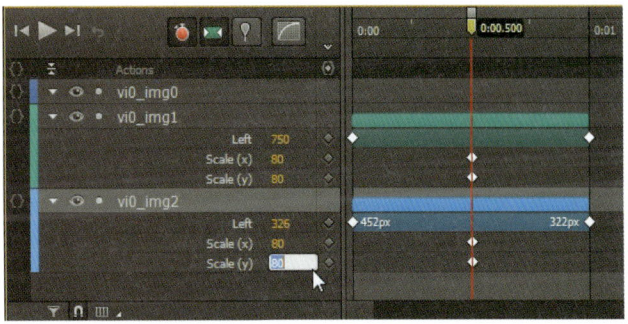

08 Toggle pin을 활성화한 후 0:01 프레임으로 이동합니다.

09 Scale의 크기를 '100'으로 설정하여 애니메이션을 만듭니다.

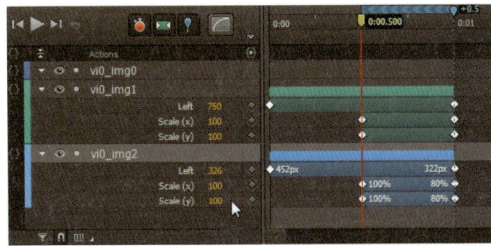

04 mc_vi1 애니메이션 만들기

01 Stage에 mc_vi1의 레이어에 자물쇠를 클릭하여 해제합니다.

02 mc_vi1 심벌을 선택한 후 오른쪽 마우스를 클릭하여 메뉴 창이 활성화되면 [Edit Symbol "mc_vi1"]을 클릭합니다.

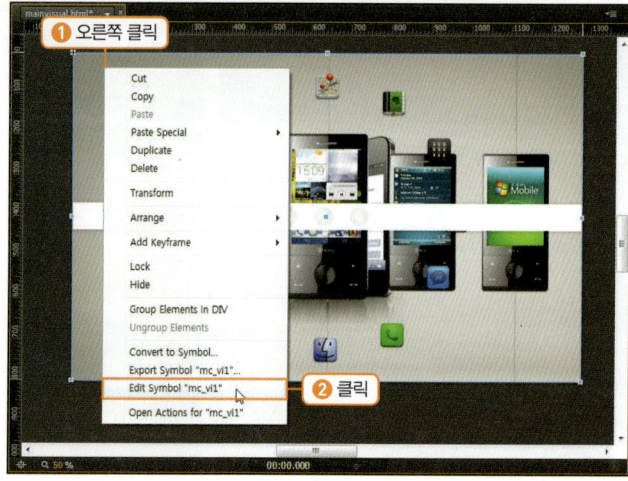

03 vi1_img1 심벌, vi1_img2 심벌, vi1_img3 심벌을 선택한 후 [Properties] – [Position and Size]에 X 속성을 Add Keyframe합니다.

04 Toggle pin을 활성화한 후 0:01 프레임에 Toggle pin을 이동합니다.

05 vi1_img1 심벌, vi1_img2 심벌, vi1_img3 심벌을 그림처럼 화면 오른쪽 바깥으로 이동합니다.

06 Toggle pin을 해제한 후 트랜지션 바를 드래그하여 그림처럼 트랜지션 프레임을 이동합니다.

07 vi1_img0 심벌을 선택한 후 [Properties]-[Position and Size]에 X 속성을 Add Keyframe합니다.

08 Toggle pin을 활성화한 후 0:01.500프
레임으로 이동합니다.

09 vi1_img0 심벌을 그림처럼 화면 가운데
로 이동합니다.

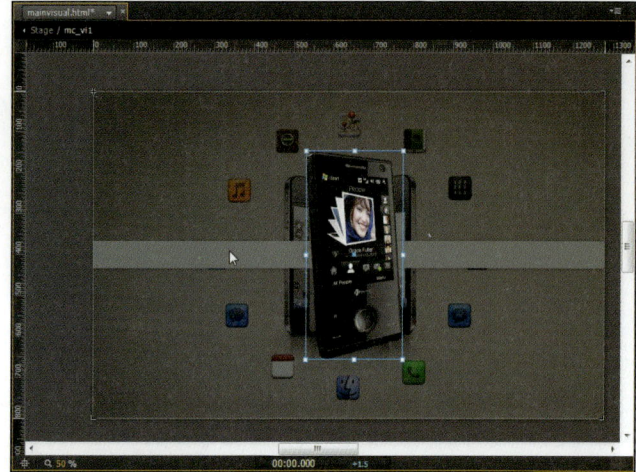

10 Toggle pin을 해제합니다.

05 mc_vi2 애니메이션 만들기

01 Stage에 mc_vi2의 레이어에 자물쇠를 클릭하여 해제합니다.

02 mc_vi2 심벌을 선택한 후 오른쪽 마우스를 클릭하여 메뉴 창이 활성화되면 [Edit Symbol "mc_vi2"]를 클릭합니다.

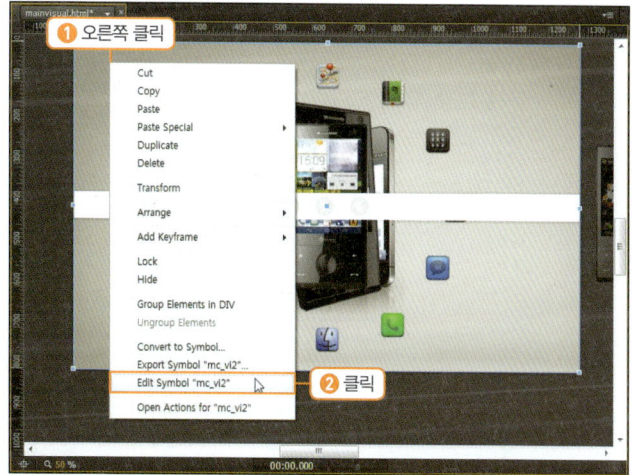

03 심벌 icon1부터 심벌 icon12까지 모두 선택한 후 [Properties]-[Position and Size]에 X 속성, Y 속성을 Add Keyframe합니다.

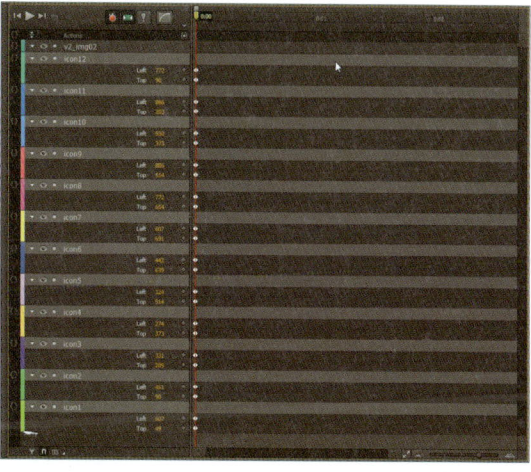

04 Toggle pin을 활성화한 후 Pin의 위치를 0:00.500으로 이동합니다.

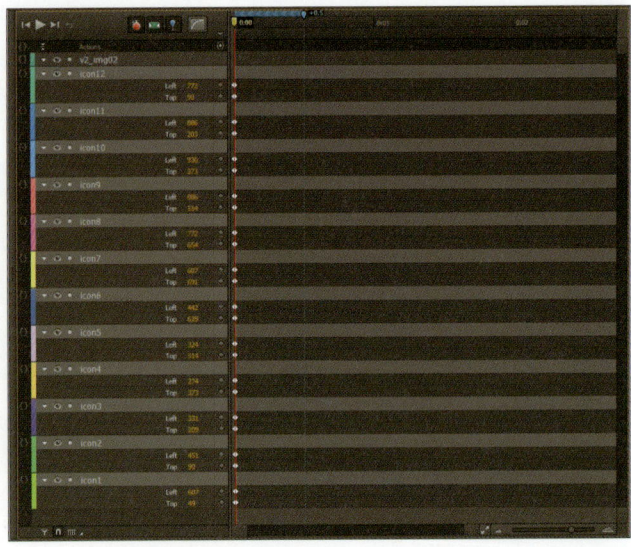

05 심벌 icon1부터 심벌 icon12까지의 위치를 그림처럼 화면 중앙으로 이동합니다. 이때 메뉴 중 [Modify]−[Align]에서 Horizontal Center, Vertical Center를 차례대로 실행하면 됩니다.

▲ Horizontal Center 적용

▲ Vertical Center 적용

▲ 적용 후 타임라인

06 Toggle pin을 해제한 후 트랜지션 바를 드래그하여 그림처럼 트랜지션 프레임을 이동합니다.

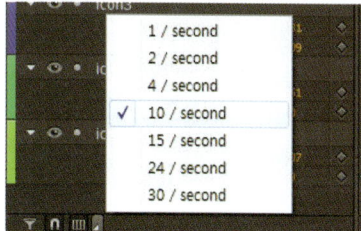

> **Tip!** 프레임 간격을 짧게 하려면 show Grid 기능을 사용해야 합니다.

07 심벌 v2_img02를 선택한 후 rotation 속성을 Keyframe합니다.

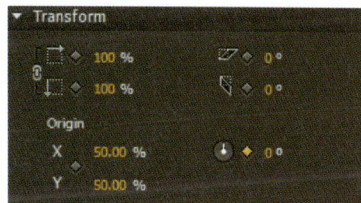

08 Toggle pin을 활성화한 후 0.01.600 프레임으로 이동합니다.

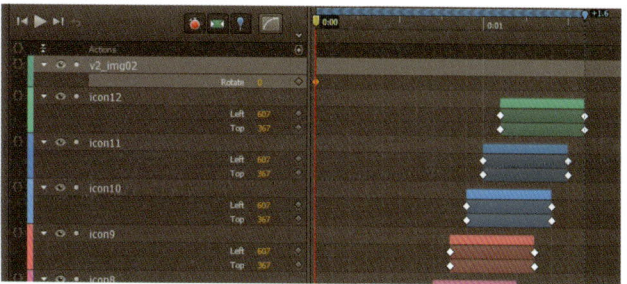

09 rotation 값을 '360'로 설정하여 애니메
이션을 만듭니다.

10 Toggle pin을 해제합니다.

06 visual 심벌 클릭 스크립트 만들기

01 화면을 스테이지로 이동합니다.

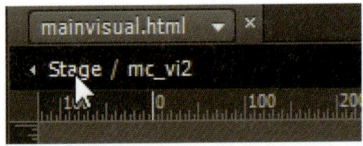

> **Tip!** 스테이지로 이동하려면 상단 Tap
> 부분을 클릭합니다.

02 심벌 mc_vi0, 심벌 mc_vi1, 심벌 mc_vi20이 겹쳐 있는 상태를 순
서대로 1,280 간격으로 배치합니다.

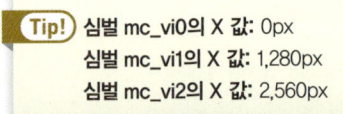

> **Tip!** 심벌 mc_vi0의 X 값: 0px
> 심벌 mc_vi1의 X 값: 1,280px
> 심벌 mc_vi2의 X 값: 2,560px

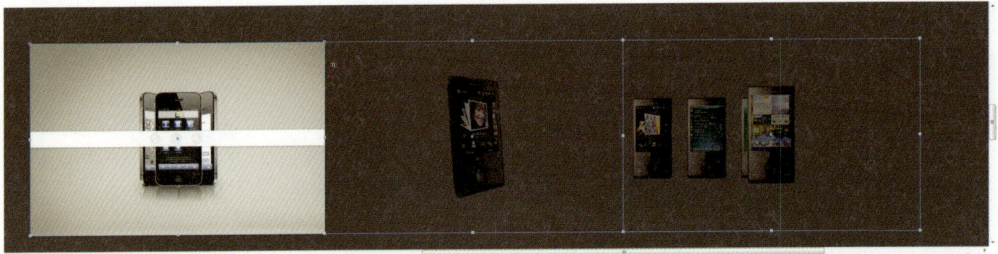

03 심벌 mc_vi1의 영역 바깥쪽에 배치된 심벌들을 안 보이게 하기 위해 심벌 mc_vi1을 선택한 후 [Properties]의 [Clip]을 활성화합니다.

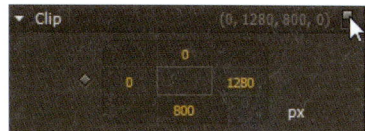

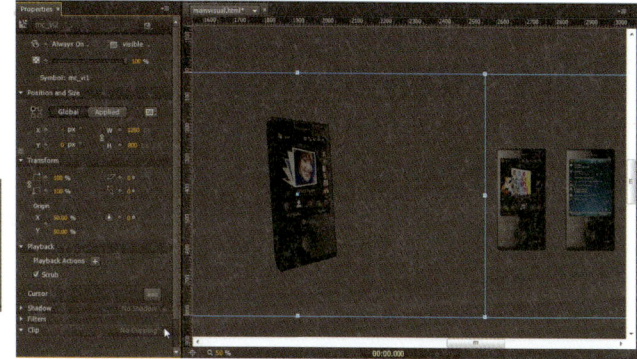

▲ Clip 적용 전

▲ Clip 적용 후

04 심벌 mc_vi0, 심벌 mc_vi1, 심벌 mc_vi2를 모두 선택한 후 Ctrl + Y 를 눌러 심벌을 등록합니다. 이때 Symbol Name에 'visual'로 입력합니다.

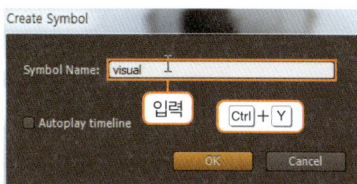

05 타임라인에 심벌 visual이 생성된 것을
확인합니다.

심벌 navi 안에 있는 심벌 navi_btn0,
심벌 navi_btn1, 심벌 navi_btn2, 클릭
시 심벌 visual이 슬라이딩되도록 만들
고 해당 비주얼이 화면에 나타나면 각
각의 애니메이션이 재생되도록 스크립
트를 만들어 보겠습니다.

06 스크립트 창에 버튼 클릭을 위한 다음과 같은 스크립트 코드를 추가합니다.

1	/// /////
2	//nvai 오버 시
3	
4	sym.$('navi').stop().animate({opacity:0},1500)
5	
6	function naviInter(flag){
7	if(flag=="over"){
8	//console.log("오버 입니다.");
9	sym.$('navi').stop().animate({opacity:1},1000)
10	}else{
11	//console.log("아웃 입니다.");
12	sym.$('navi').stop().animate({opacity:0},500)
13	}
14	}
15	
16	sym.$('navi').mouseover(function(){
17	naviInter("over");
18	});
19	sym.$('navi').mouseout(function(){
20	naviInter("out");
21	});

22	
23	`///////////////////////////////////////////////////////////////////////` `/////`
24	`//nvai_btn 오버 시`
25	`sym.getSymbol('navi').$('navi_btn0').mouseover(function(){`
26	`        sym.getSymbol('navi').getSymbol('navi_btn0').play();`
27	`});`
28	`sym.getSymbol('navi').$('navi_btn0').mouseout(function(){`
29	`        sym.getSymbol('navi').getSymbol('navi_btn0').playReverse();`
30	`});`
31	`sym.getSymbol('navi').$('navi_btn1').mouseover(function(){`
32	`        sym.getSymbol('navi').getSymbol('navi_btn1').play();`
33	`});`
34	`sym.getSymbol('navi').$('navi_btn1').mouseout(function(){`
35	`        sym.getSymbol('navi').getSymbol('navi_btn1').playReverse();`
36	`});`
37	`sym.getSymbol('navi').$('navi_btn2').mouseover(function(){`
38	`        sym.getSymbol('navi').getSymbol('navi_btn2').play();`
39	`});`
40	`sym.getSymbol('navi').$('navi_btn2').mouseout(function(){`
41	`        sym.getSymbol('navi').getSymbol('navi_btn2').playReverse();`
42	`});`
43	`///////////////////////////////////////////////////////////////////////` `/////`
44	`//nvai_btn 클릭 시`
45	`sym.getSymbol('navi').$('navi_btn0').click(function(){`
46	
47	`});`
48	`sym.getSymbol('navi').$('navi_btn1').click(function(){`
49	
50	`});`
51	`sym.getSymbol('navi').$('navi_btn2').click(function(){`
52	
53	`});`

line 43~53: 심벌 navi 안에 있는 navi_btn0~ navi_btn2까지 버튼을 클릭 이벤트를 발생하는 스크립트를 만
듭니다.

07 해당 좌표로 심벌 visual을 이동하기 위한 visualMove( )를 추가해보겠습니다.

43	`///////////////////////////////////////////////////////////////////////////////////////`
44	`//nvai_btn 클릭 시`
45	`function visualMove(posX){`
46	`        sym.$('visual').stop().animate({left:posX},1000,'easeOutQuart');`
47	`}`
48	`sym.getSymbol('navi').$('navi_btn0').click(function(){`
49	`        visualMove(0);`
50	`});`
51	`sym.getSymbol('navi').$('navi_btn1').click(function(){`
52	`        visualMove(-1280);`
53	`});`
54	`sym.getSymbol('navi').$('navi_btn2').click(function(){`
55	`        visualMove(-2560);`
53	`});`

line 45~47: visualMove(posX) 함수를 선언합니다. posX 인자 값을 대입하면 해당 인자 값으로 심벌 visual이
1초 동안 easeOutQuart 형태로 left 좌표로 이동합니다.

line 49, 52, 55: left 이동 좌표

visualMove(0): 심벌 visual을 left 좌표 0으로 슬라이딩합니다.

visualMove(-1280): 심벌 visual을 left 좌표 -1,280으로 슬라이딩합니다.

visualMove(-2560): 심벌 visual을 left 좌표 -2,560으로 슬라이딩합니다.

08 Ctrl + Enter 를 눌러 해당 슬라이딩이 잘 되는지 확인합니다.

09 슬라이딩이 멈추면 해당 비주얼의 애니메이션이 재생하도록 제어하는 스크립트를 추가하겠습니다. 우선 animate( ) 완료 후 함수 실행을 위해 visualMove 부분을 다음과 같이 수정합니다.

```
43  ///////////////////////////////////////////////////////////////////////
44  //nvai_btn 클릭 시
45  function visualMove(posX,target){
46          sym.$('visual').stop().animate({left:posX},1000,'easeOutQuart',funct
    ion(){
47
48      });
49  }
50  sym.getSymbol('navi').$('navi_btn0').click(function(){
51          visualMove(0);
52  });
53  sym.getSymbol('navi').$('navi_btn1').click(function(){
54          visualMove(-1280);
55  });
56  sym.getSymbol('navi').$('navi_btn2').click(function(){
57          visualMove(-2560);
58  });
```

line 45: target 인자 값을 추가합니다.
line 46: 'easeOutQuart' 다음에 function( ){}을 추가합니다.

10 'navi_btn0'을 클릭하면 심벌 "visual" 안에 있는 심벌 "mc_vi0"이 재생되어야 하고, 같은 방식으로 심벌 'navi_btn1' 이면 심벌 'mc_vi1'이 재생, 심벌 'navi_btn2'이면 심벌 "mc_vi2"이 재생되어야 합니다. 이 로직을 구현하기 위해 다음과 같이 코드를 작성합니다.

43	///
44	//nvai_btn 클릭 시
45	function visualMove(posX,target) {
46	sym.$('visual').stop().animate({left:posX},1000,'easeOutQuart',function() {
47	var getId=target.attr('id');
48	var getNum=getId.substring(19,20);
49	sym.getSymbol('visual').getSymbol('mc_vi'+getNum).play();
50	
51	});
52	}
53	sym.getSymbol('navi').$('navi_btn0').click(function() {
54	visualMove(0,$(this));
55	});
56	sym.getSymbol('navi').$('navi_btn1').click(function() {
57	visualMove(-1280,$(this));
58	});
59	sym.getSymbol('navi').$('navi_btn2').click(function() {
60	visualMove(-2560,$(this));
61	});

line 47: line 54에 visualMove(0,$(this)); 이 선언됩니다. 즉, target 값에 $(this)이라는 오브젝트를 인자 값으로 받게 되면 line 47에 선언된 var getId=target.attr('id');를 통하여 getId 값에 선택한 버튼의 id 값이 대입 됩니다. 이때 대입 값은 "Stage_navi _navi_btn0"이 됩니다. "Stage_"는 엣지에서 자동으로 추가되는 값 입니다.

line 48: 여기서 선언된 String.substring(a,b)는 String 대상의 문자열 a부터 b까지 값을 반환합니다.
line 54에 visualMove(0,$(this)); 선언이 실행되면 getId에는 클릭한 버튼의 id 값 "Stage_navi_navi_ btn0"이 문자열로 대입되고 var getNum=getId.substring(19,20);를 통하여 getNum이라는 변수에 문 자열 "0"이 대입됩니다.

Tip! getId.substring(19,20) 실행 시 적용 방식

0	1	2	3	4	5	6	7	8	9	10	11	12	13	14	15	16	17	18	19
S	t	a	g	e	_	n	a	v	i	_	n	a	v	i	_	b	t	n	0
								삭제되는 문자열											반환되는 문자열

line 49: line 47과 line 48을 통하여 getNum은 선택된 버튼의 번호 값 0~2를 추출하여 getNum에 대입하고 sym. getSymbol('visual').getSymbol('mc_vi'+getNum).play( );를 통해 해당 심벌을 재생합니다.

line 54, line 57, line 60: 각각의 버튼 클릭 시 해당 좌표 이동을 위한 인자 값과 target 값에 자신의 오브젝트 를 대입합니다.

11 Ctrl + Enter 을 눌러 브라우저에서 인터랙션을 확인합니다. 이때 버튼을 클릭하면 최초 한 번은 잘 실행되지만 계
속 클릭하면 심벌 "visual" 안에 있는 mc_vi0~ mc_vi1의 재생이 어긋나는 현상이 발생합니다. 이 부분은 다른 버
튼 클릭 시 현재 재생된 mc_vi 관련 심벌을 playReverse( )를 해주면 해결됩니다. 이 로직을 구현하기 위해 다음
과 같이 코드를 작성합니다.

43	// /////
44	sym.getSymbol('visual').getSymbol('mc_vi0').play();
45	var nowTarget=sym.getSymbol('visual').getSymbol('mc_vi0');
46	//nvai_btn 클릭 시
47	function visualMove(posX,target){
48	sym.$('visual').stop().animate({left:posX},1000,'easeOutQuart',function(){
49	nowTarget.playReverse();
50	var getId=target.attr('id');
51	var getNum=getId.substring(19,20);
52	sym.getSymbol('visual').getSymbol('mc_vi'+getNum).play();
53	nowTarget=sym.getSymbol('visual').getSymbol('mc_vi'+getNum);
54	});
55	}

line 44: 처음 화면에 보이는 심벌 "visual" 안에 있는 mc_vi0의 애니메이션을 재생합니다.

line 45: nowTarget 변수를 선언하고 최초 로딩 시 실행되는 심벌 "visual" 안에 있는 mc_vi0를 대입합니다.

line 49: nowTarget 변수에 대입된 심벌을 역재생합니다.

line 53: nowTarget 변수에 심벌 "visual" 안에 있는 mc_vi0에서 mc_vi2 중 현재 클릭되어 실행되는 심벌을 대
입합니다.

12 Ctrl + Enter 을 눌러 최종 인터랙션을 확
인합니다.

찾아보기

Memo

Memo